Alexa Mohl
Das Metaphern-Lernbuch
Geschichten und Anleitungen aus der Zauberwerkstatt

Ausführliche Informationen zu jedem unserer lieferbaren und geplanten Bücher finden Sie im Internet unter ↗ http://www.junfermann.de. Dort können Sie unseren Newsletter abonnieren und sicherstellen, dass Sie alles Wissenswerte über das Junfermann-Programm regelmäßig und aktuell erfahren. – Und wenn Sie an Geschichten aus dem Verlagsalltag und rund um unser Buch-Programm interessiert sind, besuchen Sie auch unseren Blog:
↗ http://blogweise.junfermann.de.

Alexa Mohl

Das Metaphern-Lernbuch

Geschichten und Anleitungen aus der Zauberwerkstatt

Junfermann Verlag • Paderborn
2011

© Junfermann Verlag, Paderborn 1988
5. Auflage 2011
Covergestaltung/Reihenentwurf: Christian Tschepp

Alle Rechte vorbehalten.
Das Werk einschließlich aller seiner Teile ist urheberrechtlich geschützt. Jede Verwendung außerhalb der engen Grenzen des Urheberrechtsgesetzes ist ohne Zustimmung des Verlages unzulässig und strafbar. Dies gilt insbesondere für Vervielfältigungen, Übersetzungen, Mikroverfilmungen und die Einspeicherung und Verarbeitung in elektronischen Systemen.

Satz: La Corde Noire – Peter Marwitz, Kiel

Bibliografische Information der Deutschen Bibliothek

Die Deutsche Bibliothek verzeichnet diese Publikation in der Deutschen Nationalbibliografie; detaillierte bibliografische Daten sind im Internet über http://dnb.ddb.de abrufbar.

ISBN 978-3-87387-349-0
Dieses Buch erscheint parallel als E-Book.
ISBN 978-3-87387-997-3 (EPUB), 978-3-95571-327-0 (MOBI).

Inhalt

Vorwort 11
Einleitung 13

Kapitel 1: Metaphern für Seminare 17

Metaphern für Kommunikationsseminare 19
Himmel und Hölle 19
Kommunikationssperren vermeiden durch sprachliches Spiegeln .. 21
Zwölf Prinzen und ein wandernder Bursche 22
Kritik üben mit Ich-Botschaften 24
Der falsche Knopf 25
Warum-Fragen vermeiden 27
Das empfindliche Fragezeichen 28
Umgang mit Konflikten 30
Die Wippe 30

Eine Metapher für Kreativitätsseminare 32
Aha 32

Metaphern für Streßseminare 38
Der verliebte Bote 38
Harro, der Hofhund 39
Die Strafe 42

Kapitel 2: Metaphern für die NLP-Ausbildung 45

Arbeiten mit Ressourcen auf der Situationsebene 47
Die Drossel und das Eichhörnchen 47

Sixstep-Reframing 51
Sternschnuppen 51
Das dicke Kaninchen 54

Visual Squash 60
Der Regenbogen 60

Arbeiten mit Submodalitäten 62
Der magische Brunnen 62

Die Landkarte ist nicht das Gebiet 64
Verkehrte Welt 64

Arbeit mit Strategien 66
Der ängstliche Schweinehirt 66

Paararbeit 68
Die feindlichen Prinzen 68

Trance 70
Der Wächter am Tor zum Zauberwald 70

Arbeiten mit Eigenmetaphern 74
Der Heuwagen 74

Core-Transformation 76
Der siebente Prinz 76

Wahrnehmungspositionen 79
Der Gockel und die weiße Maus 79

Alignment durch die neurologischen Ebenen 81
Die weisen Männer 81

Kapitel 3: Metaphern für allgemeine Probleme 85

Der Zaubergarten 86
Der erlöste Schwan 87
Das Stinktier 89
Katze und Maus 91
Gut und böse 92
Der Zauberstab 95
Das Spiegelkabinett 97
Das kleine Reh und der Knabe 99
Wahre Wünsche 101
Der gute Geist 104
Der Knabe und das Pony 112
Die Wohnung 114
Zwei Parallelen 115
Der Dämon 117
Die Naschkatze 120
Fridolins Scherz 123
Der Gockel und das Gänschen 125
Himmlische Weisheit 127
Die lahme Prinzessin 129
Das aufgeregte Haus 131
Prinz Heinrich 133
Der vernarrte Tausendfüßler 135

Kapitel 4: Metaphern für spezielle Probleme 137

Die Ohren der ungeborenen Hasen 138
Überm Pferdestall 144
Amor und Psyche 148
Die Hände des Pianisten 152
Die grauäugige Barbara 155
Der Tanz mit dem Schatten 158
Meister und Lehrling 160

Die kluge Braut 160
Auf dem Weg ins Feenreich 162
Der feste Griff 165
Die Lebenslichter 166
Eine andere Schöpfungsgeschichte 169
Die Puppe 173
Das Höllentier 175
Die Falle 178
Die traurige Prinzessin 181
Unter den Brücken von Basel 184

Kapitel 5: Metaphern schreiben 191

I. Eine isomorphe Metapher-Geschichte 192
1. Problem bestimmen 193
2. Ziel bestimmen 193
3. Geeignete Inhaltsebene auswählen 194
4. Problem und Ziel in der Inhaltsebene spiegeln 195
5. Den Weg zum Ziel entwerfen 196
6. Die Metapher schreiben 197
7. Die Metapher ökologisch überprüfen 200
8. Feedback-Instruktionen einbauen 201
9. Die Metapher abrunden 202

II. Metaphern verfeinern 206
1. NLP-Muster nutzen 206
2. Spiegeln und Führen mit Repräsentationssystemen 210
3. Spiegeln und Führen mit Satir-Kategorien 212
4. Verschachtelte Geschichten 222
5. Dramatische Elemente zur Erzeugung von Spannung 223
6. Auf dem Weg zum Ziel 223

III. Metaphern vortragen 225
1. Kongruent vortragen 225

2. Die Absicht verstecken 225
   3. Trance, ja oder nein 225
   4. Unbewußtes Feedback beachten 226
   5. Nicht deuten 226

IV. Eigenmetaphern 227
   1. Eigenmetaphern entwickeln 227
   2. Eigenmetaphern nutzen 229
   3. Konfliktpotentiale aufdecken in Doppelbildern 230

V. Kurzmetaphern fürs Berufsleben 234

Kapitel 6: Lauter erste Versuche 239

   Friedrich Lohmann: Der Affe erzählt eine Geschichte 244
   Martina B.: Die Wasserfee 249
   Gudrun Möller: Ein ganz besonderes Spinnrad 251
   Anette Wieduwilt: Arnos Atelier 255
   Kristin Hirschauer: Metapher 259
   Astrid Model: Der Reisekoffer 261
   Anne Kaulich: Das Känguruh 263
   Maren Niehuis: Der Hausmeister 266
   N.N.: Wie Herr Meier das Laufen lernte 270
   Frithjof Paulig: Die Höhle der Erinnerung 272

Anmerkungen 275

Vorwort

Die Entstehung dieses Buches hat eine lange Geschichte. Nachdem ich 1986 in meiner NLP-Ausbildung bei Peter Ernst Metaphern zu schreiben gelernt hatte, war ich fasziniert von dieser Möglichkeit, meine Phantasie ins Werk zu setzen und damit gleichzeitig etwas hervorzubringen, was für andere von Nutzen sein konnte. Geschichten zu schreiben war und ist für mich eine Form von Selbstverwirklichung, in der für andere tätig zu sein die Befriedigung eines eigenen Bedürfnisses darstellt. Als dann andere Menschen aus meinem Freundeskreis, darunter auch Lehrer, Ärzte und Psychologen, meine Geschichten nicht nur mit Vergnügen hörten, sondern mich auch baten, sie für pädagogische oder therapeutische Zwecke benutzen zu dürfen, war meine Freude um so größer.

Nachdem mein erster Versuch, Vorgehensweisen des NLP zu vermitteln, mit dem *Zauberlehrling* so viele Leser gefunden hatte, plante ich, auch ein „Lernbuch" für Metaphern zu schreiben. Im Blickfeld hatte ich dabei Menschen, die in beratenden und pädagogischen Zusammenhängen Interesse an der Arbeit mit Metaphern haben. Da ich vor Veröffentlichung eines Buches gern kritische Urteile heranziehe, stellte ich mein Projekt „Metaphern-Lernbuch" auch befreundeten Psychologen und Therapeuten vor. In diesem Kreise stieß ich jedoch auf ein ganz anderes Bedürfnis, als ich bisher im Blickfeld hatte. Einhellig schlugen sie mir vor, die von mir geschriebenen Metaphern als ein schlichtes Geschichtenbuch, ohne die Zusammenhänge ihrer Entstehung zu veröffentlichen.

Metaphern „pur" zu veröffentlichen, ist in der Tat sinnvoll. Auch wenn die Geschichten für ein ganz spezielles Problem einer individuellen Person oder für die Vermittlung eines ganz bestimmten Lernzieles in Seminaren geschrieben wurden, stellen sie doch häufig einen Zusammenhang dar, dem andere Menschen, Leser oder Zuhörer, ganz eigene Botschaften entnehmen können, die für ihr Leben sinnvoll sein können. Die Darstellung meiner Intentionen oder des Problemzusammenhangs der Person, für die sie geschrieben wurden, legt demgegenüber den Sinn der Geschichte fest und schränkt ihre mögliche Wirkung ein. „Weniger ist mehr", dieser Rat der mir befreundeten Kollegen wollte sich nicht mehr abweisen lassen.

Demgegenüber votierten NLPler weiterhin für das geplante Lernbuch, um aus der Werkstatt für Metaphern möglichst viele Hinweise für die eigene Arbeit zu bekommen. Jetzt hatte ich einen Konflikt: Metaphernbuch oder Metaphern-Lernbuch?

Diesen Konflikt löste der Junfermann Verlag. Auf meine Anfrage, ob man nicht beide Alternativen realisieren könne, reagierte der Verlagsleiter, Gottfried Probst, mit der Gegenfrage: „Warum denn nicht?"

Auf diese Weise sind aus meinem Metaphernbuch-Projekt zwei Bücher geworden, ein Metaphernbuch und ein Metaphern-Lernbuch, das Sie in der Hand halten. Hierin sind die gleichen Metaphern mit Hinweisen auf den Lernzusammenhang oder Problemzusammenhang der Adressaten versehen. Dieses Buch enthält darüber hinaus ein Kapitel, das Sie anleiten soll, selber Metaphern zu schreiben, und ein weiteres Kapitel, das Metaphern enthält, die TeilnehmerInnen meiner NLP-Ausbildung verfaßt haben.

Einleitung

Geschichten sind wohl so alt wie die Menschheit selber. Noch bevor die Schrift erfunden wurde, sind wichtige religiöse Normen, kulturelle Einstellungen und lebenspraktische Erkenntnisse in Form von Geschichten von Generation zu Generation weitergegeben worden. Mythen erzählen vom Treiben der Götter und erklären darin den Ursprung der Welt und die Ordnung der Natur und des menschlichen Lebens. Philosophen und Religionsgründer haben ihre Lehren in Gleichnissen weitergegeben. Mythen und Gleichnissen, aber auch Parabeln, Märchen und Fabeln ist eines gemeinsam. Sie vermitteln Vorstellungen, Ideen und Lebenseinstellungen nicht direkt, sondern in Form von etwas anderem, Vergleichbarem, das die Phantasie anregt, die Gedanken belebt und die Annahme von Schlußfolgerungen erleichtert. Geschichten transportieren theoretische Vorstellungen und praktische Einstellungen, für die die dürre Logik der Sache selbst keinen hinreichenden Ausdruck und der erhobene Zeigefinger des „Du sollst!" keinen überzeugenden Anreiz zum Handeln besitzt. Metaphern, Mythen und Gleichnisse haben eine Kraft, nicht nur die Aufmerksamkeit zu erregen, sondern auch die Vorstellungskraft an den eigentlichen Inhalt zu binden.

Geschichten in Form von Mythen, Gleichnissen, Fabeln und Märchen handeln von wirklichen oder erdachten Gestalten, Göttern, Menschen, Tieren und Geistwesen. Sie sind interessant, auch wenn man das, was dort berichtet wird, nicht glaubt. Denn hinter der äußeren Ausdrucksform der Schilderung verbergen sich Situationen, Erlebnisse und Erfahrungen, die den meisten Zuhörern wohlbekannt sind.

Was in diesen Geschichten die Aufmerksamkeit auf sich zieht, sind innere und äußere Probleme. In allen diesen Geschichten gerät immer irgend jemand in irgendeine schwierige Situation, die er auf irgendeine Art und Weise bewältigt. Geschichten vermitteln dem Zuhörer eine interessante Botschaft. Sie stellen Probleme dar, zeigen Lösungen für diese Probleme auf und bieten dem Zuhörer damit neue Möglichkeiten, Zusammenhänge zu erkennen und mit den schwierigen Dingen des eigenen Lebens umzugehen.

Geschichten sind somit lehrreich. Während die meisten Menschen sich jedoch nur höchst ungern von anderen belehren lassen, sind Geschichten lehrreich auf eine subtile und unaufdringliche, gleichwohl aber höchst wirksame Art und Weise. Dieses Merkmal macht die Arbeit mit Geschichten zu einer sinnvollen Möglichkeit, Lern- und Beratungsprozesse kreativ zu unterstützen.

Wenn ein Lehrer oder ein Berater eine Geschichte erzählt, in der Absicht, einen Lernprozeß zu unterstützen, nennt man diese Geschichte eine Metapher. Lerninhalte gewinnen durch eine metaphorische Form einen phantasievollen Charakter, durch den sie dem Hörer näher erscheinen als die Logik der sachlichen Zusammenhänge. Die Erkenntnisse, die der Metapher abgewonnen werden, sind Resultate der eigenen Suche und keine vorgegebenen Schemata. Das erleichtert deren Annahme. Geschichten sind Modelle. Sie bieten Interpretationen an, ohne den Zuhörer festzulegen. Er kann seine Schlüsse daraus selber ziehen. Darüber hinaus prägen sich Geschichten durch ihren bildhaften Charakter besser ein. Die von einer Geschichte ausgelösten Gedanken wirken nach. Vor der Vermittlung des eigentlichen Lerninhalts vorgetragen, führen Geschichten dazu, daß Zuhörer das Gefühl haben, mit den vermittelten Strukturen und Zusammenhängen bereits bekannt zu sein.

Metaphern einzusetzen ist auch in beratenden Zusammenhängen von hoher Wirkung. Aufgabe eines beratenden Gesprächs ist es, einen Gesprächspartner mit einem persönlichen Problem zu seinem Ziel zu führen. Eine Metapher stellt hierbei das Problem in einem anderen Zusammenhang bildlich dar und zeigt die Möglichkeit einer Lösung auf. Mit einer Metapher kommuniziert ein Berater indirekt. Wer eine Metapher anbietet, veranlaßt den Zuhörer, über eine Sache, einen Zusammenhang oder ein Geschehen in Form von etwas anderem, zumeist Bekanntem, nachzudenken und zu neuen Einsichten zu kommen.

Die Wirksamkeit von Metaphern besteht darin, daß sie sich nicht direkt auf den Zuhörer beziehen, seine jeweiligen Probleme nicht direkt benennen oder beschreiben. Metaphern spiegeln. Sie lassen ein Problem nicht im persönlichen Lebenszusammenhang eines Zuhörers, sondern in einem verfremdeten Zusammenhang auftauchen. Der Zuhörer hat die Freiheit, sich mit den dargestellten Gestalten, Beziehungen, Ereignissen, Schwierigkeiten, Entwicklungen und Lösungen zu identifizieren oder zu dem Gehörten auf Distanz zu bleiben. Deshalb erzeugt das Erzählen einer Geschichte keinen Widerstand beim Zuhörer: Wenn die Geschichte so aufgebaut ist, daß der Zuhörer ihr eine persönliche Bedeutung geben kann, „paßt" sie. Wenn sie dagegen nicht „paßt", besteht für den Zuhörer keine Notwendigkeit, sie auf sich zu beziehen. Er kann sie langweilig finden oder Anstoß an ihr nehmen, ohne sich persönlich bedrängt zu fühlen.

Ob er sie ablehnt oder annimmt, was die Metapher beim Zuhörer auf jeden Fall erzeugt, ist eine Suche nach dem Sinn des Berichteten auf dem Hintergrund seiner eigenen Erfahrungen. Und damit haben wir einen zweiten Vorteil einer lehrreichen Geschichte vor direkten Belehrungen. Jeder Ratschlag und jedes Lösungsangebot eines wohlmeinenden anderen beruhen auf dessen Wahrnehmung der Welt und auf Mustern von Lösungen, die in dessen Welt passen. Nun muß weder die Welt des Zuhörers mit der Welt des Ratgebers übereinstimmen (sie sind in der Regel überaus unterschiedlich), noch müssen die Muster für Problemlösungen in beiden Welten passend sein. Geschichten wirken im Gegensatz zu direkten Ratschlägen wie Katalysatoren. Der Erzähler legt seine Wahrnehmung, Entwicklung und Lösung der Zusammenhänge in sie hinein. Der Zuhörer dagegen entnimmt der Geschichte, was in seiner Welt zusammenpaßt und gibt dem eine möglicherweise sehr unterschiedliche persönliche Bedeutung.

Während er also den Worten des Erzählers lauscht, überprüft der Zuhörer alle Informationen auf Ähnlichkeiten mit den eigenen Erfahrungen und gibt ihnen einen individuellen Sinn. Und genau das ist die Absicht von problemlösenden oder therapeutischen Metaphern. Sie setzen beim Zuhörer die bewußte und unbewußte Suche in Gang, den dargestellten Gestalten, Beziehungen, Ereignissen, Schwierigkeiten, Entwicklungen und Lösungen auf dem Hintergrund der persönlichen Erfahrung einen Sinn zu geben. Der Zuhörer kann die handelnden Personen, ihre Beziehungen, die Ereignisse und ihre Schwierigkeiten in seine eigene Situation einbauen oder sie der eigenen Situation anpassen und die dargestellte Lösung erwägen. Paßt sie in seine Welt, so kann er sie sich zu eigen machen in der angebotenen oder einer abweichenden Form. Paßt sie nicht, so weiß er doch, daß es eine Lösung gibt, und kann sich auf die Suche nach einer eigenen machen.

Die in diesem Buch zusammengetragenen Geschichten kann jeder lesen. Es geht mir in erster Linie nicht darum, Fälle zu beschreiben und den Einsatz der Metaphern in pädagogischen oder beratenden Zusammenhängen zu demonstrieren. Aus der Sammlung meiner Metaphern habe ich nur die ausgewählt, die Probleme ansprechen, die häufiger zu finden sind oder Zusammenhänge thematisieren, deren Kenntnisnahme allgemein nützlich sein kann. Außer einem allgemeinen Hinweis auf den Problemzusammenhang möchte ich deshalb keine Interpretation vorlegen.

Das mir wichtigste Anliegen dieses Buches besteht darin, Sie zu motivieren, selber Geschichten zu schreiben. Ich habe in der NLP-Ausbildung die Erfahrung gemacht, daß eine Reihe von TeilnehmerInnen sich auf das Thema Metaphern nur ungern einließen. Sie erwarteten Schwierigkeiten mit der indirekten Form der Kommunikation oder vermuteten eine Abneigung gegen die Arbeit mit einem „moralischen Zeigefinger". Viele gingen davon aus, daß sie gar nicht Geschichten schreiben können. Nachdem sie sich aber darauf eingelassen hatten, waren sie überrascht und fasziniert, so wie ich fasziniert war, nachdem ich Metaphern gelernt hatte und jede Gelegenheit nutzte, um eine neue Geschichte zu schreiben. Metaphern zu schreiben ist eine faszinierende Form, für andere etwas zu tun, eine Lust an der eigenen Kreativität, die etwas hervorbringt, das ganz einfach in sich gut ist. Es gibt für mich keine schönere Form, tätig zu sein. Und mit dieser Lust möchte ich Sie gerne anstecken.

EINS
Metaphern für Seminare

Ausbildung in den westlichen Industrienationen trainiert im wesentlichen die linke Gehirnhälfte. Die Aneignung von Wissen und die Schulung von sprachlichen, logischen und systematischen Fähigkeiten steht im Mittelpunkt der Bemühungen von schulischen, universitären und beruflichen Bildungsinstitutionen. Der Umgang mit Gefühlen, Phantasie und Kreativität sind weniger gefragt. Lernen verbindet sich für die meisten Menschen unserer Gesellschaft mit nüchternen, ungeliebten Dingen, mit denen sich zu beschäftigen Pflicht ist, und mit reglementierten Prozessen, die Unlust, Abwehr und Protest hervorrufen. In lustvoller Erinnerung bleiben meist phantasievolle und kreative Aktionen des Widerstands gegen die aufgezwungenen Formen und ungeliebten Inhalte des Lernens oder Streiche gegen die fordernden Personen, die Lehrer.

Mit Metaphern können Sie ein Tor zur Phantasie, zum bildhaftem Denken, zu ungebundenem und unbestraftem Agieren der Vorstellungskraft, zum Staunen und zum Wundern öffnen. Metaphern wecken Aufmerksamkeit und Neugierde für die Lerninhalte und mobilisieren unbewußte Erfahrungen und Ressourcen der Teilnehmer, die sie beim Lernen nutzen können. Wenn es Ihnen dabei gelingt, wesentliche Inhalte Ihres Unterrichts in die Geschichte zu „packen", werden Ihre Schüler beim Erarbeiten der Lernziele das Gefühl haben, die Inhalte bereits zu kennen.

Auch in themenspezifischen Seminaren können Sie Metaphern einsetzen, um die Aneignung der Lernziele zu unterstützen. Die Lernziele können kognitiver Art sein oder auf der Einstellungs- oder Verhaltensebene liegen. Auch problemlösende Metaphern können Sie anbieten.

Nachdem ich in meiner NLP-Ausbildung Metaphern kennenlernte, habe ich begonnen, in bezug auf wesentliche Inhalte meiner Seminare Geschichten vorzulesen.

Leider fand ich selten passende Geschichten, so daß ich begann, selber Geschichten zu diesem Zweck zu schreiben. In diesem Kapitel habe ich Metaphern für Kommunikations-, Kreativitäts- und Streßseminare zusammengestellt.

Metaphern für Kommunikationsseminare

Die einzige Metapher, die ich nicht selber geschrieben habe, aber immer noch in Kommunikationsseminaren verwende, ist die Geschichte „Himmel und Hölle". Die darin enthaltene Darstellung des unserer Konkurrenzgesellschaft zugrundeliegenden strukturellen Egoismus ist unübertrefflich, und die Schlußfolgerung, sich gegenseitig zu unterstützen statt zu rivalisieren, ist zwingend und einfach. Diese Metapher unterstützt die Herausbildung und Festigung einer partnerschaftlichen Einstellung, ohne die die Inhalte von Kommunikationsseminaren zu bloßen Sozialtechniken verkämen. Und das tun sie in der beruflichen Praxis häufig. Partnerschaftlich führen und partnerschaftlich miteinander umgehen funktioniert nicht über den bloßen Einsatz von sprachlichen und körpersprachlichen Formen der grundlegenden Verhaltensweisen, die Menschen spontan in guten Beziehungen zueinander einsetzen, des sogenannten Spiegelns. Nur wenn die praktizierten Formen des Miteinanders Ausdruck menschlicher Einstellungen und Bedürfnisse sind, wird Kommunikation und Kooperation eine gemeinsame soziale Welt authentisch hervorbringen.

Ich kann nicht angeben, woher ich die Metapher „Himmel und Hölle" habe und wie ihr ursprünglicher Text lautete. Ich habe ihn sprachlich unwesentlich verändert.

Himmel und Hölle

Es wird erzählt, daß einst ein Dichter in der Abenddämmerung durch einen Wald ging, als plötzlich vor ihm die Erscheinung des größten aller Dichter – Vergil – auftauchte. Vergil sagte dem erschrockenen Dichter, daß ihm das Glück zugetan sei und er auserwählt worden sei, die Geheimnisse des Himmels und der Hölle kennenzulernen. Vergil zauberte sich und den Dichter, der immer noch wie betäubt war, zum alten und mythischen Fluß, der die Unterwelt umgab. Sie bestiegen ein Boot, und Vergil hieß den Dichter, über den Fluß zur Hölle zu rudern. Als sie ankamen, war der Dichter erstaunt, daß die Gegend sehr dem Wald ähnelte, aus dem sie gerade kamen. Er hatte Feuer und Schwefel, geflügelte Dämonen und schleimige feuerspeiende Kreaturen erwartet. Nichts von dem war zu sehen.

Vergil nahm den Dichter bei der Hand und führte ihn einen Pfad hinunter. Als sie sich einer Felsengruppe näherten, die mit Büschen und Sträuchern bewachsen war, stieg dem Dichter der Duft eines feinen Gerichtes in die Nase. Mit diesem Duft vermischten sich jedoch schaurige Klagelaute und Zähneknirschen. Als sie sich den Weg durch das Unterholz gebahnt hatten, bot sich ihnen ein ungewöhnlicher Anblick. Vor ihnen breitete sich eine weite Lichtung aus, auf der eine Reihe riesiger, runder Tische standen. Mitten auf den Tischen standen riesengroße Töpfe mit dem Gericht. Um die Tische herum standen Dutzende von mageren und offensichtlich hungrigen Menschen, die alle einen Löffel in der Hand hielten. Wegen der Größe der Tische waren die Löffel zweimal so lang wie die Arme der Menschen, so daß die Hungrigen das Essen nicht in den Mund befördern konnten. Ein großes Gerangel und Gefluche war im Gang, während jeder versuchte, wenigstens etwas in den Mund zu bekommen.

Der Dichter war von dem Anblick so bestürzt, daß er seine Augen bedeckte und Vergil bat, ihn wegzuführen. Als sie das Boot wieder bestiegen hatten, zeigte ihm Vergil den Weg zum Himmel. Als sie angekommen waren, war der Dichter wiederum erstaunt, daß die Szene nicht seinen Vorstellungen entsprach. Dieses Land sah fast genauso aus wie das Land, das sie eben verlassen hatten. Es gab keine großen Perlentore und keine singenden himmlischen Heerscharen. Wiederum führte Vergil den Dichter zu einem Felsen, hinter dem Essensduft aufstieg. Diesmal jedoch vernahmen sie Lachen und Singen. Als sie um den Felsen bogen, sah der Dichter zu seinem Erstaunen die gleiche Szene, die er eben gesehen hatten: riesige Tische, um die die Menschen mit ellenlangen Löffeln in der Hand herumstanden. Und in der Mitte eines jeden Tisches stand ein großer Topf mit dem Gericht. Es gab allerdings einen wichtigen Unterschied. Diese Menschen hier fütterten sich gegenseitig.

Kommunikationssperren vermeiden durch sprachliches Spiegeln

Ein wichtiges Ziel von Kommunikationsseminaren besteht darin, Menschen zu befähigen, in schwierigen Situationen eine gute Beziehung zu anderen herzustellen und aufrechtzuerhalten. Schwierige Situationen sind dadurch gekennzeichnet, daß einer der Beteiligten unter dem Druck starker negativer Gefühle steht, gekränkt, verletzt oder aufgebracht ist. Wenn Menschen unter emotionalem Druck stehen, steigt ihr Adrenalinspiegel, sie geraten in Streß, und Streß beeinträchtigt klares Denken. Wenn wir gefühlsmäßig unter Druck geraten, verlieren wir in geringerem oder höherem Maße unseren klaren Überblick über die Situation und das sichere Wissen über das angemessene Handeln. In der Sprache der Psychologie heißt das: In einem Problemzustand stehen uns unsere Ressourcen nicht voll zur Verfügung.

Leider haben wir in unserem Erziehungs- und Ausbildungsprozeß nicht gelernt, Problemzustände anderer zu erkennen und angemessen mit den betreffenden Menschen umzugehen. In beruflichen Zusammenhängen ignorieren wir zumeist den Problemzustand, in dem sich unser Gegenüber befindet, und fahren in unserer Kommunikation mit einer sachlichen Erörterung, kontroversen Diskussion oder wie auch immer gearteten Auseinandersetzung fort. In schwierigen Situationen wirken diese „normalen" Vorgehensweisen jedoch als „Kommunikationssperren", wie der amerikanische Psychologe und Unternehmensberater Thomas Gordon sie bezeichnet[1]. Wenn ein anderer ein Problem hat, gehören alle Verhaltensweisen, die auf eine sachliche Klärung abzielen, wie Fragen stellen, analysieren und interpretieren, zu Kommunikationssperren. Auch Vorgehensweisen, wie Lösungen anzubieten, Ratschläge zu erteilen, zu trösten, beschwichtigen, loben, auffordern, warnen oder belehren, stellen Kommunikationssperren dar, ebenso wie Vorwürfe zu machen, beschimpfen und ablenken.

Wenn ein Mensch in einem Problemzustand über seine wesentlichen Fähigkeiten nicht verfügt, dann besteht die soziale Aufgabe in dieser Situation zunächst darin, seinen Zustand dahingehend zu beeinflussen, daß ihm seine Ressourcen wieder voll verfügbar werden. Wenn ich mich in dieser Situation als die verantwortliche Person begreife, muß ich erst auf der Beziehungsebene dafür sorgen, daß mein Gegenüber in einen ausgeglichenen Zustand kommt, bevor ich auf der Sachebene fortfahren kann, meine Informationen zu senden, meine Einwände zur Geltung zu bringen oder meine

Forderungen zu stellen. Ohne diesen Versuch bleibt mein Gegenüber in seinem Problemzustand und ist zu einer sachlichen Auseinandersetzung nicht fähig.

Wie man auf Menschen im Problemzustand einwirkt, um eine Entspannung zu erreichen, ist nur selten ein Lernziel in der schulischen, universitären oder beruflichen Bildung. Allenfalls Pädagogen und Psychologen lernen solche Verhaltensweisen in ihrer praktischen Ausbildung. Der Fachausdruck dafür kommt aus dem Amerikanischen und lautet „Pacing", zu deutsch „Spiegeln". Spiegeln kann ich auf körpersprachliche und auf sprachliche Art und Weise.

In Kommunikationsseminaren lernen Teilnehmer sprachliche Formen des Spiegelns. Sie stammen von dem amerikanischen Psychologen Carl Rogers, der in Deutschland als Vater der Gesprächspsychotherapie bekannt wurde. Die vielfältigen Formen sprachlichen Ausdrucks von Anteilnahme an den inneren Prozessen des Klienten hat ein Landsmann von Rogers, Thomas Gordon, auf zwei Grundformen zurückgeführt, die sich leicht erlernen lassen und zur Grundausbildung von Führungskräften im kooperativen Führungsstil gehören. Diese beiden sprachlichen Vorgehensweisen haben Namen bekommen: „Kontrollierter Dialog" und „Aktives Zuhören".

In der folgenden Metapher reagieren die zwölf Prinzen mit Kommunikationssperren. Der wandernde Bursche „spiegelt".

Zwölf Prinzen und ein wandernder Bursche

Es war einmal eine liebliche Prinzessin, die war so traurig, daß sie nicht mehr sprach, und niemand aus dem Hofstaat vermochte sie aufzuheitern. Da der König seine Tochter liebte, ließ er im Reiche verkünden, daß der seine Tochter zur Gemahlin bekäme, der ihr Schweigen und ihren Kummer besiege.

Da kamen die zwölf Prinzen aus den zwölf Provinzen des Landes in die Hauptstadt, um ihr Glück bei der Prinzessin zu machen. Der erste versuchte, sie zu trösten. Der zweite pries ihre Schönheit, vergeblich. Der dritte versuchte, sie abzulenken. Der vierte fragte nach den Gründen ihres Schmerzes. Die Prinzessin schwieg. Der fünfte sagte, ihr Kummer sei eine Folge der Jahreszeit und würde bald verschwinden. Der sechste riet ihr, den Kopf zu heben, zu lächeln und sich zu bewegen. Der siebente forderte sie auf, einen Kräutertee zu trinken. Der achte hielt einen Vortrag über Melancholie junger Damen, insbesondere des höheren Standes, alles vergeblich. Der neunte redete ihr ins Gewissen. Der zehnte warnte sie vor schlimmen Folgen ihrer Trübsal. Der elfte warf ihr vor, dem lieben Gott den Tag zu stehlen.

Und der zwölfte, der schon nicht mehr glaubte, sie erringen zu können, nannte sie einfach eine Heulsuse und zog ärgerlich wieder ab.

Da die Kunde von den vergeblichen Versuchen der zwölf Prinzen im Reiche umging, hörte auch ein wandernder Geselle die Geschichte. Und er ging zum Schloß und begehrte, die Prinzessin zu sehen. Die Wächter wollten ihn nicht einlassen, aber da er beharrlich auf seinem Ansinnen bestand, schickten sie zum König, ihm den Burschen und sein Begehren zu melden. Der König war inzwischen so verzweifelt, daß er dachte, dieser Besuch könne wohl auch nicht helfen, aber wohl auch nicht schaden, und gab Befehl, ihn zur Prinzessin zu lassen.

Als der Bursche die Kammer der Prinzessin betrat, sah er sie weinend auf ihrem Lager. Sie war so in sich gekehrt und weinte so still, daß es ihm ans Herz griff und er sich schweigend auf einem Stuhl niederließ und dort verharrte. Während dieser Zeit stieg die Sonne in den Zenit, die Kirchenglocken meldeten die Vesper und das Ende des Arbeitstages. Als das Abendrot eben verblaßte, hob die Prinzessin den Kopf und bemerkte, daß sie nicht allein war. Auch der Bursche sah auf, und als sie ihre Augen auf ihn richtete, sprach er leise zu ihr: „Du bist so traurig, daß du das Leben um dich herum nicht mehr bemerkst." „Ja", sagte die Prinzessin. Und das war das erste Wort seit drei Monden.

Und weil dies ein Märchen ist, kriegt der Bursch die Prinzessin zur Frau. Und weil dies kein Märchen ist, kriegt er sie auch.

Kritik üben mit Ich-Botschaften

Schwierige Situationen in der Kommunikation ergeben sich vor allem auch dann, wenn wir selber über das Verhalten eines anderen verärgert, gereizt oder verletzt sind. Dann haben wir ein Problem, weil wir emotional unter Druck stehen. Die Überprüfung der häufigsten Vorgehensweisen, mit denen wir in solchen Situationen reagieren, zeigt, daß wir offensichtlich in unserem Verhaltensrepertoire nicht sehr gut ausgestattet sind, um die Kommunikation in solchen Situationen aufrechtzuerhalten. Entweder schlucken wir unseren Ärger herunter und behalten den Igel im eigenen Bauch, oder wir reagieren mit Verhaltensweisen, die den anderen treffen. Darüber hinaus kann sich auch eine noch fatalere Entwicklung ergeben, nach der beide Beteiligte zornig erregt und aufgebracht den Ort des Geschehens verlassen.

Frauen neigen in solchen Situationen ganz häufig dazu, sich als erstes die Frage stellen, ob sie vielleicht selber etwas falsch gemacht haben, und dann zu schweigen. Wenn Frauen sich in solchen Situationen äußern und das unannehmbare Verhalten des anderen ansprechen, versuchen sie, die kritische Botschaft möglichst so zu verpacken, daß der andere sich nicht angegriffen fühlen kann. Sie vermeiden eine eindeutige Konfrontation deshalb, weil sie als Reaktion darauf Gegenangriffe befürchten, die sie selber verletzen könnten. Solche Verhaltensweisen führen dazu, daß die erzeugten negativen Gefühle nicht ausgelebt, sondern aufgestaut werden. Der Igel bleibt im eigenen Bauch.

Männer neigen zu der entgegengesetzten Form des Umgangs mit Aggressionen, die durch das Verhalten anderer hervorgerufen werden. Männer können in solchen Situationen laut werden. Sie halten mit ihrer Einschätzung des Verhaltens ihres Gegenübers nicht hinter dem Berg. Sie sprechen aus, was ihnen nicht paßt. Ihnen ist in solchen Situationen auch egal, ob sie durch Vorgehensweisen, wie inquisitorisches Fragen, Urteile fällen, Vorträge halten, belehren oder befehlen, den anderen herabsetzen, blamieren oder verletzen. Schließlich hat die andere Person durch ihr Verhalten ihnen geschadet. Wenn man die Inhalte solcher Botschaften, die in solchen Situationen gesendet werden, unter die Lupe nimmt, wird man Vorwürfe und Beschuldigungen feststellen können, Drohungen, Beschimpfungen, aber auch sarkastische Äusserungen und Bemerkungen, die geeignet sind, den anderen lächerlich zu machen.

Solche Äußerungen werden in der Kommunikation „Du-Botschaften" genannt, weil sie lediglich (negative) Informationen über die Person des anderen zum Inhalt haben. Du-Botschaften haben den Vorteil, daß die im eigenen Innern hervorgerufenen negativen Gefühle sich nicht wie Igel im Bauch ausbreiten und stechen. Du-Botschaften haben aber auch erhebliche Nachteile: Sie erzeugen negative Gefühle von Scham oder Schuld beim anderen, und sie greifen das Selbstwertgefühl des anderen an. Solche Emotionen setzen zumeist Selbstschutzmechanismen in Gang. Es kommt zu einem Umschlagen der ausgelösten Gefühle in Ärger und zu einem Verhalten, bei dem Widerstand, Abwehr, Verteidigung oder Vergeltung im Vordergrund stehen. Das Ziel der Kommunikation, das in solchen Situationen erreicht werden soll, nämlich, daß der andere sein Fehlverhalten erkennt und Anstrengungen zur Veränderung unternimmt, wird in den allermeisten Fällen verfehlt. Dazu kommt, daß auch die Beziehung zwischen den beiden Kontrahenten belastet wird.

Für solche Situationen werden in Kommunikationsseminaren Ich-Botschaften vermittelt. In einer Ich-Botschaft beschreiben Sie das unannehmbare Verhalten des anderen ohne Vorwurf, zeigen die negativen Folgen, die sich daraus für Sie ergeben haben, ohne Vorwurf auf und benennen dann die unangenehmen Gefühle, die dieses Verhalten in Ihnen ausgelöst hat. Seit Thomas Gordon mit Beginn der siebziger Jahre sein Buch *Manager-Konferenz* veröffentlicht hat, gehört die Ich-Botschaft zum Standard-Lernziel jedes guten Kommunikationsseminars. Und das mit Recht. Ich-Botschaften begründen, wo früher Du-Botschaften gesendet wurden, eine andere Kommunikationskultur. Ich-Botschaften ermöglichen, wo früher Hemmungen gegenüber kritischen Rückmeldungen in der Kommunikation vorherrschten, den Gewinn eines sicheren Selbstwertgefühls für den Sender und die Aufrechterhaltung eines ebensolchen Selbstwertgefühls auch für den Empfänger.

Mit der folgenden Metapher möchte ich bewirken, daß Seminarteilnehmer/innen die Möglichkeit in Erinnerung behalten, Kritik am Verhalten anderer in Form von Ich-Botschaften zu formulieren.

Der falsche Knopf

Ihr kennt die Geschichte von Peterle, der jeden Abend vor dem Einschlafen ein Raumschiff betrat und in den Weltraum reiste, um ferne Sterne zu besuchen. Wenn er morgens erwachte, hatte er immer interessante Dinge zu berichten.

Eines Tages landete Peterle auf dem Mars. Nachdem er aus seinem Raumschiff ausgestiegen war und einen Marshof betrat, hatte er wieder eine seltsame Begegnung. Er traf nämlich auf einen ärgerlich schimpfenden Marsmenschen, der sich gerade mit seinem Hofcomputer herumschlug. „Was machst du denn da?" fragte Peterle. „Ich will dem Burschen beibringen, daß er gefälligst seine Pflichten zu erfüllen hat. Er hat seit drei Tagen die Hühnerställe nicht gefegt. Die Marshühner hocken angewidert auf ihren Stangen und geben keine Eier mehr. Es ist zum Auswachsen!" – „Das ist in der Tat ein Problem", sagte Peterle mitfühlend. „Und wie teilst du deinem Computer mit, worüber du dich so ärgerst?" – „Wie ich das mache, fragst du. Das mache ich wie immer, nämlich genau nach Vorschrift. Ich gebe den Befehl zu arbeiten ein, indem ich auf diesen roten Knopf hier drücke. Aber anstatt zu arbeiten, schlägt der Kerl nach mir!"

Peterle drückte sein Erstaunen aus, dann fragte er: „Hast du schon mal im Computerbuch nachgesehen, was für Befehle du aufrufst, wenn du den roten Knopf drückst?" – „Nein, das habe ich nicht", antwortete der Marsmensch. „Aber vielleicht wäre das gar nicht so verkehrt. Es könnte ja sein, daß wir dann erfahren, warum der Kerl so aggressiv reagiert." Und er ging das Computerbuch holen. Es dauerte nicht lange, bis sie die Seite gefunden hatten, auf der das Befehlsmenü beschrieben wurde, das bei Betätigung des roten Knopfes aufgerufen wurde. Da stand: fragen, verhören, interpretieren, anordnen, befehlen, belehren, warnen, kritisieren, drohen, verurteilen, beschimpfen und als Anmerkung: Nicht aufrufen in schwierigen Situationen. Gefahr aggressiven Widerstands!

„Na also, jetzt haben wir es! Deshalb schlägt der Kerl um sich! Aber wie krieg ich ihn jetzt dazu, daß er wieder arbeitet?" fragte der Marsmensch. „Du mußt den blauen Knopf drücken, der ist zur Informationseingabe da", sagte Peter. „Schau mal das Befehlsmenü: Unannehmbares Verhalten beschreiben, negative Folgen aufzeigen, schmerzhafte Gefühle benennen. Probier das mal aus!" Der Marsmensch drückte den blauen Knopf und gab die entsprechenden Informationen ein. Und siehe da, der Computer entschuldigte sich und ging fröhlich an seine Arbeit.

„Du kommst sicher aus dem Zentrum des Universums, wenn du über so viel Weisheit verfügst", wandte sich der Marsmensch an Peterle. „Nein", erwiderte Peterle. „Ich komme von der Erde, und da schlagen sich die Menschen mit ihren Mitmenschen und Mitarbeitern genauso herum wie du mit deinem Hofcomputer." „Ja, lesen die denn auch keine Bedienungsanleitungen?" fragte der Marsmensch. „Das ist es nicht", sagte Peterle. „Die Menschen wissen schon, was sie tun, wenn sie bei anderen Menschen den roten Knopf drücken, und sie erfahren auch immer wieder, welche Wirkungen das auslöst. Aber offensichtlich vergessen die Menschen immer wieder, daß es auch einen blauen Knopf gibt." – „Das ist eigentlich nicht zu verstehen!" sagte der Marsmensch. „Vor allem, weil ich immer dachte, die Erde sei der blaue Planet."

Warum-Fragen vermeiden

Die Erkenntnis, daß Warum-Fragen in der Kommunikation Verfolgerfragen darstellen, ist ein weiteres wichtiges Lernziel von Verhaltenstrainings. In schwierigen sozialen Situationen wirkt eine solche Frage als eine Kommunikationssperre, weil sie den Angesprochenen veranlaßt, sein Verhalten zu rechtfertigen. Wenn der andere emotional unter Druck steht, wird eine Frage, die mit *warum, wieso, weshalb oder weswegen* beginnt, ihn noch mehr aufbringen und die Situation weiter verschärfen. Und wenn ich die Person bin, die emotional unter Druck steht, wird eine solche Frage von mir leicht dazu führen, daß der andere sich angegriffen fühlt. Deshalb vermitteln Kommunikationsseminare für Situationen, in denen ich wahrnehme, daß der andere ein Problem hat, mit Kontrolliertem Dialog oder Aktiv Zuhören zu reagieren, um dem anderen zu helfen, wieder in einen ausgeglichenen Zustand zu kommen, und für Situationen, in denen ich ein Problem mit dem Verhalten eines anderen habe, Ich-Botschaften, die mir helfen, wieder in einen ausgeglichenen Zustand zu kommen, ohne den anderen in seiner Person anzugreifen.

Aber auch in kommunikativen Situationen, in denen die Beteiligten eine gute Beziehung zueinander haben, sind Warum-Fragen wenig sinnvoll. Wenn es beispielsweise in Beratungszusammenhängen darum geht, die Ursache für ein Problem herauszufinden, führen Warum-Fragen selten zu Informationen, die zur Klärung des Problems nützlich sind. Wenn jemand ein Problem hat, kann man davon ausgehen, daß er sich selber bereits Gedanken darüber gemacht hat und sich etwas zurecht gelegt hat, was sein Problem erklären könnte. Das sind aber zumeist Interpretationen oder Konstruktionen, also sogenannte Rationalisierungen, die zur Problemlösung nichts beitragen können. Um ein Problem zu klären und genau zu bestimmen, bevor es gelöst werden kann, sind zusätzliche Informationen aus den Erfahrungen des Betreffenden nötig, auf die er aber nicht kommt, wenn er mit einer Warum-Frage auf die Suche geschickt wird.

Um Zusammenhänge und Hintergründe eines Problems aufzudecken, vermitteln Kommunikationsseminare deshalb eine Weise des Fragens, die von der Form der Äußerungen des Gegenübers ausgeht. Menschen haben ein Gefühl dafür, wie Äußerungen formuliert sein müssen, wenn sie die Beschreibung einer Erfahrung darstellen. Erfahrungsbeschreibungen sind erstens genau, zweitens vollständig und drittens durch Denkprozesse wie beispielsweise Verallgemeinerungen oder die Konstruktion von kausalen Zusammenhängen nicht verzerrt. Äußerungen im

Gespräch sind dagegen zumeist ungenau, unvollständig und durch Denkprozesse verzerrt. Ein Berater lernt deshalb, solche Ungenauigkeiten, Unvollständigkeiten und Verzerrungen in den Äußerungen seines Gegenübers wahrzunehmen und dann solche Fragen zu stellen, die den Befragten auf der Suche nach Antworten befähigen, die verlorengegangenen Anteile seiner Erfahrungen bewußt zu machen.

Nachdem Seminarteilnehmer diese Fragetechnik gelernt haben, kann die folgende Metapher sie dabei unterstützen, in Zukunft Warum-Fragen in kommunikativen Zusammenhängen zu vermeiden.

Das empfindliche Fragezeichen

Ein Fragezeichen und ein Ausrufezeichen rutschten beim Umfallen eines Bücherstapels aus ihrem Text und marschierten, nachdem sie sich von der Rutschpartie erholt hatten, durch die Zeilen, um ihren angestammten Platz wiederzufinden.

„Da ist ein Platz für dich", sagte das Ausrufezeichen. „Da steht ein WARUM." – „Da will ich aber nicht hin", antwortete das Fragezeichen. „Warum denn nicht?" fragte das Ausrufezeichen. „Warum, warum, warum wohl", fauchte das Fragezeichen. „Entschuldige bitte, ich wollte dir nicht auf die Nerven gehen. Ich wollte doch nur wissen, warum du da nicht hin willst." – „Das ist es ja gerade", sagte das Fragezeichen. „Ich habe schon oft in meinem Leben hinter einem WARUM gestanden. Und danach kamen meistens ganz empörte Sätze, die mich fast umgeblasen haben." – „Warum das denn?" fragte das Ausrufezeichen verwundert. „Man wird doch noch fragen dürfen!" – „Natürlich darf man fragen", erwiderte das Fragezeichen. „Aber nicht WARUM. Du mußt doch merken, daß Warumfragen die Leute auf die Palme bringen." – „OK", sagte das Ausrufezeichen. „Das kann ich verstehen. Aber ich muß doch Fragen stellen, wenn ich die Gründe von etwas herausfinden will!" – „Das ist richtig, aber nicht WARUM!" – „Und warum nicht? Oh, entschuldige bitte." – „Ist schon gut. Also, wenn du die Gründe für etwas herausfinden willst, ist es auch nicht sinnvoll, warum zu fragen. Die Leute geben dann meistens Antworten, die sie sich zurechtgelegt haben. Und die fördern nicht gerade das Verständnis der Sache. Oh, ich sehe, du möchtest schon wieder WARUM fragen." – „Nein, will ich nicht!" sagte das Ausrufezeichen empört. „Ich will etwas ganz anderes fragen, nämlich: Wie frage ich dann, wenn ich nicht warum fragen darf?" – „Das ist eine gute Frage", sagte das Fragezeichen. „Komm, laß uns mal durch den Text gehen. Dies ist ein gutes Buch, und wir finden sicher eine Stelle, an der ich dir klarmachen kann, wie gute Fragen sich anhören. Lies mal, hier reden zwei Freunde, Peter und Paul, miteinander. Paul lobt Peter für ein tolles Tennisspiel, das Peter gewonnen hat. Aber Peter sagt zu Paul:

‚Ich kann deine Anerkennung nicht annehmen.'

‚Was hindert dich daran?' fragt Paul.

‚Ich bin es nicht wert', erwidert Peter.

Und Paul fragt weiter: ‚Wie weißt du das?'

Auf diese Frage antwortet Peter: ‚Noch nie hat man mir Anerkennung ausgesprochen.'

Daraufhin fragt Paul: ‚Wer hat dich nicht anerkannt?'

Auf diese Frage fällt Peter ein: ‚Zum Beispiel mein Vater. Ich habe immer Angst vor ihm.'

Paul fragt daraufhin: ‚Was befürchtest du von deinem Vater?'

‚Daß er mich bestraft', sagt Peter.

‚Wofür bestraft dich dein Vater?' fährt Paul fort.

‚Ich bin schlecht in der Schule', sagt Peter. ‚Dafür bestraft er mich.'

Und Paul fragt weiter: ‚Wie macht er das?'

Peter denkt nach: ‚Er redet nicht mit mir', ist seine Antwort.

Und Paul stellt eine weitere Frage, nämlich: ‚Und was bedeutet das für dich?'

Diese Frage läßt Peter weiter nachdenken: ‚Wenn mein Vater nicht mit mir redet, fühle ich mich wertlos', ist seine Antwort.

„Und so geht es weiter, wie du lesen kannst. In diesem Absatz stehen acht Fragen, hinter die ich mich liebend gerne stellen würde", schwärmte das Fragezeichen.

„Und was bewegt dich dazu?" fragte das Ausrufezeichen.

„Bei diesen Fragen kann ich mitwirken, etwas Wichtiges herauszufinden."

„Und was ist das Wichtige, das du dabei mithilfst herauszufinden?" fragte das Ausrufezeichen.

„Du hast es verstanden!" rief das Fragezeichen voller Bewunderung aus.

„Ja, ich habe verstanden", sagte das Ausrufezeichen. „Und hinter diesen Satz stelle ich mich jetzt hin."

Umgang mit Konflikten

Im Zusammenleben und in der Zusammenarbeit von Menschen tauchen immer wieder Konflikte auf. Das ist unvermeidlich, weil Menschen verschiedene Bedürfnisse, Interessen und Einstellungen haben. Viele Menschen bewerten Konflikte jedoch negativ, reagieren mit unangenehmen Gefühlen darauf und gehen ihnen nach Möglichkeit aus dem Weg. Andere sind demgegenüber ausgesprochen konfliktfreudig. Sie betrachten Konflikte als ein notwendiges Mittel der Statusaushandlung, das sie entweder in Kauf nehmen oder sogar suchen. Wenn sie andere herausfordern und mit ihnen kämpfen, ist das für sie durchaus ein Zeichen von Kontakt und Respekt.

Im Berufsleben haben Konflikte jedoch zumeist negative Folgen, da mit unterschiedlichen Bedürfnissen, Interessen und Einstellungen nicht partnerschaftlich umgegangen wird, sondern ungleiche Machtverhältnisse häufig über den Ausgang eines Konflikts entscheiden. Das Bestreben, im Konfliktfall gewinnen zu wollen, bringt immer wieder die Situation hervor, daß einer verliert und nun seinerseits bestrebt ist, beim nächsten Mal als Sieger hervorzugehen, was die Ausgangslage der Situation ständig reproduziert und ein Gegeneinander in der Kommunikation hervorruft. Vor allem, wenn Führungskräfte die Macht ihrer Position in Konfliktlösungen einsetzen, rufen sie auf der anderen Seite statt Kooperationsbereitschaft eher Widerstand hervor mit Enttäuschung, Ärger, Bitterkeit und Groll bis hin zu Feindseligkeit. Als Spätfolgen eines autoritären Konfliktlösungsstils können sich bei Mitarbeitern Resignation und Desinteresse, Lustlosigkeit, Unselbständigkeit und Disziplinlosigkeit einstellen. Machtanwendung in Konfliktsituationen wirkt sich fast immer destruktiv aus.

Kommunikations- und Führungsseminare vermitteln deshalb eine kooperative Form der Konfliktlösung, die auf der Sachebene eine nach organisatorischen, ökonomischen oder anderen wichtigen Kriterien gute Lösung anstrebt, auf der Beziehungsebene darauf abhebt, Gefühle nicht zu verletzen und die Beziehung nicht zu belasten.

Die folgende Metapher soll in Seminarzusammenhängen dazu beitragen, die möglichen Folgen des Spiels mit der eigenen Überlegenheit in Konfliktsituationen im Gedächtnis zu behalten.

Die Wippe

Hannes und Kurt waren zwei Freunde, die gerne miteinander spielten. Am liebsten legten sie ein langes Brett auf den Sägeblock von Hannes Vater und wippten, wobei sie sich stundenlang Geschichten erzählten. Eines Tages kam Hannes, der ein bißchen größer und schwerer als Kurt war, auf die Idee, sich auf seinem Brettende weit zurückzulehnen und in dieser Position zu verharren. Das Ende von dem Brett, auf dem Kurt saß, schwebte in der Luft. Kurt zappelte oben und bat Hannes, sich wieder abzustoßen, er hätte keine Lust, da oben zu verhungern. Hannes jedoch ließ Kurt zappeln und hatte seine Freude daran.

Nach diesem Vorfall schien das Spielen miteinander keinen rechten Spaß mehr zu machen. Hannes und Kurt langweilten sich eine Weile, bis Kurt vorschlug, wieder einmal auf die Wippe zu gehen. Dieses Mal war Kurt es, der sich weit zurücklehnte und Hannes in der Luft zappeln ließ. Er hatte sich, gewitzt nach dem ersten mißglückten Spiel auf der Wippe, Steine in die Tasche gesteckt, so daß er schwerer als Hannes war und ihn nun seinerseits verhungern lassen konnte, wie es ihm beliebte.

Nach diesem Vorfall machte das gemeinsame Spiel noch weniger Freude. Hannes und Kurt langweilten sich, bis Hannes vorschlug, wieder einmal auf die Wippe zu gehen. Dieses Mal war es wieder Hannes, der sich weit zurücklehnte und Kurt in der Luft zappeln ließ. Er hatte sich, gewitzt nach dem zweiten für ihn mißglückten Spiel auf der Wippe, seinerseits Steine in die Tasche gesteckt, so daß er das Übergewicht von Kurt wieder ausgleichen konnte. So war er es wieder, der Kurt verhungern lassen konnte, wie es ihm beliebte.

Wie es weiterging, könnt ihr euch denken. Den beiden ehemaligen Freunden machte das gemeinsame Spiel keine Freude mehr. Beide beluden ihre zahlreichen Taschen mit so vielen Steinen, daß sie sich kaum noch bewegen konnten. Jeder wollte beim nächsten Spiel der Schwerere sein, um den anderen in der Luft zappeln und verhungern lassen zu können.

Das trieben sie so weit, bis eines Tages das Brett beim Wippen brach und beide schmerzlich auf ihrem Hosenboden landeten. Überrascht schauten sie sich an und brachen dann in ein befreiendes Lachen aus.

Danach machte das gemeinsame Spiel wieder Spaß. Sie suchten sich ein neues Brett und achteten genau darauf, es stets im richtigen Verhältnis zu ihrem Gewicht auf den Sägeblock zu legen, so daß keiner den anderen mehr verhungern lassen konnte, selbst wenn er einmal Lust dazu verspürt hätte.

Eine Metapher für Kreativitätsseminare

Kreativität ist ein menschliches Potential, das weder in der schulischen noch in der beruflichen Ausbildung ausreichend gefördert wird. Schon im familiären Erziehungsprozeß lernen Kinder einschränkende Normen zu übernehmen, ohne ihren Sinn zu begreifen („Das macht man nicht!"). Die schulische und berufliche Ausbildung vermittelt in der Regel Schemata zur Lösung wohlstrukturierter Probleme, zum Beispiel einer Dreisatzaufgabe. Schemata sind nützlich für die Auseinandersetzung mit sich täglich wiederholenden Problemen, weil sie mit logischer Konsequenz zur Problemlösung führen. Die Anwendung von gelernten Schemata birgt aber eine Gefahr, weil wir sie zuweilen wichtiger nehmen als eine neue Erfahrung. Wir neigen dazu, alle Probleme nach „Schema F" lösen zu wollen, und werden damit starr und unflexibel. Um schlechtstrukturierte Probleme und Aufgaben zu lösen (zum Beispiel: Wie können Mitarbeiter von kommunalen Ämtern zu mehr Freundlichkeit im Umgang mit Bürgern veranlaßt werden?), brauchen wir jedoch die Fähigkeit, Schemata beiseite zu lassen und nach neuen Möglichkeiten zu suchen. Logik allein hilft hier nicht weiter. Wir müssen uns etwas Neues einfallen lassen.

Aber nicht nur Normen und Schemata schränken die ursprünglich vorhandene Neugier, Phantasie und Kreativität von Menschen ein und wirken als interne Selbstkritik hemmend auf den Fluß von Ideen und Einfällen. Auch in sozialen Prozessen blockiert der weitverbreitete Hang zur spontanen Kritik an neuen Vorstellungen innovative Prozesse. Im betrieblichen Alltag ersticken sogenannte Killerphrasen häufig jeden Versuch, ausgetretene Pfade zu verlassen und Althergebrachtes zu verändern.

In der folgenden Geschichte läßt sich ein kreativer kleiner Elefant mit Namen Aha von den Killerphrasen einer teilnehmend beobachtenden Eule mit Namen Uhu nicht irritieren.

Aha

Im fernen Indien stand eines Sommerabends ein kleiner Elefant am Ufer eines breiten Stromes und weinte. Verzweifelt blickte er auf die Spuren im Sand, die ihm anzeigten, daß an dieser Stelle die Herde, zu der er gehörte, den Wasserlauf überquert hatte und im dichten Dschungel des anderen Ufers verschwunden war. Daran hatte er noch nie gedacht, wenn er sich, wie es öfter geschah, von der Herde entfernt hatte, um auf Entdeckungsreisen zu gehen. Im Dschungel hatte er den Weg immer wieder zurückgefunden. Jetzt aber versperrte ihm das Wasser die Rückkehr zur Herde, denn er konnte nicht schwimmen. Bei dem Gedanken, daß er die kalte Nacht alleine verbringen mußte, ohne sich an seine Geschwister kuscheln zu können, schluchzte er laut auf, und seine Tränen rannen in Bächen seinen Rüssel hinunter und versickerten im Sand.

„Was heulst du so laut?" ertönte eine krächzende Stimme aus einem hohen Affenbrotbaum, der nahe am Ufer stand.

Der kleine Elefant sah auf und erblickte eine Eule, die in einer Astgabel hockte und ihn mit einem Auge ansah. Das andere hatte sie zugeklappt.

„Wie heißt du?" fragte der kleine Elefant. „Ich heiße Uhu", sagte die Eule. „Und wie heißt du?" – „Mich nennen meine Kameraden Aha." – „Ein komischer Name", erwiderte die Eule. „Wie kommt man zu so einem Namen?" – „Das ist ganz einfach", sagte der kleine Elefant. „Ich war als Kleinkind sehr neugierig und machte immer ganz tolle Entdeckungen. Und wenn ich wieder etwas entdeckt hatte, entschlüpfte mir das Wort ‚Aha'. Deshalb nennen mich meine Kameraden so." – „Aha", sagte die Eule. „Und weshalb weinst du jetzt?" – „Meine Herde hat den Fluß überquert, und ich kann ihr nicht folgen, weil ich nicht schwimmen kann."

„Soso", bemerkte die Eule. „Du kannst also nicht schwimmen. Da hättest du doch dran denken können, als du dich von der Herde entferntest. Und wie willst du jetzt hinüberkommen?"

Der kleine Elefant hörte auf zu weinen und fing an nachzudenken. „Ich könnte auf ein Schiff warten und den Schiffer bitten, daß er mich hinüberbringt", kam ihm in den Sinn, und er teilte diesen Gedanken der Eule mit.

„Da kannst du lange warten", bemerkte die Eule. „Hier fahren keine Schiffe. 10 Kilometer stromabwärts sind Wasserfälle. Da kommt nie ein Schiff rauf."

„Also kein Schiff, auf das man warten könnte", überlegte Aha. „Aber es ist nicht mehr lange bis zur Trockenzeit, dann könnte ich durch den Strom waten. Hallo, Uhu, wann beginnt hier die Trockenzeit?"

„Trockenzeit?" krächzte der Vogel. „Mit dieser Idee kommst du nicht weiter. Wir sind hier in Nordindien, hier gibt's keine Trockenzeit. Der Strom führt immer so viel Wasser wie jetzt!"

„Oh weh!" dachte Aha. „Damit ist es also auch nichts. Aber vielleicht ist der Strom gar nicht so tief. Ich könnte doch versuchen, hindurchzulaufen und meinen Rüssel hochzuhalten. Dann kriege ich Luft."

„Was hast du dir jetzt schon wieder ausgedacht?" schrie der Vogel, als er sah, daß der kleine Elefant ins Wasser stieg.

„Ich gehe durch den Fluß und halte den Rüssel aus dem Wasser, dann kriege ich Luft!"

„Das geht nicht, das schaffst du nie", krächzte Uhu. „Das haben andere schon versucht und bloß Wasser geschluckt!"

Aber Aha hörte nicht. Seine Ohren waren schon unter Wasser. Nur seine Rüsselspitze war noch zu sehen, die sich langsam vom Ufer entfernte. Zentimeter um Zentimeter sank sie tiefer, während Aha im Schlamm des Stromes weiter zur Mitte vordrang. Dann war auch sie verschwunden.

„Dieser dumme kleine Kerl mit seinen spinnerten Ideen", krächzte die Eule, und ganz gegen ihre Gewohnheit schlug sie aufgeregt mit den Flügeln, während sie gespannt auf die Stelle im Wasser blickte, wo der Rüssel von Aha verschwunden war.

Prustend, schluckend und schnaufend tauchte der kleine Elefant wieder auf und legte sich am Ufer nieder, bis er wieder ruhig atmen konnte. „Das geht also auch nicht", sagte er zur Eule, die ein paar Äste heruntergeflogen kam, um sich leichter mit ihm unterhalten zu können. „Das habe ich dir doch gleich gesagt. Hier kommst du nicht hinüber, wenn du nicht schwimmen kannst."

„Schwimmen, schwimmen, schwimmen?" Der kleine Elefant ließ sich diese Worte durch seinen Kopf gehen. „Richtig, ich kann nicht schwimmen. Aber ein Floß kann schwimmen, und ich kann ein Floß bauen."

„Schon wieder so eine verrückte Idee", murrte der Vogel. „Ein Floß bauen! Das schaffst du nie", regte er sich auf. „Das macht nur einen Haufen Arbeit und bringt nichts."

Aber Aha ließ sich nicht beirren. „Wart's ab", murmelte er – und in seinen Gedanken begann er Bäume zu roden und am Ufer zusammenzulegen – und schwupp!, war er zuversichtlich eingeschlafen.

Am nächsten Tag, als die Sonne ihre ersten Strahlen über die Baumwipfel des anderen Ufers an die Stelle schickte, an der Aha friedlich schnaufend geschlafen hatte, wachte er auf, erhob sich und blickte tatendurstig in die Runde. Hier gab's genug Bäume, die sich zum Bauen eines Floßes eigneten. Also machte er sich an die Arbeit. Und als die Eule Uhu von ihrem Nachtflug zurück war und sich wieder in dem Affenbrotbaum niedergelassen hatte, lagen bereits vier Stämme von Ästen und Rinde befreit fein säuberlich nebeneinander im Sand.

„Das sieht ja ganz gut aus", bemerkte die Eule, nachdem sie den kleinen Elefanten begrüßt hatte. „Aber wie willst du sie zusammenbinden?" – „Mit Lianen", sagte Aha. „Hier wachsen viele davon. Ich hole gleich welche." Nach 10 Minuten war er mit einem Bündel dieser seilartigen Pflanzen zurück und schickte sich an, die Baumstämme zusammenzubinden. Hierbei verließ ihn sein Geschick. Er war zwar in der Lage, die Lianen um die Stämme zu winden, aber er konnte keinen Knoten machen, denn er hatte nur einen Rüssel. Und zum Schlingen fester Knoten brauchte er zwei. Immer wieder versuchte er, die Enden seiner Lianenseile zu verknüpfen. Aber wenn er daran zog, rutschten sie immer wieder auseinander.

„Das hast du jetzt von deiner dummen Idee", bemerkte der Vogel, der die vergeblichen Versuche des kleinen Elefanten beobachtet hatte. „Ich habe dir ja gleich gesagt, daß das nicht geht!"

Aha hielt in seinen Bemühungen inne. „Du hast recht, Uhu, soo geht es nicht. Knoten machen habe ich leider nicht gelernt." Er starrte auf sein unvollendetes Werk und ließ seine Gedanken durch sein Gehirn flitzen, ob nicht irgendwo eine Lösung für dieses Problem zu finden sei. „Richtig", entschlüpfte es ihm. „Affen! Affen haben vier Hände mit Fingern und Daumen. Affen können Knoten machen! Ich werde eine Affenfamilie bitten, mir zu helfen."

„Mit dieser Idee kommst du nicht weiter", mischte sich Uhu in die Überlegungen des kleinen Elefanten. „Warum nicht?" fragte der. „Willst du etwa das knotenmachende Geschick von Affen anzweifeln oder ihre Hilfsbereitschaft?" – „Nein", antwortete die Eule. „Aber es gibt an diesem Ufer weit und breit keine Affen. Seit der Tiger Siam hier seinen Wohnsitz aufgeschlagen hat, sind sie verschwunden. Oder hast du etwa welche gesehen?"

„Nein", antwortete Aha kleinlaut. „Ich habe schon seit Wochen keinen Affen mehr getroffen." Und er schaute auf sein unvollendetes Werk. „So also geht es auch nicht!" Traurig legte er sich nieder und schaute zum anderen Ufer, in dessen Dschungel seine Familie sich aufhielt und auf ihn wartete.

„Wie da rüber kommen?" grübelte er. „Wie kann man breite Ströme überqueren? Schwimmen kann ich nicht. Durchwaten geht nicht, ist zu tief. Floß bauen kann ich auch nicht allein, und Hilfe ist nicht in Sicht. Was ginge noch? – Fliegen!!! Fliegen? Ich habe große Ohren!" Aha stellte sich auf die Füße und bewegte seine Ohren auf und ab. Das machte zwar viel Wind, aber er hob keinen Zentimeter vom Boden ab.

„Bist du ganz von Sinnen?" krächzte der Vogel, der mit einem Auge die hilflosen Versuche von Aha beobachtet hatte. „Du willst doch nicht etwa fliegen. Dazu bist du viel zu schwer!"

„Du hast recht", antwortete Aha und legte sich wieder in den Sand. „Fliegen kann ich auch nicht. Aber wie noch könnte man einen breiten Strom überqueren? Schwimmen, durchwaten, Floß bauen, fliegen …" Er grübelte und grübelte. Aber es fiel ihm nichts ein, und erschöpft schlief er ein.

Er hatte nicht lange geschlafen, als er mit einem Schrei aufwachte. „Ich hab's", jubelte er. „Was hast du, daß du hier so herumtobst und anderen Leuten auf die Nerven gehst?" beschwerte sich die Eule. „Wieder so eine verrückte Idee?"

„Eine gute Idee!" jubelte Aha. „Es gibt noch eine andere Möglichkeit, über einen breiten Strom zu kommen. Man kann einen Damm bauen und hinüberspazieren."

„Das geht doch nicht, das schaffst du nie", ereiferte sich der Vogel. „Das macht wieder einen Haufen Arbeit und bringt nichts. Wie willst du als kleiner Elefant einen Damm bauen?"

„Ich habe doch nicht gesagt, daß ich ihn allein bauen will", antwortete Aha. „Ich habe beim Bäumefällen Biber getroffen. Das sind Superbaumeister, und wenn sie mir helfen, wird es gelingen!"

„Das gibt bloß Aufregung, und sonst nichts", meckerte der Vogel. „Aber auf mich willst du ja nicht hören!"

„Wenn ich auf dich hörte, würde nie etwas werden", rief Aha der Eule zu und rannte in den Dschungel, um die Biberfamilie zu suchen.

„So ein Blödsinn, einen Damm bauen!" schimpfte der Vogel vor sich hin. „Die machen bloß Krach und stören andere Leute, und rauskommen tut dabei nie etwas. Aber was geht mich das an? Ich werde lieber schlafen." Und sie klappte auch ihr zweites Auge zu und versank in Tiefschlaf.

Den brauchte sie auch. Denn die nächsten Tage waren erfüllt von reger und lärmender Betriebsamkeit. Aha hatte die Hilfe von zwei Biberfamilien erbeten, die den ganzen Tag bis zur Dunkelheit Bäume fällten und ans Ufer schleppten. Unter Zetern und Schimpfen des in seinem Schlaf gestörten Vogels wuchs Meter um Meter ein stattlicher Damm durch den Strom. Und nach einem Monat war das andere Ufer erreicht.

„Siehst du, Uhu", sagte Aha. „Man soll nie aufgeben. Es gibt immer eine Möglichkeit, ein Problem zu lösen, man muß sie nur finden. Es tut mir leid, daß wir dir so lange den Schlaf geraubt haben. Aber du wirst verstehen, daß das sein mußte. Jetzt kann ich hinüber zu meiner Familie."

„Eine schöne Bescherung war das", schimpfte der noch immer beleidigte Vogel. „So was hat's früher nie gegeben!"

„Nimm's nicht übel", bat Aha. „Ab jetzt wirst du nicht mehr gestört werden." Und er bedankte sich bei den beiden Biberfamilien, verabschiedete sich und ging über den Damm. Am anderen Ufer blickte er noch einmal zurück, um zu winken. Dann verschwand er im Dschungel.

„Ein netter kleiner Kerl, dieser Aha", sagte das Oberhaupt der einen Biberfamilie. „Du hast recht", sagte das Oberhaupt der anderen Familie. „Aber warum hat er nur so einen komischen Namen?" – „Na, weil er immer so dumme Ideen hat", krächzte die Eule dazwischen und wischte sich verstohlen eine Träne aus dem Winkel ihres geöffneten Auges. „Aha", sagten die Oberhäupter der beiden Biberfamilien und wandten sich ihrem Nachwuchs zu. „Daran könnt ihr euch ein Beispiel nehmen!"

Metaphern für Streßseminare

Für meine Streßbewältigungsseminare habe ich drei Metaphern geschrieben, um meine Teilnehmer zu unterstützen, wesentliche Einstellungen, Verhaltensweisen und Symptome der Streß-Persönlichkeit zu überwinden. Nach dreißigjährigen Studien über die „Managerkrankheit" kamen die Amerikaner M. Friedman und R. Rosenman zu der Überzeugung, daß ein spezifisches Verhaltensmuster die Hauptursache für andauernden Streß und damit für koronare Herzkrankheiten darstellt. In ihrem Buch[2] beschrieben sie erstmalig die wesentlichen Einstellungen und Verhaltensweisen, die auf vegetativer Ebene zu einer sogenannten sympathikotonen Fehlsteuerung führen, darunter „ständiger Zeitdruck", „hohe Aggressivität" und „Alexithymie", die reduzierte Fähigkeit, die eigenen Gefühle wahrzunehmen.

Die folgende Metapher zielt darauf, Menschen vom Typ-A-Verhalten darin zu unterstützen, ihre Gefühle zu beachten und ernst zu nehmen.

Der verliebte Bote

Vor langer Zeit lebte ein Volk in einem gebirgigen Land des südlichen Europas. Dieses Volk hatte eine Königin, die mit ihrem Hofstaat in einem Schloß hoch oben auf einem steilen Felsen wohnte. Dieses Schloß war nur auf einem schmalen Pfad zu erreichen. Die wenigen Lastenträger, die den Hofstaat versorgten, waren Sklaven, die die Sprache des Landes nicht verstanden. Und es gab nur einen Boten, der Nachrichten vom Leben des Volkes überbrachte und Befehle entgegennahm, um sie der Staatsverwaltung zu übermitteln, die in einer Stadt am Fuße des Schloßfelsens residierte.

Mit diesem Nachrichtenboten nun hatte es folgende Bewandtnis. Er liebte seine Königin, und sein Herz bebte, wann immer er zu ihr trat und eine Botschaft überbrachte. War es eine gute Nachricht, so sah er voller Freude ihr Antlitz von heiterem Glanz sich aufhellen. War es aber eine schlechte Nachricht, so krampfte sich sein Herz zusammen, sobald er Schatten von Sorge oder Trauer auf ihrer Stirn wahrnahm. Es fiel ihm mit der Zeit immer schwerer mitanzusehen, wie seine schlechten Nachrichten ihr Wohlbefinden beeinträchtigten. Und er fühlte sich schuldig an ihrem Leid, so daß er nicht umhin konnte, zunächst einige, dann immer mehr und zum Schluß alle schlechten Nachrichten zu unterdrücken.

Von dieser Zeit an war das Gemüt der Königin ausgeglichen, aber die Verhältnisse im Lande gerieten aus dem Gleichgewicht. Zuerst gab es nur ein Verkehrschaos, dann brach die

Versorgung zusammen, soziale Spannungen entstanden, wuchsen an, spitzten sich zu, und ein Aufruhr brach aus. Jeder sah im anderen seinen Gegner. Mord und Totschlag griffen um sich. Ein feindliches Heer marschierte an den Grenzen auf. Aber im Schlosse auf dem Felsen saß die Königin mit ihrem Hofstaat an der Tafel, speiste mit heiterem Gemüt und lauschte den Klängen der Laute.

Da wollte es ein freundliches Geschick, daß der Bote erkrankte und mit hohem Fieber an sein Lager gefesselt blieb. Als man diesen Vorfall am Hofe meldete, wurde ein anderer zum Boten bestimmt mit der Aufgabe, die Nachrichten zu bringen und die Befehle weiterzuleiten.

Entsetzen ergriff die Königin und ihre Minister, als sie auf diese Weise von den tobenden Kämpfen draußen im Lande und der Gefahr an den Grenzen erfuhren. Das Reich stand am Rande des Untergangs. Aber es war nicht zu spät. Gesetze und Verordnungen ergingen. Die Polizei griff entschieden durch. Die Soldaten eilten zu den Waffen. Im Innern stellte sich wieder Ruhe ein. Die Menschen kehrten in ihre Häuser zurück und nahmen ihre gewohnten Tätigkeiten auf. Der Feind zog sich von den Grenzen zurück.

Nur eines änderte sich: Was die Nachrichtenübermittlung zwischen Volk und Königin anging, wurde eine doppelte Kontrolle eingerichtet. Niemals mehr sollte es geschehen können, daß die Sorge um den Gemütszustand der Herrscherin einen mitfühlenden Boten dazu verführte, die Regierung ohne Nachrichten über den Zustand des Reiches zu lassen.

Die folgende Metapher zielt auf die Überwindung hoher Aggressivität.

Harro, der Hofhund

„Ich hoffe, daß dieser Köter nicht so ein schlaffer Harro wird wie sein Vater", sagte der junge Bauer und übergab seinem Nachbarn einen Welpen. „Aber wenn er dir nicht scharf genug wird und mit den Katzen schmust, statt sie totzubeißen, kannst du ihn ja ersäufen." – „Der wird schon werden", antwortete der Nachbar, band den Welpen an eine Leine und setzte ihn in eine alte Hundehütte. Dann verschwanden die beiden und überließen den kleinen Hund sich selber und seiner Angst.

Ihr könnt euch denken, daß aus diesem armen kleinen ängstlichen Hundekind ein zäher und ausdauernder Verfolger von Katzen und ein scharfer Hüter von Haus und Hof seines Herrn wurde. Er haßte die schleichenden und schnurrenden Mäusefänger mit Inbrunst, und wann immer so ein getigertes Scheusal in seine Nähe kam, sträubten sich seine

Nackenhaare. Und er stürzte mit wütendem Gekläff hinter ihnen her, hetzte sie auf Bäume, Böden oder Dächer und ließ nicht eher von ihnen ab, bis er von seinem Herrn weggeführt und angebunden wurde. Auf diese Weise ging sein Hundeleben dahin mit feindseligen Gefühlen, feindseligen Gedanken, feindseligem Bellen und feindseligem Verfolgen von Katzen, aufmerksamem Bewachen von Haus und Hof und angsteinflößendem Verjagen von fremdem Gesindel. Und ihr könnt euch vorstellen, daß Harro, so hatte ihn sein Herr genannt, in einem solchen Dasein nicht viele glückliche Augenblicke erlebte, ja daß er eigentlich ein sehr trauriger Hund war, dem hin und wieder das Herz weh tat vor Kummer. Aber solche Gefühle unterdrückte er ganz schnell, indem er sich mit verstärktem Eifer auf seine wichtigste Aufgabe stürzte: Katzen verfolgen!

Das ging so lange, bis eines Tages eine fremde Frau sich dem Hof näherte. Harro hatte sie selbstverständlich bemerkt und meldete ihr Kommen mit wütendem Gekläff. „Sei ruhig, verrate mich nicht, ich will nur ein paar Eier stehlen. Wenn du still bist, überlasse ich dir eine von diesen Pillen hier. Die besitzen Zauberkraft. Sobald du sie hinuntergeschluckt hast, kannst du die Sprache aller lebenden Geschöpfe verstehen." – „Das kann ich auch ohne deine Pillen", knurrte Harro. „Ich verstehe jede Sprache, die auf diesem Hof gesprochen wird." Und er bellte laut. „Wie dumm und verbohrt du doch bist", erwiderte die Frau. „Du verstehst doch nur die Sprache von gefangenen und versklavten Tieren, die der Mensch in seinen Dienst gezwungen hat. Von den Worten der freien Geschöpfe unter dem Himmel kannst du nur Laute vernehmen, deren Sinn du nicht begreifst." – „Dein Geschwätz ödet mich an, verschwinde, oder du sollst meine Reißer zu fühlen bekommen", knurrte Harro, fletschte die Zähne und duckte sich zum Sprung auf den ungebetenen Gast. Die Frau erschrak, ließ die Pillen fallen, drehte sich um und lief voller Angst davon.

„Hast du gut gemacht", sagte Harro zu sich selber und wedelte vor Freude über sein mutiges Auftreten mit dem Schwanz. Dann besah er sich neugierig die kleinen weißen Pillen, die die fremde Frau bei ihrer Flucht verloren hatte. „Ich könnte ja mal vielleicht eine probieren. Mal sehen, ob sie wirklich wirken, wie die Alte gesagt hat", dachte Harro, überlegte nicht lange, nahm eine und schluckte sie hinunter. Dann verharrte er regungslos und wartete auf die Wirkung. Nichts geschah. „Betrügerin", murmelte er vor sich hin und gab das Warten auf, legte sich in den Schatten und schloß die Augen.

Wie lange er so gelegen und geschlafen hatte, wußte er nicht, als er erwachte. Aber es waren Stimmen ganz in seiner Nähe, die ihn geweckt hatten, Stimmen, die er bisher noch nie gehört hatte. „Geh nicht zu nahe an ihn ran", sagte eine der Stimmen. Und als Harro vorsichtig ein Auge öffnete, um nach dem Sprecher zu sehen, entdeckte er einen Spatzen, der an seinem Futternapf pickte. „Hat die Alte doch recht gehabt", schoß es ihm durch den

Kopf, aber er rührte sich nicht, um die Spatzen, deren aufgeregtes Getschilpe er plötzlich begreifen konnte, nicht zu verscheuchen. „Keine Angst", erwiderte der andere Spatz ganz in seiner Nähe. „Der alte Köter ist viel zu kaputt, um mir gefährlich werden zu können. Der kennt doch nichts anderes als Katzenjagen. Damit hat der sich doch völlig fertiggemacht. Sein Herz ist schon zerschunden von all dem Haß, der ihn täglich treibt. Aber den Schmerz merkt der nicht einmal. Wie sinnlos ist so ein Hundedasein. Dabei könnte er in Frieden leben, denn die Katzen tun ihm ja nichts." – „Du hast recht, der hat sich sinnlos kaputtgemacht, nur weil er denkt, er müsse Katzen hassen, aber er hat noch genügend Kraft, um dir den Garaus zu machen, wenn du nicht aufpaßt."

Diese Worte trafen Harro mitten ins Herz, und er wagte nicht, sich zu rühren. Nicht, daß er plötzlich die Spatzen in seinem Futternapf gefürchtet hätte. Nein, es war ein Gedanke, den er fürchtete und der unaufhaltsam in ihm aufstieg, um ihm klar vor Augen zu stehen. Konnte es die Wahrheit sein, daß sein Haß auf Katzen in dieser Welt ohne jeden Sinn wäre? Nein, so etwas war undenkbar. Immerhin hatte man ihm einst mit dem Tode durch Ersäufen gedroht für den Fall, daß er sich als lahmer Katzenfreund erweisen sollte. Allerdings war auf der anderen Seite nicht zu übersehen, daß sein Herr die Anwesenheit von Katzen auf seinem Hofe duldete. Warum also sollte er es ihm, Harro, übelnehmen, wenn er in Zukunft mit Rücksicht auf sein angegriffenes Herz es ebenso hielt? Eigentlich hatte er ja rein persönlich überhaupt nichts gegen Katzen.

Harro schwankte lange zwischen der Angst vor Strafe und der Angst um sein Herz hin und her. Dann entschied er sich, ein geheimes Bündnis mit den Katzen auf dem Hofe einzugehen: In Zukunft wollte er so tun, als ob er sie verfolgte, damit sein Herr mit ihm zufrieden sein, er aber gleichzeitig sein Herz schonen konnte. Ihr könnt euch denken, daß die Katzen damit sehr einverstanden waren. Ja, sie machten sich sogar einen Spaß daraus, täglich mit Harro ein Schauspiel von Verfolgungsjagden aufzuführen.

Leider ließ sich der Friedensschluß zwischen Harro und den Katzen nicht lange verbergen. Wenn der Haß einmal aus dem Herzen verschwunden ist, kann, wie ihr ja wißt, die Freundschaft oft nicht lange zurückgehalten werden. Harro, schmusebedürftig, wie nun Hunde ja auch sind, zumal wenn sie ein liebloses Verfolgerleben hinter sich haben, konnte sich nicht zurückhalten, dann und wann Streicheleinheiten mit den Schnurrkätzchen auszutauschen. Nach einem solchen zärtlichen Spiel war er eines Tages zusammen mit seiner Gespielin eingeschlafen und erwachte von den Worten seines Herrn: „Guck an, ist doch der scharfe Harro auf seine alten Tage zu einem freundlichen Hausgenossen geworden, so wie ich ihn mir immer gewünscht habe!"

Harro lief ein Kribbeln über die Haut unter seinem schon etwas räudigen Fell. Eine große Welle von Trauer strömte aus seinem Herzen und trat ihm feucht in die Augen. Als der Schmerz nachgelassen hatte, schielte er nach dem Kätzchen, das an seiner Seite schlief, leckte ihm sanft das Fell bis zu den Ohren und sagte zu sich: „Es ist noch nicht aller meiner Tage Abend." Und das war richtig. Harros Herz erholte sich. Ich habe gehört, er ist der älteste Katzenfreund seiner Zunft geworden.

Die folgende Metapher zielt auf die Überwindung ständigen Zeitdrucks und der Unfähigkeit zur Entspannung.

Die Strafe

Ein Hufschmied, der sich eines kleinen Vergehens schuldig gemacht hatte, fand einen weisen Richter: „Sieben Tage lang sollst du Hufeisen schmieden", urteilte dieser. „Das Ergebnis deiner Arbeit soll den Armen dieser Stadt zugute kommen. Danach wollen wir über deine Strafe reden."

Am nächsten Tag machte der Hufschmied sich ans Werk. Er schmiedete und schmiedete ohne Pause. Sein Gesicht glühte vom Feuer der Esse, und der Schweiß rann ihm von der Stirn. Aber er fuhr fort ohne Unterlaß. Da trat ein wandernder Geselle bei ihm ein und bat um Arbeit, Unterkunft und Brot. „Ich habe keine Zeit, dich zu beschäftigen", erwiderte der Hufschmied. „Geh ins nächste Dorf. Dort wirst du finden, was du brauchst." Und er fuhr fort in seiner Arbeit die ganze Nacht hindurch, ohne zu ruhen. Am zweiten Tag kam ein Freund in die Schmiede, um nach ihm zu sehen und ein paar Worte mit ihm zu wechseln. „Ich habe keine Zeit", sagte der Hufschmied. „Geh ins Wirtshaus, dort wirst du Unterhaltung finden." Und ohne aufzuschauen fuhr er fort in seiner Arbeit bis in den dritten Tag. An dem schien die Sonne hell vom Himmel, und ein Nachbarmädchen mit bloßen Füßen, lachenden Augen und einem blonden Lockenkopf lugte neugierig durch das Tor. Es brachte einen Blumenstrauß, um den Schmied zu erfreuen. „Tut mir leid, mein Kind, ich habe keine Zeit. Bring die Blumen zur Bäckerin, die gibt dir eine Semmel. Ich muß schmieden." Und er fuhr fort, die Glut zu schüren und das Eisen zu schmieden, solange es glühte. Und am vierten Tag trat ein Diener bei ihm ein, der hatte am Arm eine tiefe Wunde, aus der er blutete. „Verbinde mich", bat er. „Ich habe keine Zeit", antwortete der Hufschmied. Geh dort drüben an den Kasten. Darin ist sauberes Leinen." Und er rief eine Magd, dem Diener die Wunde zu schließen. Er aber schmiedete und schmiedete ohne Unterlaß. Am nächsten Tag trat ein fliegender Händler zu ihm und bot ihm erbauliche Bilder und Schriften zum Kauf. „Du störst mich bei meiner Arbeit", fuhr der Schmied ihn unfreundlich an. „Pack dich, oder ich mache die Hunde los." Und er fuhr fort in seiner Arbeit, ohne nachzulassen. Am sechsten Tag kamen Nachbarn, die waren besorgt um sein Wohlergehen. Sie brachten Brot, Fleisch und Wein, damit er sich stärke. „Ich kann nicht mit euch essen. Ich habe keine Zeit. Kommt übermorgen wieder." Und er schürte das Feuer, schwang den Hammer und schmiedete. Am siebten Tag trat das Mädchen zu ihm, das ihm versprochen war, einen Blick nur zu tauschen oder einen Kuß, denn es hatte schon gehört, daß er von seiner Arbeit nicht abließ. Er aber sprach: „Ich habe keine Zeit", sah nicht einmal auf und bemerkte auch die traurigen Augen nicht, mit denen es sich abwendete und von ihm ging.

Am Ende dieses Tages ließ er den Hammer fallen und die Glut der Esse erlöschen. Er zählte die Eisen, die er geschmiedet hatte, und sank dann in einen tiefen Schlaf. Am andern Morgen erschien er vor seinem Richter, um die Eisen zu bringen, deren Erlös für die Armen bestimmt war. „Du hast gut gearbeitet", sagte der Richter. „Doch es hätte mehr sein können." – „Euer Ehren", antwortete der Hufschmied. „Mehr zu tun stand nicht in meinen Kräften. Ich habe sieben Tage und Nächte nicht geruht. Ich habe keine Nahrung zu mir genommen und alle Gäste abgewiesen." – „Das ist ja, was ich meine", erwiderte der Richter. „Ich habe dir sieben Gäste mit den guten Dingen des Lebens geschickt, und du hast sie alle abgewiesen." – „Ich wollte keine Zeit verlieren und so viele Eisen wie möglich schmieden. Deshalb wies ich sie ab", verteidigte sich der Hufschmied. „Das war nicht klug von dir", wandte der Richter ein. „Hättest du sie willkommen geheißen, wären sie und ihre Gaben für dich und deine Arbeit von großem Nutzen gewesen." – „War denn all mein Tun vergeblich?" fragte daraufhin der Hufschmied. „Nein", erwiderte der Richter. „Der Erlös deiner Arbeit wird den Armen zugute kommen." – „Und welche Strafe muß ich nun verbüßen?" fragte der Hufschmied. „Du mußt mich mißverstanden haben", sprach daraufhin der Richter. „Für dein Vergehen habe ich dir auferlegt, sieben Tage zu schmieden zum Wohle der Armen. Es war an dir, ob diese sieben Tage zu einer Strafe oder zu einem Geschenk wurden. Du hast die Strafe gewählt."

ZWEI
Metaphern für die NLP-Ausbildung

Metaphern stellen eine indirekte Methode dar, um Menschen von einem Problem zum Ziel zu führen. Es geht dabei darum, die Struktur des Problems in einem anderen und für den Klienten interessanten Zusammenhang zu spiegeln und in diesem anderen Zusammenhang den Weg zu einer Lösung aufzuzeigen. Man kann dabei systematisch Schritt für Schritt vorgehen, indem man zunächst das Problem genau bestimmt und das Ziel festlegt. Danach erfindet man einen geeigneten Zusammenhang, in dem man das Problem und das Ziel beschreibt. Wenn diese beiden Elemente der Geschichte vorliegen, kann man Überlegungen anstellen, auf welchem Wege der Held der Geschichte das Ziel erreicht. Für den Weg zu einer Lösung gibt es keine besonderen Bestimmungen. Jeder Weg, der in den Zusammenhang der Geschichte paßt, ist möglich. Für die Wirkung einer Metapher sind nur zwei Elemente nötig, die strukturelle Ähnlichkeit des Problems und das Vorhandensein einer Lösung. Wenn diese Kriterien erfüllt sind, kann eine Metapher therapeutisch wirken.

NLP-Veränderungsarbeit setzt viele unterschiedliche Methoden ein, um einen Klienten vom Problem zum Ziel zu führen: Integration von Ressourcen, Reframing, Veränderung von Strategien oder Submodalitäten, um nur die wichtigsten Kategorien zu nennen. Wenn man auf der Suche nach dem Weg zum Ziel in einer Metapher an NLP-Veränderungsmuster denkt, liegt die Idee nahe, Metaphern so aufzubauen, daß der Adressat beim Zuhören ein spezifisches Muster der NLP-Veränderungsarbeit durchläuft. NLP-Anwender, die auch mit Metaphern arbeiten, kommen fast automatisch auf den Gedanken, beim Schreiben von Metaphern den Weg zum Ziel nach einem NLP-Format aufzubauen und auf diese Weise die Arbeit mit Metaphern zu intensivieren. Und wenn man einmal bei dieser Idee angelangt ist, läßt sich auch der folgende Gedanke nur schwer abweisen, überhaupt NLP-Vorgehensweisen metaphorisch darzustellen, um das Lernen solcher Muster zu unterstützen. In diesem Kapitel finden Sie Metaphern, die ich systematisch mit dem Ziel verfaßt habe, die Vermittlung von NLP-Vorgehensweisen in der Ausbildung zu unterstützen.

Arbeiten mit Ressourcen auf der Situationsebene

Ein wesentliches Ziel der Arbeit mit NLP besteht darin, Menschen zu befähigen, sich die Ergebnisse ihrer gesamten Lerngeschichte – Wissen, Fertigkeiten, Geschicke, Fähigkeiten, Erfahrungen, kurz Ressourcen – in jeder Situation, in der sie sie brauchen, verfügbar zu machen. In der Regel gehört eine solche Veränderungsarbeit zu den Lernzielen am Anfang einer NLP-Ausbildung. Während einer solchen Arbeit lernen die Teilnehmer/innen alle wichtigen Schritte der NLP-Veränderungsarbeit in ihrer Ausführung und ihrer Bedeutung kennen, und sie erfahren die Wirkung eines solchen systematischen Arbeitens mit der Vorstellungskraft.

Das Grundformat dieser Veränderungsarbeit umfaßt acht Schritte: Genaue Problembestimmung, Separator-State, genaue Zielbestimmung, Kurzreframings und Ökologie-Check, Suche nach Ressourcen und deren Überprüfung sowie Integration und Future-Pace.

In der folgenden Metapher hat eine Drossel ein Problem, und ein Eichhörnchen führt die Drossel nach allen Regeln der NLP-Veränderungsarbeit durch den Prozeß vom Problem zum Ziel.

Die Drossel und das Eichhörnchen

„Das darf doch nicht wahr sein!" sagte eine Drossel, die wie jeden Sommerabend ihren Beobachtungsposten auf dem Dachgiebel des großen Bauernhofes eingenommen hatte. „Immer wenn ich die schwarze Katze um die Stallmauer schleichen sehe und eigentlich Alarm schlagen sollte, bringe ich keinen Ton mehr heraus. Es ist zum Verzweifeln!" – „Das ist kein Grund zur Aufregung", antwortete das Eichhörnchen, das die Worte der Drossel mitangehört hatte. „Das kann schon mal passieren." – „Du hast gut Reden!" gab die Drossel empört zurück. „Es gehört zu meinen Aufgaben, Alarm zu geben, wenn ich die Katze sehe. Daß ich das nicht kann, ist ein Problem."

„Aha, ich verstehe", sagte das Eichhörnchen. „Das ist in der Tat ein Problem. Und du willst es lösen, habe ich recht?" – „Natürlich will ich das Problem lösen. Aber ich weiß nicht wie", erwiderte die Drossel. „Da kann ich dir helfen", sagte das Eichhörnchen. „Bist du bereit?"

Die Drossel war bereit. „Was also soll ich tun?" fragte sie. „Erst einmal sollst du gar nichts tun", erklärte das Eichhörnchen. „Du sollst nur meine Fragen beantworten." – „Und das soll helfen?" fragte die Drossel. „Du wirst es schon erleben", antwortete das Eichhörnchen. „Nun gut." Die Drossel war einverstanden.

„Du hast gesagt", begann das Eichhörnchen, „daß du immer, wenn du die schwarze Katze um die Stallmauer schleichen siehst und eigentlich Alarm schlagen solltest, keinen Ton mehr herausbringst, ist das richtig?" – „Genau", sagte die Drossel. „Erinnere dich noch einmal genau an die letzte Situation, die du eben erlebt hast. Du kannst dabei die Augen schließen und dir alles vorstellen, was du erlebst, wenn dieses Problem auftritt. Erinnere dich daran, wo du in dieser Situation bist, welche Körperhaltung du einnimmst, was du siehst, was du hörst, was du fühlst und wie du dich dann verhältst."

„Das kann ich dir sagen", begann die Drossel, nachdem sie die Augen wieder aufgemacht und ihr Federkleid ausgeschüttelt hatte. „Ich sitze in aufrechter Haltung auf dem Dachgiebel und schaue auf den Hof hinunter, wo gerade die schwarze Katze um die Ecke geschlichen kommt. In dem Moment erstarre ich. Meine Kehle schnürt sich zu. Ich kann nur noch auf die schwarze Katze starren. Alles andere verschwimmt wie im Nebel. In mir höre ich eine Stimme, die sagt, du mußt Alarm schlagen. Aber ich fühle nur, daß meine Kehle zugeschnürt ist und keinen Ton mehr herausbringen kann. Ich habe Angst." Und schon geriet ihre Stimme wieder ins Stocken.

„Ah, ja", sagte das Eichhörnchen. „Ich verstehe, was du meinst. Könntest du jetzt einen kleinen Rundflug um die große Eiche machen und dann wieder zurückkommen, damit wir weitermachen können?" – „Wenn du meinst, daß das gut ist", sagte die Drossel und hob ihre Schwingen, um der Bitte des Eichhörnchens nachzukommen.

„Was möchtest du denn erreichen? Was ist dein Ziel?" fragte das Eichhörnchen, nachdem die Drossel auf den Dachgiebel zurückgekehrt war. „Was ich erreichen möchte, ist, meine Pflicht zu erfüllen", antwortete die Drossel. „Und worin besteht deine Pflicht genau?" fragte das Eichhörnchen. „Beschreibe mir genau, was du erlebst, was du siehst, was du hörst, was du fühlst und was du tust, wenn du genau das tust, was du für deine Pflicht hältst." – „Also", begann die Drossel. „Wenn ich meine Pflicht erfülle, dann sitze ich genau wie jetzt in aufrechter Haltung auf dem Dachgiebel und singe. Ich sehe, wie die schwarze Katze um die Stallmauer schleicht, und ich bleibe ganz ruhig und atme tief durch. Denn ich weiß, daß ich jetzt Alarm rufen muß, und dazu brauche ich Luft. Und jetzt gebe ich Alarm und beobachte aufmerksam, wie sich die Katze verhält."

„Das hast du hervorragend beschrieben", bemerkte das Eichhörnchen. „Ich habe aber noch ein paar Fragen, die du beantworten solltest, bevor wir überlegen, was du tun könn-

test, um dein Ziel zu erreichen. Kannst du dir vorstellen, daß es in irgendwelchen Situationen deines Lebens sinnvoll ist, Angst zu haben und keinen Ton mehr herauszubringen?"
„Aber natürlich", antwortete die Drossel. „Wenn ich auf dem Nest sitze und sehe eine Schlange in den Ästen kriechen, ist das genau das richtige Verhalten. Auch wenn eine Elster in der Nähe herumstöbert, ist es absolut richtig, sich ruhig zu verhalten. Und wenn ich einen dicken Wurm aus der Erde ziehe, und der Drosselbart vom Nachbarhof stürzt auf mich zu, um ihn mir wegzunehmen, ist es absolut angemessen, zu schweigen und ihm die Beute zu überlassen. Sonst hackt er mir nämlich die Federn aus."

„Das ist einleuchtend", erwiderte das Eichhörnchen. „In solchen Fällen mache ich auch lieber, daß ich unbemerkt verschwinde. Aber bevor wir überlegen, was du tun könntest, um dein Ziel zu erreichen, möchte ich dich um weitere Überlegungen bitten. Stell dir vor, du hast dein Ziel erreicht, du kannst Alarm schlagen, wenn du die Katze um die Ecke schleichen siehst, könnten sich daraus unerwünschte Folgen ergeben?" – „Kann ich mir nicht vorstellen", antwortete die Drossel. „Höchstens, daß ich dem Bauern auf die Nerven falle und er die Flinte holt." – „Aha, du könntest dem Bauern auf die Nerven fallen, so daß er Lust bekäme, deinem Geschrei mit einer Kugel ein Ende zu bereiten. Stell dir vor, das könnte so kommen, was könntest du dann tun, um dich in Sicherheit zu bringen?"

„Ich könnte wegfliegen", sagte die Drossel spontan. „Oder", sie überlegte eine Weile. „Ich könnte dann singen wie eine Nachtigall. Nachtigallen sind beliebt bei den Menschen."
Bei dieser Überlegung begannen ihre Flügel sanft zu schwingen.

„Das sind hervorragende Möglichkeiten", sagte das Eichhörnchen. „Und nun kannst du überlegen, was du tun kannst, um im Problemzusammenhang dein Ziel zu erreichen. Was kann dich unterstützen, Alarm zu geben, wenn du die Katze siehst? Ich möchte fünf Möglichkeiten hören."

„Ich könnte", begann die Drossel ihr Nachdenken, „in dem Augenblick, in dem ich die Katze entdecke, tief Luft holen. Ich könnte mir in dem Augenblick, in dem ich die Katze entdecke, sagen, daß Alarm geben die einfachste Sache der Welt ist. Ich könnte auch den Drosselbart mit einem dicken Wurm beschenken und ihn bitten, mir mitzuteilen, wie er das macht. Ich könnte daran denken, daß ich eine Belohnung bekomme, wenn ich es schaffe. Und ich könnte in den nächsten Nächten die Nachtigall belauschen, um ihren Gesang zu lernen."

„Du bist ein intelligenter Vogel", sagte das Eichhörnchen. „Und nun möchte ich, daß du die beste dieser Möglichkeiten auswählst und dir vorstellst, daß du sie in der Problemsituation zur Verfügung hast."

„Nichts einfacher als das", sagte die Drossel, nachdem sie eine Weile die Augen geschlossen und auf eine neue Weise über ihr Problem nachgedacht hatte.

„Und wenn du jetzt an morgen denkst", fuhr das Eichhörnchen fort, „daß du wieder hier auf dem Dachgiebel sitzen wirst und die Katze um die Ecke schleichen siehst, wie wirst du dich dann verhalten?"

„Du wirst es miterleben", sagte die Drossel, nachdem sie wieder eine Weile die Augen geschlossen und darüber nachgedacht hatte. Mit diesen Worten erhob sie sich in die Luft und flog davon.

Und ich denke, daß ihr euch jetzt vorstellen könnt, wie es dazu kam, daß ihr manchmal den Gesang einer Nachtigall hören könnt und es nicht eine Nachtigall ist, die singt, sondern eine Drossel.

Sixstep-Reframing

Sixstep-Reframing gehört zu den zentralen Methoden des NLP. Wie der Name andeutet, besteht diese Vorgehensweise in einer einfachen Form aus sechs Schritten: Problembestimmung, Trennung von Verhalten und positiver Absicht, Bereitschaft, neue Wege zu gehen, Suche nach neuen Wegen, ihrer Überprüfung und der Übernahme von Verantwortung. In Sixstep-Formaten der NLP-Begründer und anderer NLP-Autoren sind auch zusätzliche Schritte enthalten, so zum Beispiel die Kontaktaufnahme mit dem Unbewußten.

Die folgende Metapher ist ursprünglich für eine Person geschrieben worden, deren Problemverhalten nach meiner Vermutung einen hohen Sekundärgewinn aufwies. Diese Geschichte sollte nur die Idee vermitteln, nach einer positiven Absicht zu forschen und dafür neue Wege zu suchen. Dabei habe ich nicht so sehr darauf geachtet, der Zahl „sechs" eine besondere Bedeutung zu geben. Geschulte NLPler werden deshalb eine sechste Sternschnuppe vermissen.

Sternschnuppen

Friederle war klein, aber er hatte ein großes Problem. Er biß seine Nägel. Dafür schalt ihn die Mutter, seine Schulkameraden lachten ihn aus, und seine Fingerspitzen taten ihm weh. Aber er konnte es nicht lassen. Was hatte er nicht schon alles versucht! Nachts hatte er Handschuhe angezogen, und das sogar im Sommer. Bindfäden hatte er sich um die Gelenke geschlungen und an seinem Gürtel befestigt, damit er die Hände nicht zum Munde führen konnte. In Schmierseife, ranzige Butter, ja Fahrradöl hatte er seine Fingerspitzen getaucht. Es nützte alles nichts. Sobald er nicht aufpaßte, schwupp, hatte er seine Nägel zwischen den Zähnen und biß, biß so lange, bis Blut kam und die Tränen ihm vor Schmerzen in die Augen sprangen.

Nachts konnte Friederle häufig nicht schlafen. In den entzündeten Betten seiner Nägel brannte und pochte es. Aber noch heftiger brannte die Scham in seinem Innern. In solchen Nächten schlich er sich zuweilen auf den Balkon seines Schlafzimmers und lehnte sich an die Balustrade, ließ den kühlen Nachtwind um seine Stirn streichen und fühlte tief drinnen in seiner Brust nach dem Schmerz, der dort verborgen lag und pulsierte wie das Blut in seinen Adern. „Warum tue ich das nur?" fragte er sich und horchte in sich hinein auf das Schlagen seines Herzens, auf den Atem, der seine Brust hob und ihr wieder entströmte, und auf ein Rauschen seines Blutes innen an seinem Ohr. Aber er fand in dem Schweigen dort drinnen nichts, was er hätte verstehen können. „Tak", machte es, und er spürte einen leichten Schmerz auf dem Scheitel seines Kopfes. Fast gleichzeitig hörte er ein Geräusch, wie wenn ein kleines Stück Blech auf Steinboden aufschlägt. Er griff in seine Haare und fühlte nach der Stelle, wo ihn irgend etwas getroffen haben mußte. Dort war ein empfindlicher Reiz wahrzunehmen. „Komisch", dachte er. „Was war das nur?" Und seine Augen streiften über die Fliesen des Balkons. Dort blitzte etwas im Mondlicht auf. Als Friederle sich bückte und danach griff, entdeckte er ein sternförmiges Stück Blech und, daran mit einem weißen Faden befestigt, ein Röllchen silbriges Papier. Er hob den Stern auf, entrollte das Papier und staunte. Es war eine Botschaft, die dort geschrieben stand. Sie lautete: „Du willst deine Mutter strafen." Friederle starrte auf die Buchstaben und fühlte sich ganz benommen. „Was soll das heißen, du willst deine Mutter strafen?" grübelte er und horchte wieder in sich hinein auf den Schlag seines Herzens, den Hauch seines Atems und das Rauschen seines Blutes. „Tak!" Wieder spürte er den leichten Schmerz auf seinem Scheitel und hörte das leise Klirren auf den Fliesen. Er bückte sich und griff nach einem zweiten Stern, der dort niedergefallen war mit einem weiteren silberglänzenden Papierröllchen. „Damit sie sich mehr um dich kümmert", fand er dort geschrieben, nachdem er das Stückchen Papier geglättet hatte.

    Friederle starrte erneut wie gebannt auf die Buchstaben und fühlte Beklommenheit in seiner Brust. „Wenn ich erreichen will, daß meine Mutter sich mehr um mich kümmert, ist Nägelbeißen kein guter Weg; denn sie schilt mich dafür, das tut weh. Die Kameraden lachen, das tut auch weh, und meine Nägel schmerzen auch." – „Tak", machte es wieder auf seinem Kopf. Aber Friederle achtete nicht mehr auf den leichten Schmerz in seinen Haaren. Vielmehr suchten seine Augen begierig die Fliesen ab, um den nächsten Stern fallen zu sehen. Da schlug er auf mit der Botschaft: „Dann tu etwas anderes!"

    Wieder starrte Friederle auf die Buchstaben, fühlte die Beklemmung in seiner Brust, und verwundert fragte er: „Was soll ich denn tun?" Dabei streiften seine Blicke erwartungsvoll über die Fliesen, und mit gespitzten Ohren harrte er auf das leise klirrende Geräusch, mit dem der nächste Stern niedergehen würde. Der aber ließ auf sich warten. Lange geschah nichts. „Was soll ich denn tun?" fragte Friederle erneut, als er merkte, daß er vergeblich auf eine Antwort aus dem Nachthimmel wartete. Und enttäuscht über das Ausbleiben der Botschaft horchte er wieder in sich hinein auf den Schlag seines Herzens, den Hauch seines Atems und das Rauschen seines Blutes. „Tak", machte es ein weiteres Mal. Eine weitere Botschaft aus dem Dunkel der Nacht traf ein. „Tu, was sie freut." – „Aha", dachte Friederle. „Das war nicht nur eine, das waren zwei Botschaften auf einmal! Scheinbar bekomme ich nur dann Antworten von dort oben, wenn ich sie nicht dort, sondern in mir suche. Mal sehen, wie das weitergeht? Tu, was sie freut, steht hier! Was mag das bedeuten?" Und er horchte in sich hinein auf den Schlag seines Herzens, den Hauch seines Atems und das Rauschen seines Blutes. Aber er fand kein Schweigen mehr dort drinnen. Stimmen erhoben sich, die sprachen. „Du könntest dich der Kindersportgruppe in der Nachbarschaft anschließen, statt ständig an Mutters Rockzipfel zu hängen!" piepste eine Stimme. „Du könntest dich mit Mariechen aus der ersten Etage zusammentun, statt hinter Mutter her zu sein, daß sie dir Geschichten vorliest!" raunte eine andere. „Lesen wäre eine Beschäftigung, die ihr gefällt", flüsterte eine dritte. „Du könntest dein Zimmer aufräumen", hörte er eine vierte sagen. „Du könntest ein bißchen mehr auf deine Kleider achten, daß du sie nicht dauernd zerreißt", meldete sich eine weitere. „Bessere Noten in der Schule wären auch von Vorteil! – Du müßtest auch nicht immer alles rumliegen lassen! – Dein häufiges Meckern über das Essen könntest du auch bremsen. – Den Müll könntest du unaufgefordert hinuntertragen." Der Chor von Friederles inneren Stimmen verlor sich in ein allgemeines Gemurmel, so viele Vorschläge fielen ihm ein.

„Das sind eigentlich alles keine schlechten Ideen", dachte Friederle. „Aber ob sie etwas bringen?" – „Tak", machte es wieder, und Friederle griff begierig nach der Botschaft: „Laß dich überraschen!" stand da. Friederle murmelte die Worte leise vor sich hin, als er aufwachte. Verblüfft blickte er um sich. Er war an der Balustrade seines Balkons niedergesunken und eingeschlafen. „Ich muß geträumt haben", sagte er bei sich. „Seltsam, mir war aber gar nicht, wie wenn ich träumte?" Und er fühlte in seine Haare und tastete den Scheitel ab. „Nanu, da sind ja Stellen, die sich empfindlich anfühlen. Eins, zwei, drei, und noch ein paar weitere. Merkwürdig!" dachte er. „Träume machen doch keine Beulen! Die Sterne!!!" fuhr es ihm in den Sinn, und er blickte in seine Hand. Eicheln lagen darin, die offensichtlich vom Baum heruntergefallen waren. Merkwürdig. – Friederle trollte sich in sein Bett. Die Schmerzen in seinen Fingerspitzen hatten nachgelassen. Er schlief ruhig ein.

Ich weiß nicht recht, ob ich es euch noch extra sagen soll. Denn ich nehme an, euch ist klar, daß Friederle nach dieser Nacht nie mehr seine Nägel biß.

Auch die folgende Metapher führt mit einem Sixstep-Reframing vom Problem zum Ziel. Sie ist ursprünglich für die CD *Neue Wege zum gewünschten Gewicht*[3] verfaßt worden, um Hörern die Arbeit an Sekundärgewinnen von Übergewicht nahezubringen. Ziel dieser Metapher ist, das Verständnis eines Sekundärgewinns und seiner Bedeutung zu vermitteln. Aus diesem Grunde verbirgt sich eine Metapher in der Metapher. Darüber hinaus soll ein Suchprozeß nach einem persönlichen Übergewichtsgewinn und neuen Wegen angestoßen werden.

Das dicke Kaninchen

Es war einmal ein Kaninchen, das lebte mit seiner Familie auf einer großen grünen Wiese irgendwo zwischen Wäldern und Bergen. Dieses Kaninchen war ein unglückliches Kaninchen, und es war unglücklich darüber, daß es nicht so schnell laufen und so gute Haken schlagen konnte wie die anderen Mitglieder seiner Familie. Es war nämlich ein dickes und schweres Kaninchen, das sich überhaupt nicht so gut bewegen konnte wie die anderen. Und dick und schwer und unbeweglich zu sein ist für Kaninchen durchaus von Nachteil. Wenn sie nämlich nicht so gut laufen können, müssen sie sich immer in der Nähe ihres Baus aufhalten und sehr wachsam sein, um sich in Sicherheit bringen zu können, falls sich irgendein Jagdhund oder ein Fuchs oder auch ein Adler in der Nähe aufhält.

Auf diese Art und Weise ergab es sich, daß dieses Kaninchen häufiger allein war, weil seine Eltern und Geschwister, die schneller laufen und bessere Haken schlagen konnten, sich weiter vom Bau entfernten, als es selber riskieren konnte. Und das machte es unzufrieden und unglücklich. Die anderen Kaninchen gaben ihm zwar viele Ratschläge und Tips, wie es mit dem Problem fertig werden könnte. Aber nichts half. Es hatte schon so vieles ausprobiert, um abzunehmen und so flink laufen zu können wie die anderen. Manchmal war es ihm auch gelungen, eine Zeitlang weniger Gras und Kräuter zu futtern und einige Pfunde abzunehmen. Aber es dauerte nicht lange, dann packte es wieder der Heißhunger, und alles war wieder beim alten.

Nun geschah es eines Tages, als das Kaninchen wieder allein und traurig in der Nähe einer alten Eiche saß und seinen Löwenzahn in sich hineinmummelte, daß es eine Stimme vernahm: „Warum bist du so traurig?" Das Kaninchen sah auf und erblickte eine Eule, die in einer Astgabel hockte und es mit einem Auge ansah. Das andere hatte sie zugeklappt.

„Warum bist du so traurig?" fragte die Eule zum zweiten Mal. „Ich bin traurig, weil ich allein bin", antwortete das Kaninchen und wollte sich gerade wieder abwenden, denn es war der Meinung, daß das die Eule nichts angehe. Doch der Vogel schien nicht geneigt, seine Neugierde zurückzuhalten. „Und warum bist du allein?" fragte er. „Weil ich mich nicht sehr weit vom Bau entfernen darf", antwortete das Kaninchen und bemerkte, daß die Fragerei ihm lästig zu werden begann. Das schien die Eule überhaupt nicht zu bekümmern, denn sie fragte ungeniert weiter: „Und warum darfst du dich nicht sehr weit vom Bau entfernen?" Das Kaninchen legte die Ohren an, kniff die Lippen zusammen, holte tief Luft, aber entschied sich dann doch, weiter zu antworten: „Ich kann nicht so schnell laufen wie die anderen, weil ich so dick bin." Mit dieser Antwort, so dachte es, sei das Verhör vorüber. Doch es täuschte sich. „Und warum bist du so dick?" fragte der Vogel weiter. „Das weiß ich nicht", antwortete das Kaninchen jetzt schon deutlich empört über die freche Neugier des Vogels. „Ich habe schon so viel ausprobiert, um abzunehmen, aber es hält nicht lange vor. Ich bin eben dick."

„Da kann ich dir helfen", sagte der Vogel und klappte das andere Auge auf. „Bist du da sicher?" fragte das Kaninchen, denn jetzt wurde es neugierig. Es wußte nämlich, daß Eulen im Tierreich zwar nicht geschätzt werden, weil ihnen nachgesagt wurde, sie seien eingebildet, aber es wußte auch, daß sie als besonders kluge und weise Vögel galten, weil sie häufig den Tag in Menschenhäusern verbringen, deren Bewohner in ihrem Tun und Treiben genau beobachten und ihre Schlüsse daraus ziehen.

„Und wie kannst du mir helfen?" fragte es deshalb und erwartete einen Tip für eine neue Diät oder Schlankheitskur. „Das ist ganz einfach", erwiderte die Eule. „Du mußt nur herausfinden, was du Gutes damit für dich tust, indem du so viel futterst, daß du dick bist."

„Was soll das denn?" sagte das Kaninchen. „Ich will doch gar nicht dick sein! Damit tue ich doch nichts Gutes für mich! Im Gegenteil, ich werde schwerfällig und kann nicht mehr so schnell laufen wie andere Kaninchen." Und es wollte sich schon enttäuscht abwenden. So klug, wie man sagte, waren diese Eulen scheinbar doch nicht.

„Du verstehst nicht", antwortete der Vogel. „Richtig", erwiderte das Kaninchen. „Kein Wort verstehe ich! Willst du hier etwa gelehrte Vorträge halten?" „Nein, das will ich nicht, ich will dir bloß helfen", gab der Vogel zurück. „Dann rede verständlich", sagte das Kaninchen und wendete sich wieder dem Löwenzahn zu.

Der Vogel klappte beide Augen zu und schien nachzudenken. „Ich will dir eine Geschichte erzählen", sagte er nach einer Weile und machte ein Auge wieder auf. „Na gut", sagte das Kaninchen und richtete seine Löffel wieder auf. „Du kennst Schneewittchen, das schöne weiße Huhn auf dem großen Bauernhof", begann die Eule. „Klar, kenne ich Schneewittchen", bestätigte das Kaninchen. „Prima", sagte die Eule. „Dann weißt du vielleicht auch, daß Hühner sich von Zeit zu Zeit im Staub baden." „Klar weiß ich das", antwortete das Kaninchen. „Sie suchen sich eine Mulde, legen sich rein, verteilen den Staub über das ganze Gefieder und machen sich so richtig dreckig. Und danach schütteln sie alles wieder heraus." „Du weißt also, wovon ich spreche", fuhr der Vogel fort. „Und jenem Schneewittchen passierte nun folgendes: Eines Tages, als es sich wieder einmal so richtig schön im Staub badete, kam die Katze vorbei, die ziemlich eingebildet war, und fragte, warum es sich so dreckig mache. Es sei doch verrückt, ein schneeweißes Federkleid zu tragen und sich damit im Dreck zu wälzen. Das Huhn guckte ganz überrascht und stellte fest, daß es darüber noch nie nachgedacht hatte. Ihm war halt von Zeit zu Zeit danach, im Staub zu baden, und deshalb tat es das. Das hatte es immer gemacht, ohne darüber nachzudenken. Aber da es merkte, daß die Katze sich darüber lustig machte, beschloß es, damit aufzuhören. Aber daß das kein guter Entschluß war, stellte Schneewittchen jedoch erst eine Weile später fest. Es merkte nämlich, daß seine Haut anfing, fürchterlich zu jucken. Und mit diesem Juckreiz lief es mehrere Tage auf dem Hof herum und kratzte sich, weil das Jucken nicht aufhören wollte. Es fraß nichts mehr und legte auch keine Eier mehr. Der Bauer machte sich schon Sorgen, ob es wohl nicht krank geworden sei. Und weil das arme Huhn irgendwann vom Jucken fast verrückt wurde, vergaß es die eitle Katze und seinen eigenen Vorsatz und badete trotz seines weißen Federkleides wieder im Staub. Und siehe da, das Jucken hörte auf. Die Katze guckte zwar höhnisch, als sie Schneewittchen sich mit ihren weißen Federn im Dreck wälzen sah. Aber Schneewittchen wußte jetzt, wozu im Staub baden gut war. Und weil es über dieses neue Wissen glücklich war, nahm es davon Abstand, die Katze für ihre Eitelkeit zur Rechenschaft zu ziehen und den ganzen Hühnerhof auf sie zu hetzen, wozu es nicht übel Lust gehabt hätte."

„Jetzt weiß ich, was du meinst", sagte das Kaninchen. „Ich soll also herausfinden, was ich Gutes damit für mich tue, indem sich so viel futtere, daß ich dick bin."

„Richtig", sagte der Vogel. „Du hast es verstanden. Und jetzt denke nach!" Und das Kaninchen dachte nach. Es hockte sich dazu in eine Mulde, legte die Ohren an und überlegte. Der Vogel schüttelte seine Flügel aus, drehte den Kopf nach allen Richtungen und klappte dann die Augen zu, um das Kaninchen bei seinen Überlegungen nicht zu stören.

„Mir fällt überhaupt nichts ein", sagte das Kaninchen nach einer Weile intensiven Schweigens. „Könntest du mir nicht sagen, was ich damit Gutes für mich tue?"

Die Eule klappte die Augen wieder auf und sagte: „Wie das bei Kaninchen ist, weiß ich leider auch nicht. Aber ich könnte dir berichten, was ich bei den Menschen beobachtet habe. Du könntest dann überprüfen, ob das vielleicht auch auf dich zutrifft."

„Gut, ich höre zu", sagte das Kaninchen und richtete seine Ohren wieder auf. „Die Menschen sind seltsame Tiere", begann die Eule ihren Bericht. „Ich habe da einiges beobachtet. Manche Menschen verbinden beispielsweise ein hohes Körpergewicht mit der Vorstellung, als Persönlichkeit ein großes Gewicht zu haben."

„Das trifft bei mir bestimmt nicht zu", sagte das Kaninchen. „Muß es ja auch nicht", antwortete der Vogel. „Es könnte ja etwas anderes sein. Für manche Menschen ist ein hohes Körpergewicht zum Beispiel auch ein Weg, um sich mit wichtigen Personen, den Eltern z.B., verbunden zu fühlen, weil die auch übergewichtig sind."

„Trifft auch nicht zu, meine Eltern sind schlank", wandte das Kaninchen ein. „Dann überlege mal folgendes", fuhr der Vogel fort. „Für manche Menschen bedeutet große

Körperfülle ein Schutz. Manche Menschenfrauen schützen sich beispielsweise durch ihre Körperfülle davor, daß ihnen die Menschenmänner dauernd nachlaufen."

„Das verstehe ich nicht, es gibt doch nichts Lustigeres, als hintereinander herzulaufen, Menschen sind wirklich komisch", brummte das Kaninchen. „Da hast du sicher recht", antwortete der Vogel. „Aber es gibt noch viele andere Dinge. Für bestimmte Menschen bedeutet zuviel Essen eine Form von Selbstbehauptung. Sie wollen nicht dem entsprechen, was andere Menschen von ihnen erwarten."

„Das könnte vielleicht zutreffen", sagt das Kaninchen. „Ich ärgere mich immer, wenn mir meine Eltern und Geschwister gute Ratschläge geben. Die sollen mich damit in Ruhe lassen!"

„Aha, also mindestens einiges könnte dir einleuchten. Aber das ist noch nicht alles. Ich habe auch beobachtet, daß auch Freiheit ein Ziel sein kann, das Menschen häufig unbewußt mit Übergewicht erreichen wollen. Sie arbeiten manchmal sehr hart und haben sich in fast allen Lebensbereichen unter Kontrolle und brauchen deshalb wenigstens einen Bereich, in dem sie sich selber voll ausleben dürfen."

„Auch kein schlechtes Ziel", dachte das Kaninchen. „Aber ob das auf mich zutreffen könnte? Ich weiß nicht."

„Es gibt darüber hinaus noch viele andere Gründe dafür", fuhr die Eule unbeirrt fort, „daß Menschen zu viel essen. Manche überwinden damit Langeweile."

„Das ist es nicht. Ich langweile mich nie. Was gibt es denn sonst noch bei den Menschen?"

„Ja, bei den Menschen gibt es noch folgendes. Manche verschaffen sich damit diesen besonderen Genuß, den Menschen bei Berührungen an ihren Lippen und am Mundinnenraum empfinden. Sie nennen das orale Lust, die sie auch sonst befriedigen, wenn sie küssen oder lutschen."

„Küssen und Lutschen ist bei uns unwichtig", antwortete das Kaninchen. „Wir knuffen uns lieber und laufen im Kreis."

„Na, gut, wenn du meinst, es könnte aber auch sein, daß Essen Trost bringt oder beruhigt."

„Kann ich mir nicht vorstellen, trösten lasse ich mich lieber von anderen."

„Ah ja, du läßt dich von anderen Kaninchen trösten, wenn es dir nicht gut geht. Wirst du denn auch immer getröstet, wenn du Trost brauchst? Bei manchen Menschen, die zu viel essen, geht es nämlich darum, sich etwas Gutes zu tun, von dem sie meinen, es von anderen Menschen nicht zu bekommen. Für Menschen jedenfalls kann das Gute, das sie sich mit Essen verschaffen, auch Liebe oder Zuwendung sein."

„Darüber könnte ich nachdenken", sagte das Kaninchen. „Liebe und Zuwendung kriege ich bestimmt weniger als die anderen. Immer bin ich allein." Und es dachte nach.

„Das scheinen ja für Menschen wichtige Dinge zu sein, um die es da geht", sagte es nach einer Weile. „Aber bei Kaninchen ist das doch wohl etwas anders."

„Sicher ist das bei Kaninchen anders", stimmte die Eule zu. „Du mußt nur herausfinden, was. Es sind sicher auch bei Kaninchen wichtige Dinge, die man ihnen nicht wegnehmen kann. Und weil das so wichtige Dinge sind, die mit dem übermäßigen Essen verbunden sind, ist es so schwer, davon wegzukommen, selbst wenn man es ganz fest will."

„Und wie soll ich das herausfinden?" fragte das Kaninchen.

„Dabei kannst du dir ruhig Zeit lassen. Um solche Antworten zu finden, braucht es manchmal viel Zeit. Du mußt auch nicht unbedingt darüber nachgrübeln. Vielleicht fällt dir morgen ganz überraschend eine Antwort ein. Es könnte auch sein, daß dir die Antwort im Traum einfällt, und am nächsten Morgen vergißt du diesen Traum. Du wirst die Antwort schon finden, selbst dann, wenn sie dir nicht bewußt wird."

„Also, was nun?" fragte das Kaninchen ärgerlich. „Soll ich es herausfinden, oder soll ich es nicht herausfinden, rede bitte etwas deutlicher."

„Ich wollte nur sagen, es ist nicht wichtig, ob du es bewußt herausfindest oder ob du es unbewußt herausfindest. Du sollst nur darüber nachdenken. Wenn dein Bewußtsein oder dein Unbewußtes weiß, was du Gutes für dich tust, indem du dick bist, oder was du in solchen Situationen, in denen du zu viel futterst, Gutes für dich tust, kann es überlegen, diese Dinge auf anderen Wegen zu erreichen, so daß du nicht darauf verzichten mußt. Am besten ist es, drei neue Wege oder Möglichkeiten zu finden, mit denen du das Gute, was du für dich tust, ebenso gut, sicher und wirksam erreichen kannst, wie mit dem Dicksein oder dem vielen Futtern."

„Das ist mir jetzt doch zu dumm, bewußt oder unbewußt! Das höre ich mir nicht länger an!" dachte das Kaninchen. Und es hoppelte davon, um seine Ruhe zu haben.

„Halt!" sagte die Eule. „Lauf nicht so schnell davon, das ist noch nicht alles, was du tun mußt. Du mußt die drei neuen Wege oder Möglichkeiten auch überprüfen, ob es irgendwelche Einwände gegen sie gibt. Fang mit dem ersten Weg oder der ersten Möglichkeit an. Gibt es einen Einwand, diesen Weg auszuprobieren? Wenn das der Fall ist, dann verändere diesen Weg so lange, bis dir keine Einwände mehr einfallen. Wenn du den ersten Weg überprüft hast, machst du dasselbe mit dem zweiten und dann mit dem dritten Weg."

Aber wahrscheinlich hörte das Kaninchen diese letzten Worte der Eule nicht mehr. Es war schon weg, um seine Ruhe zu haben. Und auch später hat keines von seinen Geschwistern oder Eltern bemerkt, daß es sich darum bemüht hätte, herauszufinden, was es wohl unbewußt Gutes für sich tat, indem es zu viel futterte. Was sie aber zu ihrem Erstaunen bemerkten, war, daß es abnahm, ganz langsam, und daß es wieder schlank und leistungsfähig wurde. Es lief bald so schnell wie seine Geschwister, und die Haken, die es schlug, konnten sich sehen lassen. Ich weiß auch nicht, wie es das gemacht hat. Hat es abgenommen, weil es einfach vergessen hat, zu essen, und sich nicht mehr die Zeit für große Mahlzeiten genommen hat, weil sie es davon abgehalten hätten, interessantere Dinge zu tun? Haben es bestimmte Gräser und Kräuter, die dick machen, nicht mehr gereizt, aus welchem Grund auch immer? Hat es Geschmack an neuen Gräsern und Kräutern gefunden? Auf jeden Fall war es überrascht, daß es abgenommen hatte, weil es sich im Grunde kein Opfer auferlegt hatte. Es hörte einfach damit auf.

Visual Squash

Probleme können darin bestehen, daß wie bei Goethes Faust zwei Seelen in meiner Brust wohnen, die einander behindern, stören, in Konflikt geraten oder sich gegenseitig blockieren. Wenn ein Problem eine solche Struktur aufweist, führt ein NLP-Berater ein Verhandlungsmodell oder einen Visual Squash durch. Die Vorgehensweise besteht darin, die in Konflikt geratenen „Teile" zu identifizieren, ihre positive Absicht herauszufinden und sie dann zu veranlassen, einander wahrzunehmen, anzuerkennen und eine Kommunikation miteinander aufzunehmen, deren Ziel eine Vereinbarung, eine Zusammenarbeit oder eine Verbindung sein kann. In der folgenden Metapher schließen zwei feindliche Dämonen ein strahlendes Bündnis.

Der Regenbogen

In den Tälern und Bergen des südlichen Mexico feiern die Indios den Regenbogen als ein Zeichen des Friedens zwischen ihren Göttern und Dämonen. Ihre Mythen erzählen, daß in grauer Vorzeit der Dämon des Lichts und der Dämon des Wassers in Streit miteinander lagen. Der Dämon des Lichts war erzürnt darüber, daß der Dämon des Wassers ihn mit seinen Wolken immer wieder verdunkelte. Und der Dämon des Wassers war erzürnt darüber, daß der Dämon des Lichts die Feuchtigkeit der Erde immer wieder aufsog. Eine lange Zeit verging, in der sie sich mit ihren Kräften gegenseitig bekämpften. Am Grollen der Gewitter konnten die Menschen den Zorn des Wasserdämons und am Brennen der Mittagssonne die hitzige Wut des Lichtdämons erkennen. Da geschah es eines Tages, daß die Sonne an Flecken erkrankte und der Lichtdämon einen Teil seiner Kraft einbüßte. Diese Schwäche nutzte der Wasserdämon, um die Erde mit seinen Fluten zu überschwemmen. Alles Leben versank in den riesigen Wassern, und nur auf den Spitzen der Berge konnten sich einige Pflanzen, Tiere und Menschen retten. Als die Sonnenflecken wieder verschwanden, erholte sich der Lichtdämon von seiner Schwäche und sandte gebündelte Strahlen hoher Lichtenergie zur Erde, um die Wassermassen aufzusaugen. In seinem Zorn über den Wasserdämon verlor er jedoch die Beherrschung über seine Kraft. Nachdem die Wasser verschwunden waren, verbrannte er die letzten Pflanzen und Lebewesen, so daß die Erde wieder wüst und leer war.

    Biocreator, der höchste Gott, trauerte über die Vernichtung des Lebens auf der Erde. Er rief den Wasser- und den Lichtdämon, die einander immer noch grollten und in hitzigem

Streit lagen, zu sich. Er erinnerte sie an ihre Aufgaben für das Leben auf der Erde und die Kräfte, die ihnen dafür verliehen worden waren. Und er trug ihnen auf, darüber nachzudenken, wie sie in Zukunft nicht gegeneinander, sondern zusammenwirken könnten. Danach zog er sich zurück und machte sich ans Werk, wieder Leben auf der Erde zu schaffen.

Der Wasser- und der Lichtdämon saßen derweil auf einer Wolke und beobachteten einander mißtrauisch aus den Augenwinkeln. Aber dieses Mißtrauen dürfte nicht lange angehalten haben. Biocreator war noch nicht ganz fertig mit den ersten Pflanzen und Tieren, als ein Regenbogen sich über den ganzen Himmel spannte und in allen Farben leuchtete. Der Wasser- und der Lichtdämon hatten in diesem glänzenden Akt ein Bündnis miteinander geschlossen. Seitdem werden in Südmexico beide als Götter verehrt, und die Indios feiern bei jedem Regenbogen ein Fest.

Arbeiten mit Submodalitäten

NLP geht davon aus, daß die Submodalitäten die grundlegenden Komponenten der Hirnprozesse darstellen. Was in unserem Gehirn vor sich geht, beruht auf einem unbewußten Spiel mit den unterschiedlichen Formen der Informationen, die über unsere Sinneskanäle zu uns gelangen. Welche Gefühle wir mit dem verbinden, woran wir denken, ob wir an dem, was in unseren Sinnen ist, zweifeln oder davon überzeugt sind, oder wie wir wissen, ob es sich bei unseren Gedanken um etwas Vergangenes, Gegenwärtiges und Zukünftiges handelt, hängt von den Submodalitäten der sinnesspezifischen Informationen ab.

Wie unser Gehirn vorgeht, wenn wir glauben oder zweifeln, wenn wir lieben oder Freude empfinden, wenn wir uns Vergangenem oder Gegenwärtigem zuwenden, können wir durch Untersuchung der Submodalitäten von inneren Bildern, Klängen usw. herausfinden. Wenn wir wissen, wie unser Gehirn Glauben und Zweifel, Liebe und Freude, Vergangenheit und Zukunft submodal „kodiert", können wir diese Dimensionen unserer Erfahrung und damit einen wichtigen Bereich unserer eigenen Lebenspraxis mit Willen und Bewußtsein steuern.

In der folgenden Metapher wird das sogenannte „Mapping across" als ein grundlegendes Muster der Arbeit mit Submodalitäten beschrieben.

Der magische Brunnen

„Ich befürchte, ich werde ihn nicht lieben können", sagte Anna, nachdem Vater und Mutter ihr eröffnet hatten, welchen Mann sie zu ihrem Gemahl bestimmt hatten. „Du wirst ihn lieben", sprach daraufhin der Vater mit einer Stimme, die keinen Widerspruch duldete, und verließ den Raum.

Anna war erschrocken, war doch der ihr bestimmte Bräutigam um vieles älter als sie und hatte die Lebhaftigkeit und den Charme der Jugend bereits abgelegt. Die Mutter bemerkte den Schrecken auf dem Gesicht ihrer Tochter. Aber auch sie sprach mit fester, wiewohl sanfter Stimme: „Er ist ein guter Mann, und du wirst ihn lieben."

„Wie kannst du das wissen?" fragte Anna. „Ich habe es erfahren", antwortete die Mutter. „Auch mir wurde mein Gemahl bestimmt, und ich zweifelte daran, ihn lieben zu können. Aber mir half ein freundliches Geschick, ihn lieben zu lernen."

„Wie ging das zu?" fragte Anna. „Setz dich zu mir, ich will es dir erzählen", antwortete die Mutter. „Es ist schon lange her, daß ich erfuhr, daß ich deinen Vater heiraten sollte, und auch ich beklagte mich über den Entschluß meiner Eltern. Aber da geschah es einige Wochen vor der Hochzeit, daß ich zum Markt ging und eine Zigeunerin mich ansprach wegen meiner traurigen Augen, und ich berichtete ihr mein Geschick. Wenn es ein guter Mann ist, kannst du ihn lieben lernen, wenn du willst, sagte die Zigeunerin. Ich bestätigte ihr, daß an seinem Charakter wohl nichts auszusetzen sei, daß aber sein Äußeres mich nicht anziehen wollte. Da führte sie mich an den Brunnen und hieß mich, auf das Wasser zu schauen und an ihn zu denken. Ich tat wie mir geheißen, und nach einer Weile wurde der Spiegel des Wassers ruhig, und ich sah sein Bild. Betrachte es genau und merke, wie du es siehst, sagte die Zigeunerin, und ich tat, wie sie mir sagte. Und nun denke an eine Zeit, da du einen Menschen liebtest, wie du deinen Mann zu lieben wünschst, und schau wieder auf das Wasser und denke an diesen Menschen. Und ich tat wie mir geheißen und erinnerte mich, wie ich vor Jahren einen Cousin liebte, der einige Zeit zu Besuch bei uns weilte. Und wieder wurde der Spiegel des Wassers ruhig, und ich sah sein Bild. Betrachte es genau und merke, wie du es siehst, sagte die Zigeunerin. Und nun halte das Aussehen des Bildes fest, und denke an den Mann, der zu deinem Gemahl bestimmt ist. Und ich tat, wie sie mir sagte."

„Und dieses Bild hat dein Gefühl verwandelt?" fragte die Tochter. „Ja", sprach die Mutter. „Liebe ist eine Weise, einen Menschen zu sehen. Und auch du kannst so sehen lernen, wie ich es tat!"

Die Landkarte ist nicht das Gebiet

NLP geht von erkenntnistheoretischen Grundlagen aus, die sich von unseren Alltagserfahrungen grundlegend unterscheiden und die deshalb nicht leicht zu vermitteln sind. Die erkenntnistheoretische Grundthese des NLP, die Landkarte ist nicht das Gebiet, ist dabei eine Metapher für die empirisch begründete Annahme, daß unsere Wahrnehmung die Realität nicht abbildet, sondern sie hervorbringt. Unsere visuelle Wahrnehmung beispielsweise funktioniert nicht wie eine Kamera, bei der das von einem Objekt ausgehende Licht durch die Linse dringt und auf der lichtempfindlichen Schicht des Films eine umgekehrte Abbildung dieses Objekts hervorbringt. Visuelle Wahrnehmung funktioniert ganz anders: Die vom Objekt ausgehenden physikalischen Reize erregen chemische Aktivitäten im Inneren des Auges, die als elektrische Impulse in das Zentralnervensystem eingehen und an einer bestimmten Stelle des Gehirns etwas erzeugen, das wir subjektiv als ein Bild wahrnehmen. Über das äußere Objekt können wir deshalb nichts sagen. Was wir als außen wahrnehmen, ist deshalb nicht die Realität, sondern die Projektion der Konstrukte, zu denen unser Gehirn von außen kommende Reize verarbeitet, nach außen.

Diese Erkenntnis ist ungewohnt, denn sie stimmt mit der Art und Weise, wie wir normalerweise unser Dasein in der Welt erfahren, überhaupt nicht überein. Daß die Welt, in der wir leben, eine von der Aktivität unseres Gehirn hervorgebrachte, also von uns selbst produzierte Welt sein soll, ist uns Menschen so fremd, daß die Wissenschaften Jahrtausende gebraucht haben, um diesen Sachverhalt herauszufinden.

In der folgenden Metapher erlebt das kleine Mädchen auf einem fremden Stern zunächst Wahrnehmung analog einer Kamera und erfährt dann, nach eigenen Bemühungen, ihre gewohnte Wahrnehmung wiederherzustellen, daß ihr Gehirn sich auf die veränderten Wahrnehmungsbedingungen selbsttätig einstellt.

Verkehrte Welt

Einem kleinen Mädchen gefiel das Leben in unserer Welt nicht mehr. Immer wurde es herumgeschubst: Tu dies nicht, tu das nicht. Kaum ein freundliches Wort hörte es, niemals ein Lob oder eine Anerkennung für seine Bemühungen. Also verließ es unsere Welt und wanderte auf einen fremden Stern aus, von dem es gehört hatte, dort sei das Leben erfreulicher. Das war es auch. Alle Menschen, die großen und die kleinen, waren freundlich zueinander.

Niemand wurde gezwungen, irgend etwas zu tun oder zu lassen. Alle lachten und spielten miteinander.

Aber noch etwas war ganz anders auf diesem fremden Stern. Alles, was das kleine Mädchen sah, stand auf dem Kopf: Stühle und Tische, Blumentöpfe und Schränke. Und auch Menschen und Tiere gingen umgekehrt herum. Unserer Kleinen wurde ganz schwindelig davon. Sie konnte sich überhaupt nicht daran gewöhnen. Als sie schon so verwirrt war, daß sie überlegte, ob sie nicht doch wieder zur Erde zurückkehren wollte, kam ihr eine Idee. Sie bückte sich und sah durch ihre Beine. Und siehe da: Nun stand nichts mehr auf dem Kopf. Sie konnte das Leben auf dem Stern betrachten, wie sie es von der Erde gewohnt war. Und schon wurde sie wieder munterer. Nur ein Problem hatte sie noch. Leider konnte sie auf diese Weise sich selber vor ihren Augen nicht wieder auf die Füße stellen. Auch als sie vor einen Spiegel trat, half das nichts: sie sah sich zwar auf den Beinen, aber sie sah auch, daß sie sich bückte und durch ihre Beine sah. Das löste also das Problem nicht. Schon wurde sie wieder traurig und dachte, jetzt muß ich doch zurückkehren, wenn ich es nicht mehr aushalten kann. Da kam ihr die rettende Idee. Der Spiegel ist nur am falschen Platz. Ich muß ihn an der Decke befestigen. Gesagt, getan! Und siehe da: Wenn sie jetzt in den Spiegel blickte, sah sie sich aufrecht stehen, Kopf oben und Beine unten. Das Problem war gelöst.

Wie gut die Kleine das Problem lösen konnte, war ihr jedoch in diesem Augenblick noch gar nicht klar. Sie wußte noch nicht, daß man das Sehen trainieren kann, wenn man sich bemüht, auf ganz verschiedene Weisen zu sehen. Irgendwann hatte sie gelernt, umgekehrt zu sehen, ohne dafür den Spiegel über dem Kopf zu benutzen. Ihr könnt euch denken, wie überrascht sie war, als sie eines Tages bemerkte, daß sie sich weder bücken noch in den Spiegel über ihr blicken mußte, um alles aufrecht zu sehen. Seltsam dachte sie, was man doch alles lernen kann!

Arbeit mit Strategien

Strategien auszupacken und zu verändern stellt die grundlegende Veränderungsarbeit des NLP dar. Dabei werden alle in einer Strategie aufeinander folgenden Repräsentationen, ihre Submodalitäten und die Art ihrer Aufeinanderfolge identifiziert. Führt eine Strategie zu einem unerwünschten Gefühl oder zu einem unangemessenen Verhalten, so kann die Strategie zielorientiert verändert werden. Schwierig bei einer solchen Arbeit ist jedoch, alle Elemente einer Strategie herauszufinden, da viele Repräsentationen unterhalb der Bewußtseinsschwelle ablaufen.

In der folgenden Metapher findet der ängstliche Schweinehirt im Traum die angstauslösenden Repräsentationen seiner Strategie heraus.

Der ängstliche Schweinehirt

In einem Dorfe lebte ein Junge, der war Menschen gegenüber so furchtsam, daß er zu keinen vernünftigen Diensten zu gebrauchen war. Also hieß man ihn, die Schweine zu hüten. Dies tat er mit Umsicht und Bedacht, so daß kein Tier zu Schaden kam und alle mit ihm zufrieden waren. Aber wie die lieben Mitmenschen so sind, sie wollen ihren Spaß haben, und so wurde der furchtsame Schweinehirt von allen aufgezogen und gehänselt, so daß er dennoch keine Ruhe fand.

In seiner Not ging der Schweinehirt in den Wald zu einem Einsiedler, dem große Weisheit nachgesagt wurde. „Die Menschen jagen mir Angst ein", sagte er zum Weisen und bat um Rat. „Es sind nicht die Menschen, die dir Angst machen", erwiderte der Weise. „Du selber machst dir Angst!" – „Aber wie sollte ich das machen?" fragte der Schweinehirt ganz verwirrt. „Das finde heraus in deinen Gedanken, und dann komm wieder!" Mit diesen Worten schicke der Weise ihn fort.

Tage und Nächte, Wochen und Monate grübelte der Schweinehirt über die Worte des Einsiedlers. Aber in seinen Gedanken fand er nichts Furchteinflößendes. Und als ein Jahr um war, ging er wieder zum Weisen und klagte, daß er in seinen Gedanken nichts gefunden hätte. „Du hast am falschen Orte gesucht", sprach daraufhin der Weise. „Deine Gedanken liegen nicht alle klar zu Tage. Im Reich der menschlichen Vorstellung gibt es eine Linie. Was darüber ist, ist schnell entdeckt. Was darunter ist, mußt heraufgeholt werden, um es zu entdecken." Mit diesen Worten schickte der Weise ihn wieder fort.

Nun forschte der Schweinehirt wieder Tage und Nächte nach der Linie in seinen Vorstellungen und dem, was darunter verborgen sein könnte. Da hatte er eines Nachts einen merkwürdigen Traum. Er stand am Ufer eines See und schaute auf das Wasser, in dem sich das andere Ufer, die Berge und der Himmel spiegelten. Er hörte Stimmen von Menschen, die ihm befahlen, Wasser ins Haus zu tragen, Geflügel auf den Markt zu bringen, dem Pfarrer eine Flasche Wein auszuhändigen, den Schmied zu bezahlen und was der Befehle mehr waren, die ihn immer in Angst versetzten. Und er fühlte, wie die Furcht in seine Brust kroch und sich dort ausbreitete und ihm die Kehle zuschnürte. Aber als er in seiner Angst auf den See schaute, bemerkte er plötzlich, wie der Wasserspiegel sank und Bilder zum Vorschein kamen, die er vorher nicht bemerkt hatte. In diesen Bildern sah er sich das Wasser verschütten und die Magd ihn schelten, sah er das Geflügel entfliehen und den Knecht ihn dafür prügeln, sah er die Flasche Wein zerbrechen und den Herrn ihn verspotten, sah er den Schmied unzufrieden und ihn beschimpfen.

Als der Schweinehirt erwachte, wußte er, daß er unter der Linie in seinen Vorstellungen gefunden hatte, was ihm Furcht einflößte. Und er lief zum Weisen des Waldes, um ihm seine Entdeckung zu berichten. „Du hast gut geforscht", sprach der Weise. „Nun weißt du, wie du dir in deinen Gedanken, von deiner Aufmerksamkeit unbemerkt, Furcht eingeflößt hast. Und nun kannst du, wenn dein Herr dir etwas aufträgt, statt dir unbemerkt furchteinflößende Bilder anzuschauen, unter der Linie deiner Vorstellungen etwas anderes tun, was deinem Gemüt zuträglich ist." – „Und was soll ich anderes tun?" fragte der Schweinehirt. „Das finde selber heraus", antwortete der Weise und schickte ihn fort.

Ich weiß nicht, was der Schweinehirt tat. Aber danach war seine Furcht verschwunden. Er wurde ein freundlicher, offenherziger und heiterer Mensch, der fröhlich vor sich hin pfiff oder ein Lied auf den Lippen hatte. Und jedermann hatte Freude an seiner Gesellschaft.

Paararbeit

NLP-Vorgehensweisen gibt es nicht nur für die persönliche Beratung einzelner Klienten. Auch für die Arbeit mit Paaren gibt es zu diesem Zweck weiterentwickelte und auch eigens entworfene Interventionen, wie Paare-Ankern, Paar-Reframing und die Schule des Wünschens. Eine einfache Form der Schlichtung von Interessenkonflikten besteht darin, nach der Herstellung von Rapport zu beiden Konfliktpartnern Meta-Bedürfnisse zu erfragen, auf deren Basis eine für beide Seiten annehmbare Lösung mit hoher Wahrscheinlichkeit gefunden werden kann.

In der folgenden Metapher ergibt sich ausgehend von einem gefährlichen Konflikt nach der Identifizierung der Metabedürfnisse der Konfliktpartner eine Lösung fast automatisch.

Die feindlichen Prinzen

Es war einmal ein König, der hatte zwei Söhne, die einander feindlich gesinnt waren, denn jeder wollte die Krone erben. Ihre Feindschaft ging so weit, daß sie einander nach dem Leben trachteten. Um eine Katastrophe abzuwenden, erließ der König eine Proklamation an die Weisen des Reiches, in der er kundtat, der solle die Krone erben, dem es gelinge, die Herzen der Prinzen zu vereinen. Gelinge es ihm jedoch nicht, so solle er sterben.

Die Weisen des Reiches erschraken über diese Botschaft, und keiner wollte sich finden, der so mutig war, den Prinzen gegenüberzutreten. Da meldete sich ein alter Schäfer und erbot sich, die Aufgabe zu lösen. Als er vor die Prinzen trat, wurde er mit höhnischen Blicken und Spott empfangen: „Glaubst du wirklich, daß wir dich am Leben lassen, wenn es dir gelingt, zwischen uns Frieden zu stiften?" fragten sie. „Das glaube ich wohl", antwortete der Schäfer. „Denn mein Leben wird zu Ende gehen, bevor einer von euch die Krone erbt." Das leuchtete den Prinzen ein, und sie waren zu einem Gespräch bereit. „Und wie willst du uns vereinen?" fragten sie. „Ganz einfach", antwortete der Schäfer. „Indem ich jeden von euch frage, was ihr damit erreichen wollt, indem ihr nach der Krone strebt." Und er wandte sich an den einen: „Was willst du erreichen?" „Ich will der erste Mann im Reiche sein und die Krone tragen", sprach der. „Und was willst du erreichen?" fragte er den anderen. „Ich will der mächtigste Mann im Reiche sein und herrschen!" sagte der. „Das trifft sich gut", sprach der Schäfer. „Und nun überlegt, wie ihr beide erreichen könnt, was ihr wünscht." Die Prinzen waren überrascht, denn auf einmal wurde ihnen klar, wie leicht der Konflikt sich lösen ließ.

Und der erste sprach: „Ich trage die Krone auf dem Haupt!" Und der zweite sprach: „Ich trage die Macht in meinen Händen!" Und beide sprachen: „Und wir beten zu Gott, daß er dir ein langes Leben beschert, denn du sollst unser erster Ratgeber sein!"

Trance

Trance ist ein nach innen gerichteter Bewußtseinszustand, in dem Menschen entspannt, offen und lernfähig sind, weil sie leichter an ihre Ressourcen herankommen. Deshalb ist Lernen und persönliche Veränderung leichter in Trance möglich als im Zustand wacher, nach außen gerichteter, bewußter Aufmerksamkeit. Es gibt viele Methoden, in Trance zu gehen und andere Menschen in Trance zu führen. In der folgenden Metapher gelingt es einem Kind, den „Wächter des Zauberwaldes" durch Suggestionen nach dem Milton-Modell und eine in der NLP-Ausbildung vermittelte grundlegende Trance-Induktion durch Spiegeln und Führen in eine Trance zu versetzen.

Der Wächter am Tor zum Zauberwald

In alten Zeiten gab es einen großen Krieg. Der tobte ein ganzes Menschenleben durch die Lande, zerstörte die Dörfer und Städte, verwüstete die Felder und tötete Männer und Frauen. Als er zu Ende ging, gab es viele Kinder, die ohne den Schutz von Vater und Mutter mit zerrissenen Kleidern, ohne genug Nahrung und ohne ein Dach über dem Kopf umherirrten. Zu ihnen gehörten Anna und Hans, das waren zwei Geschwister, die einander sehr lieb hatten, sich an den Händen hielten und tapfer hinaus in die Welt gingen, um zu tüchtigen Menschen zu werden.

Auf ihrem Wege durch das verwüstete Land trafen sie einen alten Schäfer. „Wo wollt ihr hin?" fragte der Alte die Kinder. „Wir suchen einen Platz in der Welt, an dem wir schnell erwachsen werden können, um für uns selber zu sorgen", sagte Hans. „Da kann ich euch einen Rat geben", sprach der Alte. „Geht in den Zauberwald am Ende der Welt. Darin findet ihr alles, was euch zu tüchtigen Menschen macht. Aber seid vorsichtig. Am Tor zum Zauberwald steht ein bewaffneter Wächter, der niemanden einläßt. An ihm müßt ihr vorbei, ohne daß er es merkt."

Hans und Anna gingen ans Ende der Welt und fanden den Zauberwald und den Wächter am Tor. Der war so wachsam, daß er sie schon von weitem erblickt hatte. „Ungesehen können wir nicht mehr an ihm vorbei", sagte Anna. „Aber wenn wir es klug anstellen, merkt er unser Eindringen dennoch nicht."

Also traten die Kinder auf den Wächter zu und baten um Einlaß. „Es tut mir leid", erwiderte dieser. „Ich darf niemanden einlassen. Ich habe strikten Befehl, das Tor für jedermann geschlossen zu halten. Und ihr könnt euch vorstellen, daß mir das keinen Spaß macht, hier für die Ewigkeit in der Hitze der Tage und der Kälte der Nächte zu stehen und zu wachen."

„Es gibt mehrere Möglichkeiten, ein Tor zu bewachen: man kann stehen, man kann sich hinsetzen, und man kann sich hinlegen", sagte Anna. „Das ist richtig", sprach der Wächter und verharrte in seiner Position.

„Beim Stehen werden häufig die Beine müde, und man spürt einen Impuls, sich hinzusetzen", sagte Anna. „Ich könnte dir eine Geschichte vorlesen, wenn du möchtest." Der Wächter sah sich um nach einem geeigneten Platz, auf dem er sitzen könnte.

„Und ich frage mich", fuhr Anna fort, „welchen Stein du wählen willst, um dich so bequem wie möglich hinzusetzen."

Und als der Wächter auf einen großen Stein zuging, bat Anna: „Bitte nicht hinsetzen, bevor du deine Waffen abgelegt hast."

„Ich hatte eine Freundin", sprach sie weiter, „die war ganz begierig darauf und konnte es gar nicht erwarten, eine Geschichte zu hören. Ich brauchte nur zu sagen: ‚Setz dich hin', und schon war sie bereit zu lauschen."

Der Wächter zögerte noch, als Anna fortfuhr: „Hast du bemerkt, daß du dich hinsetzen kannst, auch wenn du keinen geeigneten Stein findest!" Daraufhin zögerte der Wächter nicht länger und ging auf den Stein zu.

„Bevor du dich setzen darfst, solltest du noch einmal einen Blick in die Ebene werfen", schlug Anna vor. „Und wenn du dann Platz nimmst, können wir das Buch aufschlagen und eine Geschichte heraussuchen, die dir gefällt."

Aber als der Wächter nicht gut auf seinem Stein saß, meinte Anna: „Möglicherweise gelingt es dir, Moos und Laub zu finden, um es dir bequem zu machen." Der Wächter sah sich um, ob etwas zu finden sei, das es ihm bequem machte, während Anna fortfuhr: „Wie bequem kannst du dich hinsetzen?" Endlich saß er. „Möchtest du die Geschichte gleich oder erst nach einer Weile hören?" fragte Anna, als der Wächter immer noch hin und herrückte, um eine möglichst bequeme Position zu finden, und dann wieder aufstand, um sich herum sah und im Begriffe stand, sich niederzulegen. „Ist das das erste Mal, daß du dich hinlegst, um eine Geschichte zu hören?" fragte Anna.

„Das ist es", sagte der Wächter und schaute sie erwartungsvoll an. Und Anna begann:

> *„Du schaust in meine Augen*
> *und hörst den Klang meiner Stimme*
> *und nimmst den Duft des Waldbodens wahr.*
> *Und vielleicht kannst du auch deinen Atem spüren,*

wie du einatmest und ausatmest.
Und du beginnst, dich wohlzufühlen.

Und während du fühlst, wie du auf dem Boden liegst,
schweift dein Blick zu den Wolken,
und du lauschst auf die Stimmen der Vögel.
Und während du dich immer mehr entspannst,
können deine Augenlider schwer werden und zufallen.

Du hörst, wie der Wind durch die Baumwipfel streicht,
und nimmst wahr, wie deine Brust sich hebt und wieder senkt,
und mit jedem Atemzug entspannst du dich weiter.
Deine Augen sind geschlossen,
vielleicht siehst du jetzt innere Bilder,
und du gehst weiter und entspannst dich immer mehr
und kannst diese Entspannung genießen.

Und während du hörst, wie dein Atem einströmt und ausströmt,
kommt vielleicht eine gewisse Müdigkeit in dir auf.
Und während du dich immer weiter entspannst,
kannst du dich immer wohler fühlen.
Deine Gedanken kannst du ziehen lassen wie Wolken im Wind.
Und du weißt, daß du zurückkommen kannst,
wann immer du willst.

Und vielleicht kommt dir jetzt eine Erinnerung
an ein schönes Erlebnis aus der Vergangenheit,
ein Ereignis, das vielleicht lange zurückliegt,
oder vielleicht auch nicht so lange,
das aber so schön war,
daß du den Wunsch hast,
es noch einmal zu genießen,
und dabei alles noch einmal zu sehen,
was du gesehen hast,
alles zu hören, was damals zu hören war,

*alle Gefühle noch einmal zu erleben,
die du damals gefühlt hast,
vielleicht gab es auch einen typischen Geruch oder
Geschmack in diesem Erlebnis,
den du wachrufen kannst,
um das alles noch einmal zu genießen
mit allen Sinnen.
Und ich möchte, daß du die Augen nicht eher öffnest,
als bis du dieses Erlebnis noch einmal voll ausgekostet hast."*

Nach diesen Worten gab Anna ihrem Bruder ein Zeichen. Und beide schlüpften durch das Tor in den Zauberwald. Wie lange sie dort verweilten und was genau sie darin fanden, kann ich nicht sagen. Die einen berichten von kostbaren Schätzen, andere von großer Weisheit und dritte von Glück. Mag sein, daß sie damit dasselbe gemeint haben. Ich weiß es nicht. Aber es muß etwas gewesen sein, was sie zu tüchtigen Menschen machte.

Arbeiten mit Eigenmetaphern

Es gibt unterschiedliche Methoden, in der Beratung mit Metaphern zu arbeiten. Eine besteht darin, daß der Berater für einen Klienten eine Geschichte schreibt, die ein Problem des Klienten spiegelt und dann vom Problem zu einem Ziel führt. Der Berater kann aber auch so vorgehen, daß er den Klienten auffordert, für ein Problem eine eigene Metapher zu entwickeln, ihn dann anzuleiten, darüber nachzudenken, was in dem Bild geschehen könnte, um eine Veränderung möglich zu machen und dann die Bedeutung der Veränderung für das Problem zu erarbeiten. Der Berater kann auch metaphorische Elemente in den Äußerungen des Klienten aufgreifen und darum bitten, diese weiterzuentwickeln, um in deren Zusammenhang eine Veränderung zu erreichen, die für die Problemlösung bedeutsam sein könnte. Auf diese Weise können mit Hilfe von selbstgewählten Bildern eingefahrene Muster durchbrochen und neue Möglichkeiten eröffnet werden.

In der folgenden Metapher löst eine junge Frau mit Hilfe eines Traumbildes ihr Problem, bei der sie das NLP-Format „Eigenmetaphern entwickeln" durchläuft.

Der Heuwagen

Eine junge Frau, die von Zeit zu Zeit von einem heftigen Kopfschmerz gequält wurde, schlief an einem frühen Nachmittag, als diese Pein sie wieder einmal gezwungen hatte, sich niederzulegen, darüber ein und hatte einen Traum:

Sie ging über eine lange staubige Landstraße und zog einen Leiterwagen hinter sich her, der war schwer beladen mit Heu. Irgendwelche ihr unbekannten Umstände hatten sie veranlaßt, den Wagen nicht mit ihren Händen an der Deichsel zu fassen und so in Bewegung zu setzen. Vielmehr zog sie das schwere Gefährt an einem breiten Gurt, den sie sich um die Stirn gelegt hatte, so daß der Druck, mit dem ihr Kopf sich in den Gurt preßte, den Wagen fortbewegte.

Die Anspannung, die sie aufwenden mußte, nötigte sie, von Zeit zu Zeit anzuhalten, um ihre Stirn zu kühlen und neue Kraft zu schöpfen. In einer der Ruhepausen, als sie schwer atmend sich aufrichtete und hinter sich auf die Last blickte, die sie so lange gezogen hatte, stieg eine Idee in ihr auf. Warum sollte sie nicht die Heugabel nehmen und ein wenig von dem schweren Fuder abladen? Sie fühlte sich nämlich durch keinen Auftrag gebunden, eine bestimmte Menge Heu zu transportieren. Gedacht, getan, und einige Minuten später spürte sie einen merklich verringerten Druck an ihrer Stirn, während sie mit dem Wagen weiterzog. Bei einem späteren Aufenthalt dachte sie nochmals nach, ob irgendein wichtiger Auftrag sie verpflichtete. Und als keine Erinnerung daran sich einstellen wollte, nahm sie erneut die Heugabel und lud ab. So verringerte sie die Last, die sie zog, von Aufenthalt zu Aufenthalt, bis sie zum Schluß auch den Gurt von ihrer Stirn streifte, die Deichsel mit ihrer Hand ergriff und leichten Schrittes die Straße weiterwanderte. Ihre Befreiung stimmte ihren Sinn so heiter, daß sie zu singen begann und mit munteren Sprüngen daherhüpfte.

Bei diesen Sprüngen erwachte sie und bemerkte verwundert, daß ihr Kopfschmerz vorüber war. „Diesen Traum hat mir der Himmel geschickt", dachte sie bei sich und erhob sich, um wieder an die Arbeit zu gehen. Dabei zögerte sie jedoch. Denn es war ihr plötzlich keine Gewißheit mehr, ob sie wirklich geschlafen oder ob sie mit Bewußtsein den Traum erlebt hatte. Ihre Glieder jedenfalls fühlten sich nicht an wie nach einem Schlaf. Noch lange wunderte sie sich über diesen Traum. Und immer wenn ein Druck sich um ihre Stirn legen wollte, hielt sie inne und sann über ihn nach. Heftigen Kopfschmerz hatte sie dann nicht mehr.

Core-Transformation

Core-Transformation ist ein NLP-Format, das Connirae Andreas zusammen mit ihrer Schwester Tamara in der Arbeit mit schwierigen Problemen, wie chronischen Schmerzen, Mißbrauchserlebnissen, Bulimie, Co-Abhängigkeit und anderen Einschränkungen, entwickelt hat[4]. Das Herzstück des Core-Transformation-Prozesses ist ein intensiver innerer Zustand, der normale Gefühle übersteigt und von äußeren Dingen unabhängig ist.

Core-Transformation beginnt mit der Identifizierung einer unerwünschten Reaktion und bestimmt den unbewußten inneren Teil, der diese Reaktion hervorruft. Nach der Kontaktaufnahme mit diesem Teil wird die unmittelbare Absicht erfragt. Nach der Entdeckung dieses ersten beabsichtigten Ziels fragt Core-Transformation immer weiter nach den dahinterliegenden Zielen, bis ein zentraler innerer Zustand erreicht wird, hinter dem es kein weiteres Ziel mehr gibt. Dieses letzte Ziel wird Core-Zustand genannt und ist eine starke Ressource, die geeignet ist, die davorliegenden Ziele und auch die ursprüngliche Situation zu transformieren.

In der folgenden Metapher führt die goldene Lerche den siebenten Prinzen durch einen Core-Transformation-Prozeß.

Der siebente Prinz

Es war einmal ein König, der hatte eine Königin und liebte noch sieben andere Frauen. Und da er ein stattlicher Mann war, waren sie ihm zugetan und brachten ihm Kinder zur Welt, die so schön waren, daß jedermann von ihnen sprach.

Als die Königin davon erfuhr, schickte sie einen Jäger, der ihr ergeben war. Der sollte die Königskinder töten. Es war aber eine goldene Lerche in der Nähe, die hörte von dem Plan. Und da sie mit Zauberkräften begabt war, wünschte sie die Kinder auf eine einsame Insel im Meer.

Die Königskinder richteten sich in ihrer neuen Heimat auf das wohnlichste ein. Eines sorgte, daß die Arbeit getan wurde, ein anderes für Tanz und Vergnügen. Ein drittes hatte immer die lustigsten Ideen. Ein viertes machte es allen bequem. Ein fünftes wußte in allen Schwierigkeiten Rat. Ein sechstes hatte immer ein liebevolles Wort. Und das siebente paßte auf, daß des Nachts alle Türen verschlossen waren.

Da geschah es eines Abends, daß das siebente eingeschlafen war, ohne seine Aufgabe verrichtet zu haben, und ein wildes Tier in das Haus drang. Als es vom Lärm des Kampfes, den seine Geschwister mit der Bestie ausfochten, erwachte und sah, was es angerichtet hatte, erschrak es auf das heftigste. Seine Brüder, die die Bestie in die Flucht geschlagen hatten, trösteten es. Aber der kleine Prinz konnte sich seinen Fehler nicht verzeihen. Fortan war er nur noch damit beschäftigt, wachsam zu sein und aufzupassen, daß nur ja kein Unglück wieder geschehen konnte. Er sonderte sich von der Gruppe seiner Geschwister ab. Und während seine Brüder und Schwestern heranwuchsen und ihre Kräfte fröhlich entwickelten, blieb er zurück und in sich gekehrt.

Nicht lange nach diesem Ereignis bemerkten die Geschwister Veränderungen, die mit dem siebenten vor sich gingen. Er warnte beständig vor Gefahren. Keinen Ausflug in neue Gegenden ihrer neuen Heimat wollte er dulden, von allen neuen Vergnügungen riet er ab. Ja, er hinderte sie mit immer heftigeren Worten, ihre Welt zu erkunden. Als seine Worte sie nicht von vermeintlichen Gefahren zurückhalten konnten, zerstörte er die kleinen Boote, mit denen sie weiter aufs Meer hinausfahren wollten.

Auch die goldene Lerche, die den Kindern in ihre neue Heimat gefolgt war, beobachtete die Veränderung des siebenten Prinzen mit Sorge. Als er eines Tages zornig vor dem Tor saß, weil er seine Geschwister nicht hatte hindern können, mit neuen Booten aufs Meer zu fahren, flog sie auf einen Zweig ganz in seiner Nähe und sprach ihn an. „Willkommen, kleiner Prinz in der neuen Heimat, wie ich sehe, bist du zornig über deine Geschwister." – „Sie hören nicht auf mich", sagte der Prinz. „Was möchtest du denn erreichen?" fragte die Lerche. „Ich möchte erreichen, daß sie vorsichtig sind", antwortete der kleine Prinz. „Wenn du das erreicht hast, was möchtest du dadurch erreichen, was dir noch wichtiger ist?" fragte die Lerche weiter. „Ich möchte für ihre Sicherheit sorgen", erwiderte der Prinz. „Und wenn es so wäre, daß sie ganz sicher sind, gibt es dann noch etwas, was du erreichen möchtest, was dir noch wichtiger ist?" fragte die Lerche weiter. „Du hast recht, wenn das erreicht ist, möchte ich, daß wir alle einig sind in Frieden und Liebe." – „Das ist schön", sagte die Lerche. „Weißt du, wie das ist, einig in Frieden und Liebe zu sein? Wenn ich dich richtig verstehe, bist du überzeugt davon, daß du sehr viel Mühe aufwenden mußt, um dieses Ziel zu erreichen. Möchtest du nicht gerne dieses Eins-Sein in Frieden und Liebe einfach besitzen?" – „Natürlich möchte ich das, wenn das geht", sagte der Prinz. „Das geht ganz einfach", sagte die Lerche. „Stell dir vor, du erlebst dieses Eins-Sein mit deinen Geschwistern in Frieden und Liebe einfach so, wie du es jetzt erlebst, wie verändert das die Sicherheit, die du erreichen möchtest?" – „Wenn wir einig sind in Frieden und Liebe, dann sind wir sicher, weil wir alle aufeinander hören und füreinander einstehen", antwortete der Prinz. „Und stell dir vor, du erlebst dieses Eins-Sein mit deinen Geschwistern in Frieden und Liebe, wie verändert dies die Vorsicht deiner Geschwister, die du erreichen möchtest?" – „Wenn wir einig sind in Frieden und Liebe, dann werden wir alle etwas wagen, aber trotzdem vorsichtig sein", antwortete der Prinz. „Und stell dir vor, du erlebst dieses Eins-Sein mit deinen Geschwistern in Frieden und Liebe, wie verändert das deinen Zorn, den du gerade erlebt hast?" – „Mein Zorn ist verschwunden", sagte der Prinz. „Eins möchte ich noch wissen", fragte die Lerche. „Wie alt bist du?" Der Prinz dachte lange nach, bevor er sprach: „Du hast recht", sagte er dann. „Ich habe an diesem schrecklichen Tag, an dem durch meine Schuld die Bestie in unser Haus eingedrungen ist, aufgehört zu wachsen. Deshalb bin ich auch kleiner geblieben als meine Geschwister." – „Dem kann abgeholfen werden", sagte die Lerche. „Geh zu deinen Geschwistern, laß dir von ihnen berichten, was sie erlebt haben in der Zeit, während du nur wachsam warst." Mit diesen Worten flog sie davon.

Und er ging zu seinen Geschwistern und bat, wie die Lerche ihn geheißen. Und er hörte ihre Worte, sah ihr Tun mit neuen Augen und fühlte mit ihnen, was sie in der Zwischenzeit erlebt hatten. Und als er ihre Erfahrungen teilte, veränderte er sein Handeln. Er baute ein großes Schiff. Damit fuhren sie über die sieben Meere und sahen die sieben Weltwunder. Die Leute sprachen von ihren Abenteuern voller Bewunderung. Und da keinem je ein Leid geschah, segeln sie vielleicht heute noch über die Meere.

Wahrnehmungspositionen

Um menschliche Probleme, die in einem sozialen Zusammenhang angesiedelt sind, zu überwinden, ist es hilfreich, die internen Repräsentationen der einzelnen Elemente des sozialen Systems mit räumlichen Ankern zu sortieren. Auf diese Weise läßt sich gezielt durchführen, was die meisten Menschen in sozialen Konfliktsituationen vermeiden, nämlich: in die Welt des anderen hineinzugehen, sich einzufühlen, die Sache mit dessen Augen zu sehen, und vor allem auch wahrzunehmen, wie die eigene Position mit den Augen des anderen aussieht. Gerade in Konfliktsituationen nehmen und beurteilen Menschen alles vom Standpunkt „seiner Majestät des Ichs", wie Freud diese Position interessierter Befangenheit genannt hat.

Nicht nur in persönlichen Beziehungen, sondern vor allem auch im Berufsleben ist die Fähigkeit zur Übernahme der Position des jeweils anderen wichtig, um zusätzliche Informationen zu bekommen, die zur Veränderung des eigenen Verhaltens dienen können.

In NLP-Formaten, die mit Wahrnehmungspositionen arbeiten, werden im wesentlichen drei Positionen durchlaufen: Die eigene Position wird als erste Position bezeichnet. Die Position des anderen wird zweite Position genannt. Darüber hinaus gibt es die dritte oder Meta-Position. Das ist die Position eines unbeteiligten Dritten oder freundlichen Beobachters.

In der folgenden Metapher „hext" die weiße Maus den Gockel durch alle drei Wahrnehmungspositionen, um es ihm zu ermöglichen, sich von einem eitlen und effekthaschenden Gecken zu einem beliebten Mitglied des Hofes zu entwickeln.

Der Gockel und die weiße Maus

Ein stolzer Hahn, der es gewohnt war, auf dem großen Bauernhof sein prächtiges Gefieder und den unüberhörbaren Klang seiner Stimme der allgemeinen Bewunderung darzubieten, geriet an eine weiße Maus, um auch ihr zu imponieren. „Du führst ja interessante Dinge vor", sagte diese, statt seinem glänzenden Auftreten Beifall zu zollen. „Gefällt dir das nicht?" fragte der Hahn ganz überrascht. „Die anderen Tiere hier sind davon immer sehr beeindruckt." – „Meinst du wirklich?" Mit diesen Worten huschte die Maus wieder in ihr Loch. „Diebischer Käsefresser!" schimpfte der Hahn hinter ihr her, als er die Pute Berta aus der

Stalltür treten sah. Sofort nahm er wieder seine gewohnte Pose an, um sich den nötigen Respekt zu verschaffen.

Wie erstaunt war er jedoch, als er bemerkte, daß er nicht wie üblich aus seinen glänzenden Augen von oben herab auf die dicke Berta schaute, sondern aus den Augen der Berta heraus auf einen herrisch aufgeplusterten Gockel, der mit aufgerecktem Hals, geschwollenem Kamm und gespreiztem Gefieder daherstolziert kam. Und nun reckte sich dieser Hagestolz auch noch und gab mit schlagenden Flügeln ein schrilles Geschrei von sich. Unwillkürlich duckte sich das Wesen, in dessen Körper die Seele des Hahnes geschlüpft war, und ging diesem laut krähenden Geschöpf schleunigst aus dem Weg, um in wohliger Ruhe und zufrieden mit sich selber Körner zu suchen.

„Sollte ich wirklich einen solchen Eindruck auf die anderen Tiere machen?" fragte sich der Hahn entsetzt. „Genau so sehen und hören dich die anderen", antwortete die Maus, die ihren Kopf aus ihrem Loch wieder herausstreckte. „Gefällt dir das?" – „Nein", antwortete der Hahn. „Das gefällt mir gar nicht. Aber wie kann ich das ändern?" – „Komm her zu mir, und schau dir die beiden an!" Ehe sich der Hahn versah, steckte seine Seele in der Maus und schaute aus ihren Augen auf den Hahn und die Pute. „Der Gockel ist ganz schön eingebildet, und die Pute läßt sich davon einschüchtern", stellte er fest. „Richtig", sagte die Maus. „Und jetzt achte darauf, was der Hahn kann." – „Er kann imponieren, aber er kann auch den Hühnerhof leiten", erwiderte der Hahn. „Richtig", sagte die Maus. „Und jetzt achte darauf, was ihm wichtig ist." – „Ihm ist wichtig, daß er respektiert wird. Aber er möchte auch geliebt werden", antwortete der Hahn. „Richtig", sagte die Maus. „Und jetzt achte darauf, was für ein Wesen er ist." – „Er ist ein schöner männlicher Vogel. Aber er ist auch ein nützliches Geschöpf auf dem Hofe." – „Richtig", sagte die Maus. „Und jetzt achte darauf, von welchem größeren Ganzen er ein Teil ist." – „Er ist ein Geschöpf Gottes wie die anderen Geschöpfe auch", sagte der Hahn. „Richtig", sagte die Maus, lächelte über ihre Schnurrbarthaare hinweg und verschwand wieder.

„Merkwürdig", dachte der Hahn und erhob sich aus einer Mulde von Staub, in der sich die Hühner des Hofes zu baden pflegten. „Ich muß eingeschlafen sein. Und was für einen merkwürdigen Traum ich hatte!" Er schüttelte den Staub aus seinem Gefieder und machte sich auf, wieder nach dem Rechten zu sehen. Seit jenem Tage wurde er ein beliebtes Mitglied auf dem Hofe. Und er mußte sich darum überhaupt nicht mehr bemühen.

Neurologische Ebenen

Von Gregory Bateson haben die Begründer des NLP die Annahme entlehnt, Prozesse des Lernens, der Veränderung und der Kommunikation wiesen natürliche Hierarchien der Klassifikation auf[5]. In Anlehnung an diese Sichtweise unterscheidet Robert Dilts fünf Ebenen der Verarbeitung von Information: Umgebung, Verhalten, Fähigkeiten, Glaubenssysteme und Identität. Die Funktion jeder Ebene sei es, die Information der darunterliegenden Ebene zu organisieren. Änderungen auf einzelnen Ebenen würden sich deshalb in der Hierarchie nach unten anders auswirken als nach oben. Während man davon ausgehen könne, daß Änderungen auf oberen Ebenen notwendigerweise Änderungen auf den darunterliegenden Ebenen nach sich ziehen, könne man nicht generell annehmen, daß Änderungen auf unteren Ebenen automatisch auf oberen Ebenen verallgemeinert werden. Erfahrungen können generalisiert werden, müssen es aber nicht notwendig.

Praktische Erfahrungen der NLP-Arbeit bestätigen diese Annahmen. Es gibt viele Menschen, vor allem Frauen, die eigenes Handeln und deren Resultate lediglich als externe Umweltreize wahrnehmen und glücklichen Umständen zuschreiben. Sie kommen nicht auf die Idee, den Erfolg auf das eigene Verhalten zu beziehen, darin eine eigene Fähigkeit zu entdecken und deren Bedeutung zu erkennen. Vor allem hindert sie häufig eine starke innere Scheu, das erfolgreiche Handeln auf der Identitätsebene sich selber als Person zuzuschreiben.

Mit den neurologischen Ebenen kann man nicht nur Menschen zu einem angemessenen Bewußtsein ihrer Fähigkeiten verhelfen oder Resultate von Veränderungsarbeit auf höheren Ebenen verankern, sondern auch von einem Problem zum Ziel führen. In der folgenden Metapher befragt ein Kaufmann fünf weise Männer, die ihn ausgehend von seinem Problem die neurologischen Ebenen zunächst nach oben und wieder nach unten durchlaufen lassen.

Die weisen Männer

Es war einmal ein reicher Kaufmann, der hatte eine Frau, die konnte ihm nichts recht machen. So ermahnte er sie, dann schalt er sie, und es verging nicht viel Zeit, so stritt er heftig jeden Tag mit ihr. Aber da er sie lieb hatte, wollte er sie nicht wegschicken.

Da beschloß er eines Abends, die weisen Männer der Stadt zu befragen, ob sie nicht Rat wüßten. Und er machte sich auf den Weg. Nachdem er dem ersten sein Problem geschildert hatte, fragte der Weise: „Was tust du?" Der Kaufmann war überrascht, denn er hatte einen Rat erwartet. Aber er antwortete dem Weisen: „Ich sehe und höre, daß sie im Hause nicht tut, was sie soll. Das sage ich ihr. Sie aber will es nicht einsehen, und darüber werde ich zornig." Nach dieser Antwort hieß der Weise ihn gehen.

Der Kaufmann war enttäuscht und machte sich auf den Weg, einen anderen um Rat zu fragen. Nachdem er diesem sein Problem geschildert hatte, fragte der Weise: „Was kannst du?" Der Kaufmann war wieder überrascht, denn er hatte einen Rat erwartet. Aber er antwortete: „Ich weiß, welche Pflichten eine Frau ihrem Manne schuldig ist, und ich kann sie einklagen." Nach dieser Antwort hieß der Weise ihn gehen.

Der Kaufmann war wieder enttäuscht und machte sich auf den Weg, einen dritten um Rat zu fragen. Nachdem er diesem sein Problem geschildert hatte, fragte der Weise: „Was bringt dich dazu, ein solches Verhalten zu zeigen?" Der Kaufmann war wieder überrascht, denn er hatte einen Rat erwartet. Aber er antwortete: „Es ist mir wichtig, daß meine Frau ihre Pflichten erfüllt, damit sie geachtet wird." Nach dieser Antwort hieß der Weise ihn gehen.

Der Kaufmann war wieder enttäuscht und machte sich auf den Weg, einen vierten um Rat zu fragen. Nachdem er diesem sein Problem geschildert hatte, fragte der Weise: „Was für ein Mann bist du?" Der Kaufmann war wieder überrascht, denn er hatte einen Rat erwartet. Aber er antwortete: „Ich bin ein ehrenhafter und geachteter Mann." Nach dieser Antwort hieß der Weise ihn gehen.

Der Kaufmann war abermals enttäuscht und machte sich auf den Weg, einen letzten um Rat zu fragen. Nachdem er diesem sein Problem geschildert hatte, fragte der Weise: „Welchem größeren Ganzen gehörst du an?" Der Kaufmann war wieder überrascht, denn er hatte einen Rat erwartet. Aber er antwortete: „Ich bin wie alle anderen Geschöpfe unter der Sonne ein Kind Gottes, der mir in seiner unendlichen Liebe das Leben schenkte, auf daß ich ihn preise." Nach dieser Antwort glaubte der Kaufmann, der Weise würde ihn gehen heißen, wie die anderen ihn gehen geheißen hatten. Der aber fragte weiter: „Welches Gefühl hast du in deiner Brust, wenn du an die Liebe deines Gottes denkst?" Der Kaufmann dachte an die Liebe Gottes, und diese Liebe breitete sich in ihm aus, so daß er ganz davon durchdrungen war. Da legte der Weise seine Hand auf seine Stirn, segnete ihn und hieß ihn gehen.

Auf dem Weg zu seinem Hause begegnete ihm der vierte Weise und sprach ihn an: „Ich sehe, daß etwas dich verändert hat. Wer bist du jetzt?" Der Kaufmann war überrascht von den Worten des Weisen, aber er fühlte ihre Wahrheit und antwortete: „Ich bin durch die Liebe Gottes ein zur Liebe fähiger Mensch." Der Weise nickte, grüßte und ging seines Weges.

Da begegnete ihm auf dem Wege zu seinem Hause der dritte Weise und sprach ihn an: „Ich sehe, daß etwas dich verändert hat. Was ist dir jetzt wichtig?" Der Kaufmann war wieder überrascht von den Worten des Weisen, aber er fühlte ihre Wahrheit und antwortete: „Es ist mir wichtig, daß ich meine Frau liebe und achte." Der Weise nickte, grüßte und ging seines Weges.

Da begegnete ihm auf dem Wege zu seinem Hause der zweite Weise und sprach ihn an: „Ich sehe, daß etwas dich verändert hat. Was kannst du jetzt?" Der Kaufmann hörte die Worte des Weisen und fühlte ihre Wahrheit und antwortete: „Ich kann die Wünsche meiner Frau verstehen und sie lieben, wie Gott sie geschaffen hat." Und auch dieser Weise nickte, grüßte und ging seines Weges.

Da begegnete ihm auf dem Wege zu seinem Hause der erste Weise und sprach ihn an: „Ich sehe, daß etwas dich verändert hat. Was wirst du jetzt tun?" Der Kaufmann aber hatte die Frage erwartet, denn er kannte ihre Wahrheit bereits und antwortete: „Ich werde meine Frau ansehen, ihrer Stimme lauschen und mich über ihre Liebe freuen." Und auch dieser Weise nickte, grüßte und ging seines Weges.

Der Kaufmann aber lebte von nun an in Liebe, Frieden und Eintracht mit seiner Frau.

DREI
Metaphern für allgemeine Probleme

Die in diesem Kapitel zusammengetragenen Geschichten sind nicht im Zusammenhang einer psychologischen Beratung entstanden. Nachdem ich Metaphern zu schreiben gelernt und erste Erfahrungen mit Metaphern in Beratungszusammenhängen gemacht hatte, wurde ich hellhörig auch für alltägliche Probleme meiner Mitmenschen. Es machte mir ganz einfach Spaß, mir für solche Probleme Metaphern auszudenken, einmal, um zu üben, und zum anderen, um meine Mitmenschen auf diese Weise unterstützen zu können, wenn ich Gelegenheit fand, die Metapher der entsprechenden Person als Resultat meiner „schriftstellerischen Tätigkeit" vorzutragen.

Auf diese Weise sind Geschichten entstanden, für die ich keine Unterlagen habe über die Person, die den Anstoß zu der Idee gegeben hat. Ich habe auch die spezielle Problemkonstellation zumeist nur einer normalen Unterhaltung entnommen. Nicht selten fand ich auch gar keine Gelegenheit, die Metapher vorzutragen. Und wenn ich sie in irgendeinem Zusammenhang vorlesen konnte, habe ich mich auch nicht darum bemüht, Resultate in Erfahrung zu bringen. Für manche Metaphern habe ich nur noch äußerst vage Vorstellungen von Problem und Ziel.

Der Zaubergarten

Ein Gärtner, der sein Leben lang im Garten seines Herrn die Hecken beschnitten, die Büsche gestutzt, Beete angelegt, prächtig bepflanzt und die jungen Bäume fest angebunden hatte, damit ihr Wuchs eine gerade und aufrechte Gestalt anzunehmen genötigt war, dieser Gärtner entschloß sich eines Tages, als Löwenbändiger zum Zirkus zu gehen.

Mit Peitsche und Stab betrat er die Manege und hob an, den Löwen zum Sprung durch einen Reifen zu nötigen. Das Tier jedoch widersetzte sich dem Ansinnen seines Dompteurs mit einem Zorn, der diesen in die Flucht schlug. Der Zirkusdirektor, der den Vorfall mitangesehen hatte, sprach daraufhin zum Gärtner: „Ein Löwenkäfig ist kein Garten, in dem du herrschen kannst über Geschöpfe ohne eigenen Willen. Wenn es dir nicht gelingt, den Löwen zu veranlassen, aus eigenem Antrieb durch den Reifen zu springen, mußt du selber hindurch. Denn das Publikum will unterhalten sein."

„Das ist wahr", antwortete der Gärtner und kehrte zurück in das Haus seines Herrn. Dort wies er die Magd an, ihm eine Mahlzeit zu bringen. Das Mädchen sah ihn an mit verwunderten Augen und rührte keine Hand. „Die will auch nicht durch den Reifen", murmelte der erstaunte Gärtner und zog sich nachdenklich in seinen Garten zurück.

Seit jenem Tage jedoch war der Garten nicht mehr wie zuvor mit kundiger Hand kunstvoll hergerichtet. In ihm wuchs, rankte, blühte und duftete wie von Zauberhand gestaltet eine Fülle von Bäumen, Sträuchern, Pflanzen und Blumen, die jeden Besucher in Bann zog. Auf die Frage von Neugierigen, wie er dieses Wunderwerk schaffe, lächelte der Gärtner jedoch nur und schwieg.

Der Zaubergarten strebt die Überwindung eines autoritären Erziehungs- oder Führungsstils an.

Der erlöste Schwan

„Wie dämlich doch so ein Schwan sein kann", beklagte sich ein Fischotter bei der Bisamratte, mit der er gemeinsam einen Teich bewohnte. „Da kann man sich nur wundern!"

„Worum geht es denn?" erkundigte sich die Ratte neugierig. „Nun", sagte der Otter. „Ich komme gerade eben vom Fischen im oberen Bach zurück, als mich jemand anspricht: ‚Wwwwawas mmmamachst du denn hier?'" – „Ach, den kenne ich", sagte die Ratte. „Das ist Julius, der stotternde Schwan." – „Richtig", fuhr der Otter fort. „So hat er sich vorgestellt. Ich habe natürlich sofort gefragt, was denn mit ihm los sei, ob er nicht richtig reden könne. – ‚Nein', sagte der Schwan, ‚dadadas kakakann ich nicht.' – ‚Und warum kannst du das nicht?' habe ich ihn dann gefragt, und daraufhin hat er mir halt lang und breit seine Geschichte erzählt." – „Oh, berichte", drängte die Ratte. „Das interessiert mich auch."

„Ach, das ist eigentlich eine ganz blöde Geschichte. Zuerst konnte er nämlich ganz normal reden. Aber als er größer wurde, bekam er natürlich eines Tages Stimmbruch, das kennst du ja. Na, und weil er ein ganz eitler und eingebildeter Schwan war, wie Schwäne häufig sind, hat er sich geschämt wegen seines Stimmbruchs und sich vorgenommen, zu schweigen, damit die Leute ihn nicht auslachen. Aber, du weißt, Schwäne können sich nur schwer beherrschen. Wenn ihm irgend etwas einfiel, platzte er damit heraus, na ja, und das klang dann halt nicht besonders schön mit seiner Stimmbruchstimme. Und weil ihn das ärgerte, daß er sich nicht beherrschen konnte, bat er einen Klammerfrosch, sich eine Zeitlang an seine Kehle zu hängen und immer dann zuzudrücken, wenn ihm aus Versehen etwas herausplatzen wollte."

„Ach, so ist das!" staunte die Ratte. „Dem Julius sitzt also ein Klammerfrosch an der Kehle, das ist ja eine komische Geschichte!" – „Du sagst es", fuhr der Otter fort. „Aber das ist noch nicht alles. Das Dumme an der Geschichte ist, daß der Klammerfrosch nicht stark genug ist, um richtig fest zuzudrücken. Obwohl er sich redlich bemüht, festzuhalten, rutschen dem Schwan immer Teile seiner Rede heraus, wenn er sich nicht zurückhalten kann und losquatscht." – „Ach, deshalb stottert er", wunderte sich die Ratte. „Ja, das ist der Grund", erwiderte der Otter. „Aber warum jagt er dann den Frosch nicht zum Teufel?" gab die Ratte zu bedenken. „Du sagst es", antwortete der Otter. „Jetzt kommt das Verrückteste an der Geschichte: Er kann nicht. Der Frosch sitzt fest, der Schwan kann ihn nicht wegkriegen, weil er ihm damals das Versprechen abgenommen hat, erst dann seine Kehle loszulassen, wenn er ein bestimmtes Wort sagt." – „Ja, und warum sagt er dann das Wort nicht?" fragte die Ratte erstaunt. „Na, weil er dämlich ist", erwiderte der Otter. „Er hat das Wort vergessen."

„Ach du meine Güte", quiekte die Ratte. „Jetzt muß der arme Julius sein Leben lang stottern, das tut mir aber leid!" – „Quatsch doch nicht so dumm", sagte der Otter ruppig. „Hör doch hin, dahinten kannst du ihn singen hören." – „Er singt? Wieso denn das!" Die Ratte war ganz verblüfft. „Wieso, wieso", erwiderte der Otter ärgerlich. „Du bist doch genauso doof wie der Schwan!" – „Ich verstehe dich nicht", sagte die Ratte beleidigt. „Wieso kann er jetzt wieder singen?" – „Na logisch", sagte der Otter barsch. „Auf dem Wege hierher habe ich natürlich dem Storch Bescheid gesagt."

Über die Entstehungsgeschichte von *Der erlöste Schwan* habe ich keine Erinnerungen mehr.

Das Stinktier

„Keiner liebt mich", seufzte das Stinktier und setzte sich jammernd an den Bach, um seinen salzigen Tränen nachzuschauen, wie sie von der Spitze seiner Wimpern ins Wasser tropften, sich mit den fröhlich hüpfenden Wellen vermischten und verschwanden.

„Was klagst du so und heulst, daß es einen Stein erweichen könnte!" krächzte ein Rabe, der im Fluge die Worte des Stinktiers gehört und sich daraufhin an seiner Seite niedergelassen hatte.

„Was sollte ich wohl nicht klagen und weinen, wo doch alle Tiere sich von mir wenden oder mich überhaupt nicht beachten", erwiderte das Stinktier. „Es ist ungerecht von der Schöpfung, mir einen Geruch anzuhängen, der jedermann veranlaßt, einen Bogen um mich zu machen."

„Bist du da sicher, daß es dein Geruch ist, der alle Geschöpfe bewegt, dich zu meiden?" fragte der Rabe. „Was soll es denn sonst sein?" erwiderte das Stinktier. „Die Farbe meines Fells ist es jedenfalls nicht!"

„Das meine ich auch nicht", gab der Rabe zurück. „Aber hast du dir mal überlegt, ob du eigentlich jemanden liebst?" – „Aber sicher doch", schnaufte das Stinktier empört. „Weißt du das genau?" fragte der Vogel. „Überlege mal, was geht dir durch den Kopf, wenn du eine Ziege siehst, die sich dir nähert?"

„Na, das ist doch klar, daß ich mir dann denke, gleich wird sie mir wieder die Ohren vollmeckern." – „Aha", sagte der Rabe. „Und was meinst du, wie dein Gesicht aussieht, wenn du das denkst, etwa einladend?"

„Naja, bei der Ziege kann das schon sein", gab das Stinktier zu. „Soso, und was geht dir durch den Kopf, wenn du eine Gans kommen siehst?" – „Ist doch klar, daß ich dann denke, daß ich mir gleich wieder ihr dummes Geschnatter anhören muß."

„Da siehst du es. Und jetzt überleg dir, welche Gedanken durch deinen Kopf gehen, wenn eine Kuh, ein Schaf, ein Reh, die Elster, der Frosch oder andere Tiere dir entgegenkommen."

„Hmmm, du meinst, es liegt gar nicht an meinem Geruch, daß die anderen Bewohner der Umgebung einen Bogen um mich machen?"

„Natürlich nicht!" sagte der Rabe. „So doll stinkst du doch gar nicht, wenn du dich hin und wieder wäschst."

„Und was soll ich deiner Meinung nach machen?" fragte das Stinktier. „Also, die Schlauheit hast du nicht gerade gepachtet", erwiderte der Rabe. „Das liegt doch auf der Hand. Du brauchst nur deine Gedanken zu ändern. Dein Gesicht wird demjenigen, der dir entgegenkommt, verkünden, wie du dich auf ihn einstellst. Und entsprechend wird er dir entgegentreten."

„So einfach soll das sein?" fragte das Stinktier ungläubig. „Ja, so einfach kann das sein. Probier es doch mal aus, und laß dich überraschen!" Mit diesen Worten flog der Rabe davon. Ob das Stinktier dem Raben geglaubt hat, weiß ich nicht. Aber ich zweifle daran. In den Biologiebüchern steht immer noch, daß Stinktiere keine beliebten Geschöpfe sind.

Auf die Idee, *Das Stinktier* zu schreiben, brachte mich die Klage eines Menschen, mit dem die Geschichte beginnt: „Keiner liebt mich!" In der Unterhaltung beschränkte sich diese Person im wesentlichen darauf, sich über andere Menschen negativ zu äußern.

Katze und Maus

Auf einer Verfolgungsjagd durch Keller und Boden, durch Ställe und Gärten sprang die Maus durch ein Loch im Lattenzaun, in dem die Katze steckenblieb. Das war ungewöhnlich. Denn normalerweise können Katzen überall hindurchschlüpfen, wo nur ihr Kopf hindurchpaßt. Diese Katze jedoch war keine gewöhnliche Katze. Sie gefiel sich darin, ihrer Umwelt ihre Besonderheit dadurch zu beweisen, daß sie den allgemeinen Erwartungen nicht entsprach. Aus eben diesem Grunde hatte sie sich einen Wanst angefressen und saß nun fest. Alle Bemühungen, sich aus dem Loch zu winden, schlugen fehl, da die Maus überdies sich einen Genuß daraus zu machen schien, jeden Befreiungsversuch in den Anfängen zu vereiteln. Sie hatte sich eine Gerte besorgt und kitzelte ihre ehemalige Verfolgerin und nunmehr hilflose Gefangene an ihren empfindlichsten Stellen. „Warum gibst du nicht auf?" fragte sie höhnisch. „Du siehst doch, daß du keine Chance hast."

Wie die weitere Unterhaltung zwischen Katze und Maus verlief, kann niemand berichten, denn keiner der anderen Hofbewohner hielt sich in Hörweite zu diesem Ereignis auf. Allerdings konnte man sehen, daß es lebhafte Verhandlungen zwischen beiden gab, die damit endeten, daß mit Handschlag ein Abkommen geschlossen wurde. Aber auch dieser Friedensschluß ist nicht wirklich bezeugt, denn am Ende konnte man beobachten, daß die Maus Anstalten machte, den Hund von der Kette zu lassen. Das war zu einem Zeitpunkt, als das Ende der Katze nahe schien. Fast leblos hing sie inzwischen im Lattenzaun und wollte sich in ihr Schicksal ergeben.

Als sie den Hund nahen sah, schlug es allerdings wie ein Blitz in den erschlafften Körper der Katze ein. Mit gellendem Schrei und unter krachendem Bersten des Holzes brach sie aus dem Lattenzaun, raste über den Hof und verschwand im Heu.

Es dauerte ziemlich lange, bis sie sich wieder sehen ließ. Seitdem herrscht Frieden mit der Maus. Die Katze verschont sie beim Mausen und steckt ihr heimlich Käse zu. Und auch die Maus tut das ihre zum Vorteil der Katze. Im ganzen Land vermehrt sie den Ruhm ihrer Feindin von ehedem. Inzwischen gilt sie weit und breit ganz unangefochten als ganz einzigartige Katze. Und selbstverständlich blieb sie seitdem nie mehr in einem Loch hängen.

Katze und Maus vermittelt den Gedanken, daß es möglicherweise vorteilhafter sein könnte, einen Feind zum Verbündeten zu machen.

Gut und böse

Jeden Abend, bevor Peterle sich zum Einschlafen in seine Kissen kuschelte, nahm er seinen Teddybären fest in den Arm, stieg in sein Raumschiff und hob ab. Langsam, dann immer schneller sah er das Haus seiner Eltern entschwinden, verlor die kleine Stadt, dann den Wald, die kleine Insel, auf der er lebte, das Land, den Kontinent und zuletzt den Erdball aus den Augen und glitt in die schweigende Leere des Weltalls hinaus. Peterle hatte sich vorgenommen, alle Sterne, die er auf der Himmelskarte in dem großen Atlas seines Vaters verzeichnet gefunden hatte, nach und nach zu besuchen und zu erkunden. Weit über hundert Himmelskörper hatte er auf diese Weise bereits kennengelernt, denn er betrieb diese Forschertätigkeit schon seit einigen Monaten und war ihrer noch nicht überdrüssig geworden. Denn jedesmal, wenn er nach einer solchen Reise am Morgen erwachte, hatte er eine interessante Geschichte zu erzählen.

Eine dieser Geschichten konnte ich nie vergessen, und deshalb möchte ich sie hier berichten.

Auf einem der fremden Sterne, die Peterle nachts besuchte, verhielten sich vor langer Zeit die Bewohner recht merkwürdig. Sie waren aus bestimmten Gründen nicht in der Lage, in ihrem Gedächtnis zu speichern, welche ihrer Taten gut und welche böse waren. Deshalb trugen die meisten von ihnen stets ein Buch unter dem Arm, um von Zeit zu Zeit darin nachzuschlagen, ob das, was sie getan oder zu tun vorhatten, gut oder schlecht sei. Danach richteten sie sich dann.

Aber nicht allen Bewohnern dieses Sterns genügte es, sich von Zeit zu Zeit über gut und böse zu orientieren und danach ihr Handeln auszurichten. Es gab einige, denen war es wichtig, eine Beurteilung ihres Handelns zu bekommen. Zu diesem Zweck ließen sie sich, wohin sie auch gingen, von einem Roboter begleiten. Und immer, wenn das Bedürfnis nach einem Urteil sie überkam, gaben sie Daten ihrer Handlungen in den Computer ein und ließen ein spezielles Gerichtsprogramm ablaufen, in dem ihr Handeln geprüft, abgewogen, gewertet und schließlich ein Urteil darüber gefällt wurde. Dieses Urteil trugen sie dann in ein Tagebuch ein, um einen Überblick darüber zu bekommen, ob sie sich für einen guten Menschen halten durften oder ob sie mit dem Bewußtsein, ein Sünder zu sein, leben mußten.

Ganz wenige Bewohner dieses Sterns gingen, was gut und böse anging, noch weiter. Sie hatten nicht nur das Bedürfnis, stets beurteilt zu werden. Sie verlangten Strafe für jedes ihrer Vergehen. Auch sie wurden von Robotern begleitet, aber sie gaben zur computergestützten Überprüfung ihrer Taten nicht nur die Daten ein und ließen das Urteilsprogramm ablaufen. Sie gaben auch den Befehl an das Gericht ein, eine Strafe zu verhängen und dabei ein strenges Strafmaß anzulegen. Diese Strafe verbüßten sie dann öffentlich, denn auf jedem Marktplatz gab es Pranger, an die die Sünder sich stellen konnten, um bei Wasser und Brot oder ohne jegliche Nahrung Stunden oder sogar ganze Tage den Blicken der Neugierigen ausgesetzt auszuharren. An den Prangern gab es auch Geißeln, mit denen die Sünder sich schlagen konnten, es gab Würgeeisen und Zangen und andere Marterwerkzeuge, um durch körperlichen Schmerz für schlechte Taten zu büßen.

Aus unerklärlichen Gründen waren es überwiegend Regierungsmitglieder, die auf der ständigen Bestrafung ihrer schlechten Taten bestanden und diese öffentlich zur Schau stellten. Merkwürdig war darüber hinaus auch, daß es noch etwas anderes gab, das diese wenigen Bewohner von den anderen unterschied. In ihrem Gemüt spielte der Haß eine große Rolle. Sie haßten alles Böse, insbesondere aber einen bestimmten Teil der Bevölkerung. Das waren Leute, die sich weigerten, das Buch unter dem Arm zu tragen, Bewohner nämlich, die sich überhaupt nicht um gut oder böse scherten. Sie lungerten den ganzen Tag herum, spielten und machten die Straßen unsicher durch Bettelei und pöbelhaftes Benehmen. Die Regierungsmitglieder versuchten, die Polizei auf sie zu hetzen, um sie festzunehmen und zu bestrafen. Aber auch die Polizisten auf diesem Stern waren zumeist Bewohner, die das Buch unter dem Arm trugen. Deshalb sahen sie, auch wenn es um Befehle von oben ging, nach, ob das befohlene Vorgehen Recht oder Unrecht darstellte. Leider war in dem Buch freches und unverschämtes Benehmen, Dummheit, Faulheit, Pflichtvergessenheit, Schamlosigkeit und Schmarotzen weder unter den bösen noch unter den guten Taten vermerkt. Deshalb griff die Polizei auch nicht ein, was die regierenden Selbstbestrafer des Landes zur Raserei brachte, da ihr Haß ins Leere lief und jedesmal wie eine düstere Wolke in die Höhe stieg.

So hatte sich im Laufe der Zeit eine Dunstglocke des Hasses über die Hauptstadt gelegt, die die Sonne verdunkelte, das Atmen schwer machte und eine gedrückte Stimmung verbreitete, der kein Bewohner sich entziehen konnte. Nur die Leute, die sich um gut oder böse nicht scherten, ließen sich ihre Laune nicht verderben, was die Wut und den Groll der Regierung nur noch mehr anstachelte.

Bevor die Lage auf dem Stern jedoch bedrohlich wurde, geschah ein Wunder: Die Stromversorgung fiel aus, und zwar für längere Zeit. Es gab kein Licht und keine Heizung. Die Fabriken standen still, und die Bildschirme der Computer blieben matt. Es konnte kein Urteil über schlechte Taten mehr gefällt werden. Somit blieben auch die Pranger leer.

Nach dem ersten Durcheinander erinnerte man sich, daß Kerzen leuchteten. Auf alten Speichern fand man Öfen zum Heizen. In den Fabriken ging man dazu über, Hand anzulegen, wo vordem Maschinen arbeiteten. Nur die Roboter mit ihren Computern hockten funktionslos in irgendwelchen Ecken.

Während dieser Zeit wurde der Himmel über der Hauptstadt wieder klar und hell. Die Regierungsmitglieder waren gezwungen, auf ihre Urteile und Strafen zu verzichten. Sie begnügten sich damit, gut und böse zu unterscheiden und danach zu handeln. Und es ging ihnen gut damit.

Als die Stromversorgung wieder funktionierte, kehrten sie nicht mehr zu ihren alten Gewohnheiten zurück. Auf dem Stern, den Peterle besuchte, gibt es immer noch Bewohner, die sich um Pflichten, gute oder böse Taten nicht scheren. Aber ihre Mitbürger sehen darüber hinweg und ... in einen klaren und hellen Himmel.

Gut und böse ist eine Metapher für Menschen mit einem rigiden Über-Ich.

Der Zauberstab

„Es ist einsam auf dem Thron", sagte die Prinzessin. „Die Edlen des Landes, die um meine Hand anhalten, wollen nur an Reichtum und Macht teilhaben. Sie lügen, wenn sie beteuern, es sei aus Liebe, daß sie mich zu ihrer Frau begehrten."

Die Kunde, daß die Prinzessin jeden Freier abwies, hatte auch der Prinz vernommen, dessen Vater im Nachbarland herrschte. Da er die Prinzessin schon als Knabe geliebt und diese Zuneigung nie aufgegeben hatte, sann er lange nach, wie er es anstellen könnte, von ihr erhört zu werden. Als sich auch nach längerem Studium von gelehrten Büchern und alten Handschriften keine erfolgversprechende Idee einstellte, begab er sich in den Wald zu einem Einsiedler, dem große Weisheit nachgesagt wurde. „Mach sie sehen mit deinen Augen, hören mit deinen Ohren und fühlen mit deinen Händen", antwortete der weise Mann auf die Frage des Prinzen. Und er gab ihm einen Stab, der wirksame Kraft in sich barg. Etwas verwirrt von der Äußerung des Alten reiste der Prinz ins Nachbarland zum Schloß der Prinzessin. Als er vor sie hintrat, hatte er alle Worte, die er sich zurechtgelegt hatte, vergessen. „Wie schön du geworden bist!" entfuhr es seinem Munde. Und er beugte sich nieder, um ihre Hand zu küssen. „Spare deine Komplimente", erwiderte die Prinzessin erzürnt und entzog ihm ihre Hand. „Wie sollte ich dir Glauben schenken?"

„Zu diesem Glauben kann ich dir verhelfen", sprach daraufhin der Prinz. „Wenn du es wirklich willst." – „Natürlich will ich. Nur befürchte ich, daß du ein Scharlatan bist und mich täuschen willst." – „Überzeuge dich mit deinen eigenen Augen", sprach der Prinz. „Was sollen solche Worte?" fauchte die Prinzessin. „Mein Spiegelbild kenne ich, und darin erblicke ich keine Schönheit." – „Das will ich dir glauben", erwiderte der Prinz. „Nicht dein Spiegelbild sollst du betrachten, vielmehr dich selbst sollst du ansehen." – „Wie soll das geschehen?" fragte die Prinzessin verwundert. „Indem du aus dir heraustrittst und dich neben mich stellst. Folge nur der Spitze dieses Stabes, und dein Sehen, Hören und Fühlen wird deinen Körper verlassen und an meine Seite gelangen. So kannst du dich betrachten, vernehmen und fühlen, wie ich dich sehe, höre und fühle."

Die Prinzessin tat wie ihr geheißen und war voller Erstaunen. Vor sich sah sie eine anziehende Gestalt mit hellem Antlitz und großen Augen darin, umrahmt von blonden Locken, die in Wellen über die Schultern flossen. Diese Gestalt bewegte sich mit natürlicher Anmut, sie sprach mit klarer und warmer Stimme Worte, die geeignet waren, das Gemüt der Zuhörer sanft zu stimmen.

„Deine Worte waren aufrichtig", sprach daraufhin die Prinzessin zum Prinzen. „Und dein Zauber hat mich froh gemacht. Ich wünschte, ich könnte mich immer mit Augen sehen, mit Ohren hören und mit Händen fühlen, die nicht meine eigenen sind." – „Das kannst du", erwiderte der Prinz. „Und es ist gar nicht schwer. Schau in die Augen anderer Menschen, in ihrem Leuchten wirst du dich wiedererkennen. Und horche auf den Klang der Worte, mit dem andere Menschen deine Rede erwidern. Sie sind das Echo, in dem der Zauber deiner eigenen Sprache an dein Ohr zurückkehrt. Und fühle die Wärme, die dein Gruß in den Händen und im Antlitz der Menschen aufsteigen läßt. In ihr strahlt deine eigene Wärme zu dir zurück."

Von Stund an war die Prinzessin verwandelt. Da sie glaubte, ihr Glück dem Zauberstab des Prinzen zu verdanken, verwahrte sie ihn wie ein kostbares Kleinod in ihrer Schatzkammer. Ich habe diesen Stab später einmal in Händen gehabt. Es war eine einfache Weidenrute.

Der Zauberstab ist für einen Menschen mit starker negativer Selbsteinschätzung geschrieben und zielt auf die Bereitschaft, Rückmeldungen über die persönliche Wirkung auf andere anzunehmen.

Das Spiegelkabinett

Es war einmal ein kleiner Junge, der hieß Peter. Er war traurig, denn keiner hatte ihn lieb. Das lag wohl daran, daß er nicht so hübsch und lebhaft war wie die anderen Kinder, denen die Leute übers Haar strichen, Bonbons zusteckten oder sich über ihr munteres Spielen und Scherzen freuten. Peter zeigte nach außen hin keine Regung seiner Gefühle. Sein Gesicht blieb unbewegt, seine Augen matt, und es kam auch kein Lachen von seinen Lippen. Niemandem sagte er ein Wort über seine Trauer. Er galt darum als verschlossen, verstockt, ja grimmig, und manche Leute nahmen sogar an, es müßte Bosheit in ihm stecken, weil er nicht lachen, scherzen und spielen wollte wie die anderen Kinder. So schüttelten alle den Kopf über ihn. Sie richteten selten ein Wort an ihn und blieben ihm fern.

Darüber war Peter so voller Verzweiflung, daß es ihm die Brust sprengen wollte. Und bisweilen ging er in den Wald, versteckte sich im Dickicht, um seinen Schmerz auszuweinen.

Als er eines Tages wieder in seinem Versteck saß und weinte, fühlte er plötzlich, daß er nicht allein war. Verstört richtete er sich auf und schaute um sich. Da teilten sich die Zweige, und der alte Köhler trat zu ihm. „Was weinst du, Kind?" fragte er. Peter schaute in die Augen des alten Mannes. Da faßte er Vertrauen und erzählte. Der alte Mann schwieg, während Peter sprach, und er schwieg auch noch eine Weile, nachdem das Kind seine Rede beendet hatte. Dann wendete er sich ihm wieder zu und fragte: „Weißt du denn, was der Grund dafür ist, daß sie glauben, du seist verschlossen und verstockt, so daß sie dich meiden, statt deine Nähe zu suchen?" – „Ich glaube, es liegt daran, daß ich häßlich bin", antwortete Peter. „Soso", meinte der Alte. „Du glaubst, daß du häßlich bist." – „Ich glaube es nicht nur, ich weiß es", erwiderte Peter. Ich sehe in die Augen meiner Mitmenschen und erlebe, daß sie sich abwenden, also muß ich häßlich sein." – „Soso", meinte der Alte. Und immer noch unbeeindruckt von Peters Worten fragte er: „Hast du denn schon mal selber überprüft, ob du häßlich bist?" – „Du meinst im Spiegel?" fragte Peter. „Ja, im Spiegel", sagte der Alte. „Das kann ich nicht, in unserem Dorf gibt es keine Spiegel." – „Dann geh in die Stadt. Dort gibt es einen Jahrmarkt, und auf diesem Jahrmarkt findest du ein Spiegelkabinett. Dort geh hinein und betrachte dich. Dann wirst du selber erkennen, ob du häßlich bist."

Peter tat wie ihm geheißen. Am nächsten Tag brach er schon früh morgens auf, wanderte in die nahegelegene Stadt und fand auf dem Jahrmarkt das Spiegelkabinett. Mit klopfendem Herzen und gesenktem Blick trat er ein und stellte sich vor den großen Spiegel. Langsam überwand er seine Angst und hob den Blick. Er ließ ihn die Beine seines Spiegelbildes hinaufgleiten über seinen Gürtel hinweg, seine Brust und seinen Hals. Und dann erblickte er das Bild seines Gesichts und erschrak. Seine Augen blickten starr. Brauen und Stirn waren finster zusammengezogen. Die Nasenflügel bebten, und seine Lippen hielt er zu einem schmalen Strich zusammengepreßt. Eine Maske starrte ihm entgegen. Peter stürzte hinaus.

Vor dem Spiegelkabinett rannte er mit einem Mann so heftig zusammen, daß er hinfiel. Als er sich wieder aufrichtete, erkannte er, daß es der Alte war, der draußen auf ihn gewartet hatte. „Was hast du gesehen?" fragte er ihn. „Eine Fratze", schleuderte Peter ihm entgegen. „Die Leute haben recht, wenn sie mich meiden!" Der Alte schwieg und sah ihm lange in die Augen. Dann sagte er: „Du hast nicht richtig hingeschaut. Geh noch einmal hinein, und nimm dir viel Zeit, dein Gesicht genau zu studieren. Schau dich so lange an, daß du mir danach genau berichten kannst, wie die Linien in deinem Gesicht verlaufen. Geh hinein!"

Und Peter gehorchte den Worten des Alten, obwohl er nicht glaubte, beim zweiten Mal etwas anderes zu sehen, als er zuvor gesehen hatte. Er stellte sich vor den großen Spiegel und begann, sich die Linien seines Gesichts einzuprägen. Er zählte die waagerechten Furchen in seiner Stirn, prüfte die Tiefe der senkrechten Rillen über seiner Nasenwurzel, maß den Abstand zwischen seinen Augen, prägte sich deren Farbe ein und zählte die Falten, die diese umgaben. Als er gerade den Schwung seines Nasenrückens prüfte, bemerkte er ein Blitzen in seinen Augen. Überrascht stellte er fest, daß sie sich aufhellten. Ihr finsterer Ausdruck verschwand plötzlich, die Falten in seiner Stirn flachten ab, während er neue Falten sich bilden sah, dort, wo die Augen seitwärts endeten. Peter mußte plötzlich lachen. Und mit diesem Lachen glättete sich seine Stirn, seine Haut straffte sich. Blut schoß in die Wangen und ließ sie rosig aufleuchten. Seine Augen strahlten. Seine Lippen füllten und verzogen sich so, daß man sagen konnte, seine Ohren bekämen Besuch. Und Tränen rollten plötzlich aus seinen Augen und rannen über sein Gesicht. Aber es waren Freudentränen. Peter schaute in sein Spiegelbild und sah dort sein Antlitz sich wandeln, wie wenn ein Wunder geschähe. Voller Jauchzen stürzte er hinaus, um dem alten Mann seine Wandlung vorzuführen, ihm um den Hals zu fliegen und ihm zu danken. Aber der Alte war verschwunden.

Und er blieb verschwunden. Peter suchte lange Zeit den großen Wald nach ihm ab und fand nie wieder eine Spur von ihm. Aber die Botschaft des alten, weisen Mannes ging nie wieder verloren. Peter wurde nicht nur ein beliebter Mann und gesuchter Freund in seinem Dorf. Er wurde ein berühmter Maler in der Welt, dessen Bilder eine geheime Botschaft enthielten für jeden, der sie anschaute. Die gelehrten Kunsthistoriker haben oftmals versucht, die geheime Wirkung von Peters Bildern zu analysieren. Es ist ihnen aber bis heute nicht gelungen.

Das Spiegelkabinett ist für jemanden geschrieben, der sich selber für häßlich hielt und darüber traurig war.

Das kleine Reh und der Knabe

Einst wurde in einem tiefen schattigen Wald ein kleines Reh geboren, das war so neugierig, wie es unter so scheuen Tieren, wie Rehe es sind, selten vorkam. Dieses kleine Reh untersuchte alles, um es genau kennenzulernen. Es spielte nicht nur mit seinen eigenen Geschwistern, sondern auch mit anderen kleinen Tieren. Ja, sogar mit den Vögeln unterhielt es sich.

In dem Wald, in dem dieses kleine Reh lebte, gab es ein von Menschen bewohntes Haus. Das kleine Reh hatte natürlich, wie alle anderen Tiere des Waldes, erfahren, daß man nicht in die Nähe von Menschen gehen durfte. Das war gefährlich. Kein Tier, das sich in die nähere Umgebung von Menschen gewagt hatte, war zurückgekehrt. Die Menschen mußten sie auf irgendeine Art und Weise festgehalten haben.

Aber unser kleines Reh war zu neugierig. Eines Tages ging es zu dem Haus und traf einen Knaben, der war so hübsch und freundlich, daß das Reh sofort Vertrauen faßte und auf ihn zuging. Und der Knabe streichelte das Reh so liebevoll, daß es alle Warnungen vergaß und mit dem Knaben ins Haus ging. Der legte ein Seil um seinen Hals, liebkoste es, spielte mit ihm und erzählte ihm Geschichten aus dem Leben der Menschen. Es gab viele wunderschöne Dinge, die die beiden miteinander taten. Das kleine Reh war sehr glücklich.

Mit der Zeit aber beunruhigte es der Gedanke, daß es ein Seil um den Hals trug. „Ich habe meine Freiheit verloren", dachte es. „Das kann nicht gut sein. Ich bin doch ein Reh. Und ein Reh muß frei sein. Ich liebe den Knaben und freue mich, bei ihm zu sein. Aber was ist, wenn er sein Gefallen an mir verliert? Dann bin ich nur noch ein gefangenes Reh. Und was wird dann?"

Die Ratlosigkeit des kleinen Rehs hielt lange an. Bis eines Tages etwas Überraschendes geschah. Das kleine Reh hatte nie bemerkt, daß das Seil ganz locker um seinen Hals hing. Eines Morgens wachte es auf und sah das Seil neben seinem Kopf liegen. Es war frei. „Ich kann gehen", dachte es. „Ich kann zurück in die Freiheit des Waldes."

Aber es blieb. Und als der Knabe die Augen aufschlug, sprach das Reh zu ihm: „Ich könnte dich jetzt verlassen." Der Knabe war erstaunt und sprach: „Das hast du immer gekonnt. Denn das Seil habe ich dir nur umgelegt, damit die anderen Menschen sehen können, daß du ein zahmes Reh bist, und dir nichts antun. Aber wenn du gehen möchtest, kannst du gehen."

Von nun an war das kleine Reh mit seinem Knaben wieder glücklich. Und wenn sie nicht gestorben sind, so leben sie und lieben einander noch heute.

Das kleine Reh und der Knabe ist für eine Frau geschrieben, die Angst hatte, eine Liebesbeziehung einzugehen, weil sie befürchtete, darin die eigene Freiheit zu verlieren.

Wahre Wünsche

Es war einmal eine Prinzessin, die war von lieblichem Aussehen und freundlichem Wesen, so daß ein jeder sie gern hatte und sich freute, sie zu sehen. Die Eltern waren glücklich, eine solche Tochter zu besitzen, und sie waren stolz, als sie bemerkten, daß ihre Tochter neben ihrem lieblichen Aussehen und freundlichem Wesen auch noch einen klugen Verstand entwickelte.

Die Freude der Eltern wurde aber noch größer, als ihnen ein Sohn geboren wurde, der gleich der Tochter hübsch aussah, pfiffig war und schmeicheln konnte und ebenfalls wie seine Schwester sehr schnell Klugheit als eine starke Seite seines Wesens zeigte. Der Hofstaat und das Volk waren des Lobes voll über den kleinen Prinzen und erwarteten in ihm einen guten Herrscher für die Zukunft.

Auch die Schwester war über die Ankunft ihres Bruders voller Freude. Einen ersten schneidenden Schmerz über den Verlust der Aufmerksamkeit ihrer Umgebung hatte sie ganz schnell vergessen und liebte ihren Bruder um so inniger, je mehr alle anderen sein umgängliches und gefälliges Wesen und seinen gescheiten Verstand priesen. Ja, sein Wohlergehen war ihr so wichtig, daß sie alles darangegeben hätte, für sein Glück zu sorgen, wenn er nicht selber ein so hervorragender Schmied seines eigenen Glücks gewesen wäre. Es gab nur sehr wenige aufmerksame Beobachter am Hofe des Königs, die bisweilen verwundert waren, wenn sie nur manchmal und für einen verschwindend kurzen Augenblick Trauer in den Augen der Prinzessin aufschimmern sahen. Aber diese Trauer war so schnell wieder fort, daß sie meinten, sie müßten sich getäuscht haben.

Eines Abends im Herbst – die Prinzessin war schon zu einem jungen Mädchen herangewachsen – begegnete ihr im Wald eine Fee. Die schaute sie an aus klaren und hellen Augen und sprach zu ihr: „Drei Geschenke hat das Leben für dich bereit. Bedenke deine Wünsche gut. Wenn du einen getan hast, will ich kommen, um dir zu sagen, ob du gut gewählt hast." Mit diesen Worten verschwand die Fee in der Abenddämmerung.

Die Prinzessin hatte die Begegnung mit der Fee schon fast vergessen, als Vorbereitungen getroffen wurden für einen großen Ball am Hofe des Königs. Die Prinzessin bemerkte, wie ihr Bruder ganz aufgeregt war in Erwartung des großen Abends. Dreimal am Tage versammelte er die Hofschneider um sich, um seine festliche Robe anzuprobieren und verändern zu lassen. Stundenlang ließ er in seinen Räumen einen Musiker aufspielen, um sich im Schreiten, Drehen, Verneigen und Tanzen zu üben.

„Dieser Hofball muß sehr wichtig sein für meinen Bruder", dachte die Prinzessin, und ein warmes Gefühl von Liebe und Zuneigung stömte durch ihr Herz. „Ich will ihm mein erstes Geschenk darbringen. Ich wünsche mir, daß dieser Hofball ein rauschender Erfolg wird für meinen Bruder." Und mit freudigem Herzen lief sie in ihre Gemächer, um sich selber für den Ball anzuziehen und zurechtzumachen.

Da gellte ein Schrei durch die Flure des Schlosses. Der Prinz war gestürzt und hatte sich einen Arm gebrochen. Das Fest konnte nicht mehr abgesagt werden. Die Tänze mußten ohne ihn stattfinden. Mit verbundenem und geschientem Arm saß der Prinz traurig neben seinem Vater und schaute den muntern Tänzen zu. Aber die Prinzessin flog von einem Arm in den anderen. Sie tanzte wie eine Elfe, und alle klatschten Beifall und murmelten hinter ihren Fächern, wie schön sie doch sei und daß sie wohl einen vornehmen Bräutigam finden werde.

In der Nacht, bevor sie einschlief, trat die Fee an ihr Bett. Überrascht fuhr die Prinzessin hoch aus ihren Kissen. „Du hast ein falsches Versprechen abgegeben", sagte sie. „Den Erfolg habe ich für meinen Bruder gewünscht, nicht für mich." – „Du irrst", sprach die Fee. „Nicht ich habe ein falsches Versprechen abgegeben, du hast einen falschen Wunsch getan. Ich habe deinen wahren Wunsch erfüllt, indem ich deinem Bruder eine Bananenschale vor die Füße geworfen habe. Das nächste Mal bedenke deine Wünsche besser." Mit diesen Worten verschwand sie wieder.

Die Prinzessin war bestürzt. Sie überprüfte ihr Gewissen, ob da etwa ein böser Gedanke gegen ihren Bruder vorhanden sei. Sie konnte keinen finden. Allerdings konnte sie sich nicht mehr verhehlen, daß ihr Herz voll jauchzender Freude war über ihren eigenen Erfolg auf dem Ball.

Diese Gedanken bewegten die Prinzessin lange und waren noch nicht ganz aus ihrem Sinn verschwunden, als sie erneut Anlaß hatte, einen Wunsch zu tun. Das ganze Volk und vor allem der Hofstaat waren in heller Aufregung über die bevorstehende Hochzeit des Prinzen mit einer lieblichen, freundlichen und wohlhabenden Braut. „Eine glückliche Ehe ist das Wichtigste im Leben eines Menschen", dachte die Prinzessin. „Ich sollte meinen zweiten Wunsch verwenden, um meinem Bruder dieses Geschenk zu seiner Hochzeit zu machen." Aber die Prinzessin zögerte, bevor sie den Wunsch aussprach. Sie fragte sich, ob dieser Wunsch wahr sei oder ob von ihm erneut ein unheilvolles Ereignis für den Bruder zu erwarten sei. Obwohl sie einen Hauch von Zweifel über die Wahrheit dieses Wunsches nicht ganz beschwichtigen konnte, war sie doch sicher, dem Bruder kein Unheil zu wünschen. Deshalb sprach sie die zauberwirkenden Worte und wartete auf dessen Resultat.

Da ertönten Posaunen und Trompeten. Ein Prinz aus fernen Landen mit seinem Gefolge traf ein. Die Kunde von der schönen Prinzessin war bis zu ihm gedrungen. Und er war gekommen, um sie zu freien. So fand eine Doppelhochzeit statt. Am Abend der Hochzeit trat wieder die Fee an das Bett der jungen Frau. Und die Prinzessin erhob sich aus den Kissen und sprach: „Ich weiß, was du sagen willst. Ich habe wieder einen unwahren Wunsch getan, und du hast meinen wahren Wunsch erfüllt. Ich danke dir, daß du mein Herz besser kennst als ich selber. Aber ich bin auch froh, daß meinem Bruder durch meinen Wunsch kein Mißgeschick widerfuhr." – „Gerade weil ich dein Herz kenne", antwortete daraufhin die Fee, „wird deinem Bruder kein Leid geschehen. Aber das nächste Mal wähle richtig." Mit diesen Worten verschwand sie wieder.

In der Nacht lag die Prinzessin lange wach und sann nach. Sie versuchte zu ergründen, welcher der Wünsche, die durch ihren Sinn glitten, wohl ein wahrer Wunsch sein könnte. Lange noch kreisten ihre Gedanken um ihren Bruder, aber sie überlegte bereits, daß ein wahrer Wunsch zumindest auch etwas für sie selber bedeuten müßte. Dann wurde ihr klar, daß bei den ersten beiden Wünschen deren Wahrheit immer darin bestanden hatte, für sich selber zu bekommen, was sie für ihren Bruder verlangt hatte. Es war also das Gegenteil von dem, was sie ausgesprochen hatte. Bei diesem Gedanken hüpfte ihr Herz. Dieses Mal wollte sie für sich verlangen, was sie ihrem Bruder zu schenken begehrte. Und sie sprach aus: „Ich möchte reich sein!"

Die Prinzessin und ihr Gemahl waren noch nicht abgereist, da kam Kunde aus dem Heimatland ihres Gemahls. Man hatte in den Bergwerken Gold gefunden von unermeßlichem Wert. Und diese Berge hatte ihr Gemahl seiner jungen Frau als Morgengabe dargebracht. Am Abend dieses Tages trat wieder die Fee an das Bett der Prinzessin: „Ich weiß", sagte diese, „mein letzter Wunsch war ein wahrer Wunsch, obwohl ich ihn nicht so gemeint hatte. Aber ich habe noch eine Frage: Kann ich von meinem Reichtum meinem Bruder geben?" – „Natürlich kannst du das. Wenn du dafür gesorgt hast, daß du reich bist, kannst du reichlich geben." Mit diesen Worten verschwand sie für immer.

Wahre Wünsche ist für ein Kind geschrieben, das die Geburt eines Geschwisters über „Altruismus" zu bewältigen versuchte.

Der gute Geist

Diese Geschichte, von der ich erzählen will, trug sich vor mindestens 500 Jahren zu, als unser Land noch von großen Urwäldern bedeckt war, als es noch Sümpfe und Ödländer gab, die kaum eines Menschen Fuß betreten hatte. Die meisten Bewohner lebten in Dörfern, die man nur auf schmalen Wegen erreichen konnte, und erst wenige Städte waren erbaut worden an Handelsstraßen und Flüssen, dort, wo das Wasser flach und Übergang möglich war. In dieser Zeit zu reisen war wenig bequem und nicht ohne Gefahr. Wer Gold besaß, mußte sich in Reisewagen auf holprigen Wegen oder auf dem Rücken von Pferden durchschütteln lassen. Wer nur wenige Heller sein Eigen nennen konnte, den trugen seine Füße, bis sie heiß und des Abends geschwollen waren und schmerzten.

Der große Krieg war noch nicht lange vorüber, als Peter, ein Schneidergeselle, nach 5 Jahren Lehre bei seinem Meister, auf Wanderschaft ging. Bei sich trug er nur ein paar Groschen und ein Bündel, das er sich an einem Stock baumelnd über die Schulter gelegt hatte. Peter war ein Handwerksbursche mit lachenden Augen, das Gesicht mit vielen braunen Flecken besprenkelt. Ein blonder Haarschopf, der sich jedem ordnenden Zugriff eines Kammes widersetzte, fiel ihm in Locken in den Nacken. Mit federnden Schritten ging er dahin, seine Augen suchten den Weg vor ihm ab, wie er sich durch Felder und Wälder schlängelte, streiften über den Horizont oder folgten den Wolken. Er lauschte dem Wind, wie er sich in den Baumwipfeln verfing, prägte sich die Melodie der Vögel ein und hörte bisweilen sich selber zu, wenn er ein Lied vor sich hin pfiff, um seine Brust von der Freude zu befreien, die ein sonniger Tag übermächtig in ihr erregt hatte.

Peter war auf dem Weg in eine ferne Stadt zu einem Meister, den sein Lehrherr gekannt hatte, als er selber noch Geselle war. Für den hatte er ihm einen Brief mitgegeben, der den Überbringer als einen gescheiten, phantasievollen, begabten und zuverlässigen Schneidergesellen empfahl. Bis zu seinem Ziel hatte Peter aber noch viele Wochen zu wandern, obwohl es so weit gar nicht war. Aber da er nur einige Groschen bei sich hatte, würde er unterwegs von Zeit zu Zeit Arbeit suchen müssen, um Brot und Wurst für den weiteren Weg zu haben. Er hatte gerade eben die Ausläufer eines Mittelgebirges erreicht. Die Sonne brannte vom Himmel und trieb Schweißperlen auf seine Stirn, die die Wangen hinunterrannen und sein Halstuch durchfeuchteten. Peter war trotz der Hitze guten Mutes und pfiff lustig vor sich hin. Denn in der Ferne sah er den Weg in einem Wald verschwinden, der lindernden Schatten und Kühle versprach und die Erwartung wachrief auf einen Trunk frischen Wassers. Peter hörte bereits die Quelle sprudelnd rauschen, hüpfte vor Freude und beschleunigte seinen Schritt.

Da kam ihm auf seinem Wege ein Ochsengespann entgegen, mit schwerem Gang geführt von einem Knecht. Dessen Stirn war finster zusammengezogen. Sein breites Kreuz, grobe Knochen und starke Fäuste ließen Peter bange werden. „Sei still", sagte seine innere Stimme und höre auf mit deinem Gehüpfe. „Der da vor dir ist Frohsinn nicht gewohnt. Er könnte denken, du machst dich über ihn lustig. Und er könnte sich veranlaßt fühlen, dich durchzuhauen." Und Peter hielt ein mit seinen Schritten, hörte auf zu pfeifen, setzte eine ruhige Miene auf, grüßte und ließ Ochsengespann samt Knecht an sich vorüberziehen.

So schritt er eine Weile vor sich hin, bis ein Sonnenstrahl sich in eines seiner Nasenlöcher verirrt hatte, so daß Peter niesen mußte. Da fiel ihm wieder sein munterer Sinn ein, und er tat einen Luftsprung und pfiff erneut den Lerchen zu, die sich in die Höhe schwangen und voller Heiterkeit zurückträllerten.

Am Abend kam Peter in die Nähe eines Hofes. Und er sagte bei sich, hier will ich um ein Nachtlager bitten. Als er den Bauern aus dem Scheunentor treten sah, befahl ihm seine innere Stimme: „Zieh die Mütze, neige den Kopf und entbiete dem Bauern einen freundlichen Gruß, damit er dich nicht für einen aus dem fahrenden Volk hält und befürchtet, du könntest seine Hühner aus dem Stall und seine Kleider von der Wäscheleine stehlen. Auf daß er nicht den Hofhund von der Kette läßt, der dich fortjagt und du keine Bleibe für die Nacht hast."

Peter tat und sprach, wie ihn die innere Stimme geheißen. Und er bekam Unterkunft für die Nacht und am Morgen ein Stück Speck und einen Viertel Laib Brot als Wegzehrung. Er verließ seinen Wirt mit Dank und respektvoller Verbeugung.

Am nächsten Tag begegnete er, bis die Sonne im Zenit stand, keinem Menschen. Der Weg war jetzt etwas beschwerlicher. Es ging bergauf und bergab. Dafür verlief der Weg aber zumeist im Schatten. Als die Sonne ihren höchsten Stand erreicht hatte, ließ Peter sich unter einer hohen Buche im Gras nieder, aß seine Wegzehrung, trank frisches Wasser aus einem Bach und streckte sich dann zu einem kurzen Schlummer aus. Er hatte jedoch kaum die Augen geschlossen, als er Pferdegetrappel hörte und das rasche Rollen eines leichten Reisewagens. An der nächsten Wegbiegung sah er eine Kutsche auftauchen, von zehn Reitern eskortiert. „Versteck dich", raunte seine innere Stimme ihm zu. „Da kommt ein hoher Herr mit einer Ritterschar. Er könnte dich für einen Hund ohne Herrn halten und Lust bekommen, dich von seinen Schergen einfangen zu lassen. Dann mußt du auf seinen Feldern oder in seinen Ställen für hartes Brot Frondienste leisten."

Seiner inneren Stimme rasch gehorchend, konnte Peter sich gerade noch rechtzeitig in dichtes Gebüsch flüchten, als die Kutsche und die Reiter heran waren und an ihm vorüberzogen. „Das ist gerade noch mal gut gegangen", verlautete die Stimme in ihm. Peter holte tief

Luft und lockerte seine von Schrecken verspannten Muskeln. „Leg dich lieber nicht nochmals schlafen, du könntest sonst überrascht werden", sagte die Stimme in ihm. Und Peter machte sich auf.

Am Rand des Waldes angekommen, durch den er den ganzen Tag gewandert war, blickte er auf eine Stadt, die am Ufer eines Flusses im Tale lag und von einer Mauer umgeben war. Dort will ich für ein paar Tage Arbeit suchen, nahm Peter sich vor und beeilte sich, denn er mußte vor Anbruch der Dunkelheit ein Quartier für die Nacht finden, und die Groschen in seinem Säckel reichten nicht mehr, in einem Gasthaus nach Brot und einem Lager zu fragen.

Bevor er das Stadttor erreicht hatte, sah er im Schatten des Torbogens einen Gendarmen sitzen, dessen Aufgabe es zu sein schien, die Passanten einer Kontrolle zu unterziehen. „Geh ordentlich, wisch dir mit dem Tuch den Staub aus dem Gesicht, daß du nicht schwarz aussiehst. Grüße ehrerbietig und halte dich gerade dabei, auf daß der Gendarm dich nicht für einen aufmüpfigen Gesellen hält, der fliegende Blätter verteilt und Unruhe unters Volk trägt. Er könnte sonst auf den Gedanken kommen, daß der Kerker der beste Ort sei, um dich für die Nacht aufzunehmen." Peter tat, wie ihn die Stimme geheißen, und der Gendarm ließ ihn passieren.

Die Stadt war klein und hatte schmale Gassen. Am Marktplatz traf er Leute, die ihm freundlich den Weg zum Hause der Schneiderzunft wiesen, wo er Unterkunft und Arbeit zu finden hoffte. Dort angekommen ergriff er den Knauf der Tür, um sie zu öffnen, als seine innere Stimme ihn anherrschte: „Zieh die Mütze! Öffne leise die Tür! Tritt mit bescheidener Miene ein! Wenn du einen Meister erblickst, verneige dich tief, und sei respektvoll in deiner Rede. Heiße alles gut, was er äußert! Unterlasse jede Widerrede! Lobe den Herrn, halte dich zurück, und wenn dir etwas nicht gefällt, sei nicht vorlaut. Und solltest du etwas besser wissen, laß es die Oberen nicht merken, sie würden es dir verübeln."

Peter betrat das Zunfthaus und tat, wie die innere Stimme ihm geheißen. Und wieder einmal sollte es sich zeigen, daß sie recht gehabt hatte. Peter fand Quartier, ein leckeres Abendmahl mit frischem Brot, Schinken und Bier. Arbeit gab man ihm für drei Tage zu einem Lohn, mit dem er eine Woche würde weiter wandern können.

Nachdem er die gastliche kleine Stadt wieder verlassen und einen ganzen Tag gewandert war, kam er in eine einsame Gegend. Es waren schon einige Stunden vergangen, seit er das letzte Dorf hinter sich gelassen hatte, und nichts deutete darauf hin, daß er bald wieder auf eine menschliche Behausung treffen könnte. Es dunkelte bereits, als Peter ein Licht zwischen den Bäumen schimmern sah. Mutig schritt er darauf zu. Es war eine Köhlerei. Und sie war auch nicht weit entfernt von der nächsten Ortschaft. Aber Peter nahm die Einladung der

Köhlersfrau an, das Abendbrot mit ihr und ihrem Mann zu teilen und dann am offenen Feuer sich zum Schlaf zu legen.

Während er auf einem Schemel am Feuer saß, schaute er der Köhlersfrau zu, wie sie verschiedene Kräuter und Wurzeln reinigte, schnitt, raspelte oder kochte und dann in verschiedene Töpfe und Flaschen abfüllte. „Was machst du da?" fragte Peter. „Ich bereite Medizin für kranke Menschen und Tiere", erwiderte die Köhlersfrau. „Dieses hier ist gegen Gicht, jenes gegen Fieber, das dort lindert geschwollene Glieder, und dieses läßt Wunden rascher heilen." – „Und wofür ist dieses gut?" fragte Peter und deutete auf eine kleine schwarze Wurzel, die vor ihm auf dem Tisch lag. „Das ist ein Wundermittel", sagte die Köhlersfrau. „Wer von dieser Wurzel ißt, kann die Stimmen der Geister hören, die um sein Haupt kreisen." Peter gruselte es. „Ist das gefährlich?" fragte er. „Nein", antwortete die Köhlersfrau. „Gefährlich nicht, aber es kann unangenehm sein. Denn manche Menschen werden von bösen Geistern begleitet und werden ihres Lebens nicht mehr froh, wenn sie denen den Mund nicht mehr verbieten können." – „Könnte ich auch von bösen Geistern begleitet sein?" fragte Peter. Die Köhlersfrau sah ihm eine Weile in seine Augen und sagte dann. „Nein, ich glaube nicht, daß du so etwas zu befürchten hast."

Als Peter am nächsten Tag seinen Gastgebern gedankt und sich auf den Weg gemacht hatte, befühlte er in der Tasche seiner Hose ein Stück von der Wurzel, die der Köhlersfrau am Abend vom Tisch gefallen und vor seine Füße gerollt war. Er hatte die Wurzel aufgehoben und in seiner Hand verschlossen, um darüber nachzusinnen, ob er sie behalten wollte. „Gib sie sofort zurück!" hatte die innere Stimme im selben Augenblick losgeschimpft. „Oder willst du ein Dieb werden?" Peter war daraufhin das Blut in den Kopf geschossen. Aber er öffnete seine Hand nicht. Das war das erste Mal, daß er der inneren Stimme zuwidergehandelt hatte.

Jetzt holte er das Stückchen Wurzel aus seiner Tasche, besah es und fühlte mit seinen Fingerspitzen die Oberfläche. „Wirf sie weg!" befahl seine innere Stimme. „Sie bringt Unheil! Du hast doch die Worte der Köhlersfrau gehört."

„Stimmt nicht", sagte Peter. „Sie hat gesagt, daß sie glaubt, ich hätte nichts zu befürchten." Und er schob die Wurzel zwischen seine Zähne, kaute sie langsam durch und schluckte sie dann hinunter. Dann wartete er, daß etwas geschähe. Aber es geschah nichts, außer daß seine innere Stimme mit wütendem Toben begann, dann verzweifelte Klagen ausstieß, denen enttäuschtes Gejammer folgte, das in kleinlautem Murren endete. Peter hatte ihr nämlich zum ersten Mal widersprochen und sie dann angeherrscht, stille zu sein, um mit ihm zusammen auf das weitere Geschehen zu warten.

Als es um ihn herum stumm blieb, wanderte Peter weiter. Aber er horchte. Den ganzen Tag marschierte er über staubige und steinige Wege, sprang zuweilen über Pfützen, überquerte Bäche und Flüsse und horchte. „Bei dir funktioniert es nicht", meldete sich nach langer Zeit enttäuschten Schweigens seine innere Stimme wieder. „Wohl funktioniert es!" antwortete darauf eine andere Stimme. „Ätsch!" Peter rieselte ein Schauer über den Rücken. Da war eine andere Stimme. Sie mußte von einem Geist stammen, der um ihn war. „Wessen Stimme bist du?" fragte er. „Deine eigene!" kam als Antwort zurück. „Aber ich habe doch schon eine Stimme", erwiderte Peter. „Das ist nicht deine eigene. Die Stimme, die du bisher gehört hast, ist die Stimme, mit der deine Eltern und dein Lehrmeister, dein Priester und der alte weise Isidor zu dir sprechen. Ich bin deine eigene Stimme. Ich bin schon lange um dich und habe versucht, mich bemerkbar zu machen. Aber du hast mich nicht gehört. Erst jetzt, nachdem du einen ganzen Tag geschwiegen und aufmerksam gehorcht hast auf etwas, was du noch nicht kanntest und zu erkennen nicht gewagt hast, habe ich an dein Ohr dringen können. Ab jetzt werde ich mitsprechen immer dann, wenn du dich entscheiden mußt, etwas zu tun oder zu lassen, und wenn es darum geht, zu beurteilen, ob etwas, was du tatest, auch wohlgetan war."

In Peter kam eine große Freude auf. Seine Brust weitete sich wie von einschnürenden Ketten entfesselt. Er richtete seinen Oberkörper auf wie von drückender Schwere entlastet. Er hob seinen Kopf wie von einengendem Gehorsam befreit und ließ seine Augen frei über den Horizont schweifen. Es war zwar alles noch so, wie es zuvor gewesen. Aber Peter sah mit anderen Augen auf die nahen und fernen Dinge um ihn herum. „Ich freue mich, daß ich dich jetzt hören kann", sagte er zu der neuen Stimme. „Und ich verspreche dir, immer mit dir zu reden, wenn ich etwas tun oder mich vergewissern will, ob ich richtig gehandelt habe." Und fröhlich machte er sich auf den weiteren Weg, pfiff und hüpfte bisweilen, wie er es schon immer zu seiner eigenen Freude getan hatte.

Da kam ihm auf seinem Weg ein Ochsengespann entgegen, geführt von einem Knecht, dessen Größe und Statur dem ähnelte, dem Peter vor ein paar Tagen begegnet war. Auch war seine Stirn so finster zusammengezogen, daß erneut Furcht in Peters Gemüt zog. Sogleich hob seine alte Stimme an, ihn vor der Begegnung zu warnen, und empfahl ihm wieder, stille zu sein und ruhig an ihm vorüberzugehen. „Schau doch erst mal genau hin", meldete sich jetzt aber die neue Stimme zu Wort. „Und überprüfe, ob seine zusammengezogene Stirn wirklich Feindseligkeit bedeutet. Er könnte doch auch bloß müde sein vom langen Weg und würde sich freuen, an deinem Frohsinn teilzuhaben." Und Peter beschloß, dem Rat der neuen Stimme zu folgen, bevor er sein Verhalten ändern wollte. Und er ließ den Knecht näher kommen und schaute mit offenem Auge aufmerksam in sein Gesicht. Dieses klärte sich auf, als der Knecht Peter wahrnahm. Und er hielt sein Gespann an, um ihn freundlich zu grüßen und zu befragen, woher er komme und wohin er wolle. Und da es gerade Zeit für eine Rast war, setzten sie beide sich in den Schatten des Wagens, teilten Brot, Wurst und Bier miteinander, sprachen über dies und das und schieden mit guten Wünschen für die Zukunft.

„Du hast recht gehabt", sagte Peter zu der neuen Stimme, als er sich wieder auf den Weg gemacht hatte. „Ich freue mich, daß ich diesmal anders gehandelt habe." Und er war dessen noch eingedenk, als er des Abends den Hof eines Bauern betrat, um einen Platz im Stroh für die Nacht zu erbitten. Als er den Bauern aus dem Scheunentor treten sah, befahl ihm die alte Stimme wie gewohnt. Peter aber wandte sich an die neue Stimme und fragte, was sie zu der Situation meine. „Mir scheint, deine alte Stimme hat dir dieses Mal gut geraten. Der Bauer schaut mißtrauisch drein, wie du sehen kannst. Er weiß nicht, für wen er dich halten soll. Zeige ihm Respekt, und trage deine Bitte bescheiden vor, dann wird er den Hund an der Kette und dich unter sein Dach ins Stroh lassen."

Auch dieses Mal wurde Peter aufgenommen. Man gab ihm zu essen und des Morgens ein Stück Brot mit als Wegzehrung. Und als die Sonne wieder im Zenit stand und die Mittagshitze am drückendsten war, wollte er sich wiederum unter einer großen Buche am Wegesrand niederlassen, um sein Brot zu verzehren und sich daraufhin für einen kurzen Schlummer niederzulegen. „Du wirst doch die Erfahrung, die du vor ein paar Tagen des Mittags gemacht hast, nicht vergessen haben", meldete sich die neue Stimme. „Wie schnell sind Reiter heran und können dich überwältigen. Wenn du also schlafen willst, leg dich an einen Ort, an dem du unentdeckt bleibst." Peter erkannte, daß die Stimme recht hatte, und handelte danach.

Am Abend stand er wieder vor den Toren einer kleinen Stadt und bemerkte den Gendarmen in einem Schilderhaus, der die Wanderer, die Einlaß begehrten, in Augenschein nahm. Schon wollte seine alte Stimme ihn anweisen, den Staub von seinem Gesicht zu wischen, um nicht für einen aufmüpfigen Gesellen gehalten zu werden, als die neue Stimme ihm vorschlug, den Gendarmen freundlich zu grüßen, ihm mitzuteilen, wer er sei, von wo er komme und wohin er wolle, um ihn dann zu fragen, ob er wohl für ein paar Tage Arbeit finden könne in der Stadt, bevor er weiterziehe. Der Gendarm trat ebenfalls freundlich auf ihn zu, und nachdem Peter seine Rede beendet hatte, reichte der Gendarm ihm ein Tuch, damit er den Schweiß von seiner Stirn wische. Und er wies Peter den Weg zum Haus der Schneiderzunft und gab ihm gute Wünsche mit.

„Gut gehandelt", sagte die neue Stimme, als Peter das Tor durchschritten hatte und die Gassen zum Haus der Schneiderzunft hinaufging. Und ohne sich lange mit seinen Stimmen über sein weiteres Verhalten zu beraten, klopfte er an die Tür und wurde von einem Gesellen eingelassen. Drinnen saßen die Schneidermeister der Stadt und ihre Gesellen an einem runden Tisch beim Bier. Ihr Ältester hieß ihn nähertreten und fragte nach seinem Begehren. Artig und respektvoll gab Peter Auskunft, von wo er komme, wer sein Lehrmeister gewesen, welche besonderen Künste der ihn gelehrt hatte und wohin er auf dem Wege sei. Er wurde geladen, sich zu ihnen zu setzen. Man reichte ihm Brot, Schinken und Bier. „Du kannst bei mir arbeiten, solange du Lust hast", sagte der Älteste, dem Peter gefallen hatte.

Und am nächsten Tag saß er in der Schneiderwerkstatt zusammen mit anderen Gesellen und nähte. Seine neue Stimme setzte ihm gerade auseinander, wie gut er sich am Abend verhalten habe, auch ohne sich vorher darüber Gedanken zu machen, als er bemerkte, daß in dieser Stadt die Hosen noch nach den alten Mustern zugeschnitten wurden. Peter hatte diese Schnitte auch noch gelernt. Aber seit zwei Jahren waren von Italien Schneider über die Alpen gewandert und hatten die süddeutschen Schneider gelehrt, wie man eng ansitzende, aber trotzdem bequeme Hosen zuschneidet. Peters Lehrherr war einer der ersten gewesen, die diese neue Mode übernommen hatten. „Du weißt, du sollst nichts besser wissen als dein Meister", mahnte die alte Stimme, als sie bemerkte, daß Peter Lust verspürte, sein Wissen weiterzugeben. „Dein Arbeitgeber könnte es dir übelnehmen." – „Du redest Unsinn", sagte die neue Stimme. „Er wird glücklich sein, wenn er von der neuen Zuschneidekunst erfährt und damit seinen Kunden bessere Hosen anbieten kann. Sprich nur erst mit ihm allein." Peter entschied sich, nach den Worten der neuen Stimme zu handeln. Der Erfolg war groß. Sein Arbeitgeber begriff sofort die Vorteile der neuen Mode und ließ alle neuen Hosen nach dem modernen Schnitt anfertigen. Dadurch wurde er in kurzer Zeit sehr wohlhabend. Er vergaß jedoch nicht, daß er seinen Erfolg Peter zu danken hatte. Und da er keinen Sohn, sondern nur eine Tochter hatte, bestimmte er Peter zu seinem Nachfolger als Zunftmeister und Erben. So hatte Peter mit einem Schlag alles, was es für ihn auf der Welt zu erringen gab. Denn auch eine liebe Frau fand er in der Tochter des Meisters. Es war die neue, seine eigene Stimme, die ihn zu dem gemacht hatte, was er jetzt war.

Allerdings fiel der Rat der neuen Stimme nicht immer zu Peters Erfolg aus. Manches Mal überzeugte sie ihn, für die Änderung bestimmter Zunftregeln und kommunaler Gesetze einzutreten. Peter strebte danach, daß die Prügelstrafe abgeschafft würde und Waisenkinder eine Ausbildung in einem Handwerksberuf erhalten könnten. Auf solche Dinge wollte sich der Stadtrat jedoch nicht einlassen. Dennoch war Peter zufrieden mit seinem Handeln, konnte er sich doch mit seiner neuen Stimme darüber verständigen, daß sein Bestreben eines ehrbaren Mannes würdig war.

Nur eines war noch nicht in Ordnung. Nachdem er schon einige Wochen verheiratet war, machte seine Frau sich Sorgen über Peters Angewohnheit, bisweilen laut mit sich selber zu reden. Sie ging also zu der Köhlersfrau im nahen Wald und fragte nach einem Mittel dagegen. Die Köhlersfrau bemerkte bald, über wen die Frau sprach, und freute sich, daß das Wurzelstück, das sie unbemerkt vor Peters Füße hatte rollen lassen, seine Wirkung getan hatte. „Wenn's weiter nichts ist", sagte sie. „Da gibt es ein gutes Mittel. Du mußt ihn nur kräftig erschrecken. Zieh ihm des Nachts, wenn er schläft, die Decke vom Leib und schütte einen Eimer kalten Wassers über ihn, und er wird fortan nicht mehr laut mit sich reden."

Peters Frau tat wie ihr geheißen. Und seit dem Tag an bewegten sich Peters Lippen nicht mehr, wenn er allein war, und kein Laut kam von ihnen. Damit aber war die neue, seine eigene Stimme, nicht zum Schweigen verurteilt. Nein, im Gegenteil, sie war, weil sie Wasser nicht abkonnte, in Peters Brust geschlüpft. Und da blieb sie jetzt und redete innerlich zu ihm, wie er ab jetzt innerlich zu ihr redete.

Daß Peter weiterhin mit seinen Stimmen sprach, konnte ein aufmerksamer Beobachter daran erkennen, daß seine Augen sich häufig hin und her bewegten, und manchmal blitzten sie auf. Dann hatte er eine neue Idee.

Der gute Geist thematisiert das Problem, sich von den Normen der Eltern abzulösen.

Der Knabe und das Pony

Ein Knabe, der eine Last trug, traf ein Pony. Da beide Wohlgefallen aneinander fanden, beschlossen sie, ihren Weg gemeinsam zu gehen. „Du bist so stark", sagte der Knabe nach einer Weile einträchtigen Beisammenseins. „Du kannst mir helfen. Nimm eine Weile die Last, die ich trage, auf deine Schultern, dann kann ich mich ausruhen."

Das Pony ließ sich willig die Last auflegen, und beide schritten eine lange Zeit wohlgemut nebeneinander her. Doch langsam begann die Last das Pony zu drücken. „Nun trage du sie wieder", bat es den Knaben. Der zeigte Erstaunen. „Wie ist es möglich, daß du die Last überhaupt fühlst, wo du doch so viel stärker bist als ich?" sagte er.

Beschämt schwieg das Pony, und sie wanderten weiter. Nach einer Weile fühlte das Pony wieder das schwere Gewicht auf seinem Rücken, und es erinnerte sich daran, daß der Knabe anfangs darum gebeten hatte, ihm „eine Weile" zu helfen. „Du bist jetzt wieder dran", sprach es zum Knaben. „Denn erinnere dich, wir wollten die Last im Wechsel tragen." – „Davon war keine Rede", erwiderte der Knabe. „Du enttäuschst mich. Ich hatte gedacht, du würdest mir aus Liebe helfen wollen. Nun sehe ich, daß ich mich geirrt habe." – „Ich liebe dich ja", sagte daraufhin das Pony, und es schämte sich, überhaupt geredet zu haben. Es nahm sich vor, von nun an zu schweigen und keine Schwäche mehr zu zeigen.

Aber die Last begann wieder zu drücken und immer heftiger zu drücken. Das Pony biß die Zähne zusammen, daß die Tränen ihm in die Augen traten. Dann nahm es all seinen Mut und sagte zum Knaben. „Verzeih mir, aber es ist nicht, daß ich dich nicht liebe, es ist die Last, die mich drückt, so daß mir das Gehen schwerfällt. Ich könnte sie doch vielleicht eine Weile abladen und mich erholen." – „Stell dich doch nicht so an!" sagte daraufhin der Knabe. „So schwer ist sie doch gar nicht, das weiß ich genau. Ich habe sie immerhin viele Jahre getragen und keinen solchen Lärm gemacht wie du."

Bestürzt schwieg das Pony wieder und überlegte, ob der Knabe nicht vielleicht doch recht hatte. Und es sammelte seine Kräfte und siehe da: Es ging wieder leichter! Aber nicht lange, da begann die Last so zu drücken, daß das Pony weiche Knie bekam und zu stolpern begann. „Verzeih, daß ich nochmals auf die Last zurückkomme, aber du mußt mir glauben, ich kann nicht mehr, du mußt mir helfen." – „Ja, du machst es ja auch ganz falsch! Du mußt die Last weiter in den Rücken nehmen, dann kann sie dich nicht mehr drücken." Und er half, sie zu verschieben.

Beide gingen weiter. Aber die Lieder, die sie früher gemeinsam gesungen hatten, waren verstummt, und auch die Gedanken, die sie ausgetauscht hatten, blieben ungesprochen. Schweigend marschierten sie nebeneinander her. Traurigkeit schlich in das Herz des Ponys.

„Es ist Unrecht von ihm, mich so zu belasten", sagte es zu sich. „Warum versteht er nicht, daß er mir das nicht antun darf? Wenn unsere Freundschaft nicht zerbrechen soll, müssen wir einen Weg finden, anders mit der Last umzugehen." Und es nahm allen Mut zusammen, um diese Gedanken seinem Gefährten mitzuteilen. „Ich bin entsetzt", erwiderte daraufhin der Knabe. „Was kann ich dafür, daß du so schwach bist. Denk doch mal darüber nach, wie das kommt, daß du, der du schließlich von der Natur zum Lastentragen bestimmt bist, mit dieser kleinen Aufgabe nicht fertig wirst! Da stimmt doch mit dir etwas nicht! Außerdem halte ich es nicht mehr aus, wegen dieser Last von dir immer wieder unter Druck gesetzt zu werden. Kein Tag vergeht, ohne daß du mir diese leidige Last unter die Nase reibst! Wie soll ich das eigentlich aushalten? Ich bin schon so verzweifelt, daß ich nicht mehr aus noch ein weiß."

Nach dieser Rede war das Pony wie betäubt. Und um wieder zu sich zu kommen, lief es in den Wald und versteckte sich im Gebüsch. Dort weinte es so lange, bis wieder Ruhe in seine Brust kam. Dann begann es erneut nachzudenken. „Du bist ganz verzweifelt", hörte es eine piepsige Stimme. „Ja", sagte es und schaute um sich. Im Geäst entdeckte es ein Rotkehlchen, das es mit großen klaren Augen ansah. „Gegen Verzweiflung weiß ich ein Mittel", zwitscherte das Vögelchen. „Genau vor deinen Füßen wächst das Kraut der Weisheit, du trittst beinahe drauf. Wenn du davon nimmst, wirst du wissen, was du zu tun hast, und du wirst auch die Kraft haben, danach zu handeln."

Das Pony senkte den Kopf und entdeckte vor seinem linken Huf ein Kraut, das aussah wie von einer Karotte. Das rupfte er ab, zerkaute es und schluckte es hinunter. „Merkst du schon etwas?" fragte das Rotkehlchen. „Moment noch, ja, ich glaube ..., komisch, es ist ganz einfach." – „Was ist es denn, erzähle doch!" Das Rotkehlchen flatterte ganz aufgeregt durchs Geäst. „Es ist ein Gedanke", sagte das Pony. „Der lautet so: Wenn er dich liebt, liebt er dich, auch wenn du die Last nicht mehr für ihn tragen kannst. Und wenn er dich nicht liebt, liebt er dich auch nicht, wenn du die Last für ihn trägst." Das Pony erhob sich, dankte dem Rotkehlchen und trabte dann ohne die Last davon. Ob es zu dem Knaben zurückkehrte, weiß ich allerdings nicht. Ich habe es erst viel später als altes Pferdchen wiedergetroffen. Da hatte es ein frohes Gemüt, trug zuweilen Lasten oder auch seine Freunde auf dem Rücken und war allseits geachtet und geliebt.

Der Knabe und das Pony wurde für eine Frau geschrieben, die sich nicht dagegen wehren konnte, daß ihr Partner ihr seine Probleme aufbürdete.

Die Wohnung

Zwei Schwestern lebten seit langen Jahren in einer engen und niedrigen Mansarde. Eines Tages sagte die eine zur anderen: „Mir gefällt unsere Wohnung nicht mehr. Es riecht muffig hier. Kein Licht dringt durch die Fenster, und es ist kaum Platz, um uns umzudrehen. Trag hier den Schrank hinaus, dann kann die Sonne hereinscheinen. Nimm hier den Stuhl fort, das Bett dort und vielleicht auch die Kommode neben der Tür. Dann können wir atmen und uns freier bewegen." Die andere sah erstaunt auf ihre Schwester. Aber bevor sie eine Frage tun konnte, fuhr diese fort: „Du mußt nicht tun, was ich dir vorschlage, aber anders könnte ich hier nicht mehr leben, denn dieser Ort ist für mich keine Wohnung mehr." Also tat die andere wie ihr geheißen. Und als die Möbel hinausgetragen waren, sagte die eine: „Jetzt ist es schön hier, wir werden uns wohler fühlen." – „Es ist, wie du sagst", erwiderte die andere. „Dieser Ort ist nun eine schöne Wohnung, aber nur für eine Person. Ich muß mich verabschieden."

Die Wohnung ist für eine Frau und einen Mann geschrieben, in deren Partnerschaft der Mann alle Dinge des gemeinsamen Lebens bestimmte.

Zwei Parallelen

Zwei Parallelen marschierten mißmutig auf ihrem Weg ins Unendliche über ein weißes Stück Papier nebeneinander her. „Schon jetzt haben wir nur wenig Abstand voneinander", murrte die eine Parallele. „Aber wie soll das erst werden, wenn wir uns im Unendlichen schneiden?"

„Mein Gott!" erwiderte die andere. „Schneiden tun wir uns noch lange nicht. Das Unendliche ist noch eine ganze Weile hin."

„Das ist richtig", sagte die erste. „Aber du mußt zugeben, irgendwann ist es soweit, und dann gibt es überhaupt keine Möglichkeiten mehr für etwas zwischen uns!"

„Ja doch", stimmte die zweite zu. „Aber darüber brauchst du dich doch jetzt noch nicht aufzuregen!"

„Ich rege mich aber auf, denn schon jetzt ist es mir zu eng, wie wir nebeneinander hermarschieren. Und dabei wird es noch immer enger!"

„Verdammt noch mal, wenn es dir zu eng ist, dann tu doch etwas dagegen!"

„Du hast gut reden! Wie soll ich etwas dagegen tun, schließlich hat Peter uns auf Anweisung seines Lehrers aufs Papier gebracht. Und hier sind wir nun!"

„Was heißt, hier sind wir nun?" wandte die zweite ein. „Wenn dir der Abstand nicht paßt, in dem wir hier nebeneinander hermarschieren, dann sag doch dem Peter, er soll deine Richtung ein bißchen ändern!"

„Aber das merkt doch der Lehrer, wenn er das tut", erwiderte die erste.

„Merkt er gar nicht! Wenn Peter nur ganz minimal die Richtung ändert, fällt das gar nicht auf."

„Aber wenn er das nur so minimal macht, daß der Lehrer nichts merkt, dann merke ich ja auch nichts davon!" protestierte die erste.

„Doch, es dauert nur ein bißchen."

„Das ist mir aber zu lange!"

„Wenn es dir zu lange dauert, kannst du später ja nochmals eine Richtungsänderung vornehmen lassen."

„Ja, aber dann merkt es der Lehrer doch!"

„Stimmt, aber das macht nichts."

„Wieso macht das nichts?"

„Weil sie dann im Unterricht mit dem Lehrstoff schon bei einem ganz anderen Thema sind. Parallelen sind dann uninteressant!"

„Du hast recht", sagte die erste Parallele. „Aber ... dann sind wir doch keine Parallelen mehr!"

„Richtig", sagte die zweite. „Aber wer sagt denn, daß wir das sein müssen?"

„Und ich bin dann keine Gerade mehr", sagte die erste.

„Richtig", wiederholte die andere. „Du bist dann auch keine Gerade mehr! Na uuu-und!!!"

„Du hast recht", überlegte die erste. „Ich fange jetzt an mit der Biege! Aber dann verliere ich dich ja bald aus den Augen!"

„Stimmt, aber dafür gewinnen wir Abstand, immer mehr Abstand für unendlich viele Möglichkeiten zwischen uns!"

Zwei Parallelen thematisiert das Problem des Gleichgewichts von Nähe und Abstand in einer Beziehung.

Der Dämon

Glauben Sie bitte nicht, daß die Geschichte, die ich Ihnen jetzt erzählen möchte, schon sehr alt ist. Sie muß sich in diesem Jahrhundert zugetragen haben, denn meine Großmutter, die sie meiner Mutter erzählte, von der ich sie hörte – meine Großmutter behauptete, ihr Mann, also mein Großvater, hätte die Frau, der sie widerfuhr, in seiner Jugend noch gekannt. Und mein Großvater soll auch berichtet haben, sie sei sehr schön gewesen.

Diese Frau, von der diese Geschichte handelt, war von einem Dämon besessen, der bei ihrer Geburt in sie gefahren war. Die Leute behaupteten, die Mutter dieser Frau sei schuld daran gewesen. Auch sie hätte früher unter einem Fluch gestanden und diesen an ihre Tochter weitergegeben, um sich selbst davon zu befreien. Auch sonst wurde nicht viel Gutes über die Mutter berichtet, die eine lieblose und herrschsüchtige Frau gewesen sein muß, die keinen Finger rührte, um der Tochter in ihrem Elend beizustehen.

Der Fluch, der nun über dem Leben der armen jungen Frau lag, hatte in der Tat eine böse Wirkung. Er verkehrte alle Worte, die diese schöne junge Frau an andere Menschen richtete, in ihr Gegenteil, sobald sie von ihren Lippen gewichen waren. Und weil die Seele dieser Frau voller Liebe, Güte und Aufrichtigkeit war, drückten alle Worte, die von ihren Lippen kamen, Haß, Hohn und Lüge aus. Wenn man ganz genau hinsah, konnte man zwar bemerken, daß ihre Worte nicht den Regungen ihres Herzens entsprachen. Aber dieses Wissen half auch dem gutwilligen Gesprächspartner der armen Frau keineswegs, von ihrer Rede nicht entsetzt zu sein und sich nicht betroffen von ihr abzuwenden. So hatte sie kaum Freunde, und auch ihr Geliebter hatte sich nach einer kurzen Zeit heftigen, aber vergeblichen Kampfes gegen ihren Dämon, der nicht schweigen wollte, von ihr abgewandt und suchte sie nur noch selten auf, um das Kind zu sehen, das sie von ihm hatte.

Ihre Einsamkeit war aber nicht ihr schlimmstes Elend. Viel tiefer quälte sie, daß ihr Fluch sie hinderte, ihrem Sohn die Liebe entgegenzubringen, die sie in ihrem Innern hegte, weil sie vergeblich nach einer Ausdrucksmöglichkeit suchte. Angefüllt mit Liebe und dem Jammer, sie ihrem Sohn nicht entgegenbringen zu können, sah sie ihn aufwachsen mit angstvollen Augen und zitternden Gliedern und immer auf der Flucht vor den haßerfüllten, bösartigen und verletzenden Worten der Mutter. Manchmal hatte sie sich schon gefragt, ob ihrem Kinde nicht geholfen sei, wenn sie stürbe.

Eines Nachts war sie wieder mit Elend und Verzweiflung so angefüllt, daß sie nicht schlafen konnte. Sie warf sich auf ihrem Lager hin und her in zornigen Gedanken gegen ihren Dämon. „Ich schlage dich an die Wand, du Scheusal, bis du still bist", schrie es in ihr, und sie vergrub weinend ihren Kopf in den Kissen. „Aua!" hörte sie eine Stimme sagen. „Was soll das? Wenn du glaubst, du kannst mich umbringen, irrst du dich!" Die Frau erstarrte vor Schrecken. Als sie den Kopf hob und in die Zimmerecke schaute, bemerkte sie dort ein kleines häßliches Wesen, das sie aus böse leuchtenden Augen anfunkelte. „Wer bist du?" fragte sie. „Ich bin dein Dämon, du dummes Ding. Du hast mich gerade umbringen wollen. Aber das wird dir nicht gelingen. Ich bin unsterblich, solange ich ein menschliches Wesen besitze, dem ich meine Worte eingeben kann."

Die Frau fühlte das Blut in ihren Adern gefrieren, während sie das häßliche Geschöpf betrachtete, unter dessen Bann sie ein qualvolles Leben lang gestanden hatte. „Du hast recht", antwortete sie. „Ich möchte frei sein von dir, damit ich meinem Kind meine Liebe zeigen kann. Aber umbringen wollte ich dich nicht. Ich wollte nur, daß du schweigst." – „Ich kann aber nicht schweigen", erwiderte der Dämon. „Böse Worte sind mein Wesen. Ohne sie verlöre ich mein Leben. Deshalb brauche ich von Zeit zu Zeit immer wieder einen Menschen, dem ich sie eingeben kann. Aber wenn du willst, kannst du mich loswerden. Du mußt mir nur versprechen, mir das nächste Kind zu überlassen, das du gebären wirst, so wie deine Mutter dich mir überließ. Dann lasse ich dich in Ruhe." – „Aber ich erwarte kein Kind", wandte die junge Frau ein. „Du irrst, in sechs Monaten wirst du ein zweites Kind zur Welt bringen. Wenn du jetzt einen Pakt mit mir schließt, in dem du mir das Kind versprichst, das du in sechs Monaten gebierst, dann wirst du ab jetzt frei sein für immer. Sechs Monate ohne lebendiges Ventil meiner bösen Energie halte ich gerade aus. Bedenke es gut!"

Die junge Frau spürte Eiseskälte in ihren Gliedern, als sie sich vorstellte, ihr Kind würde von diesem Dämon besessen und gequält werden, wie sie besessen und gequält worden war. Sie wollte gerade voller Empörung über einen solchen Antrag ablehnen, als ihr nochmals die Worte des Dämons durch den Sinn gingen: „... das Kind, das du gebären wirst ..." – Da war vielleicht eine Rettung. Der Dämon bemerkte ihr Zögern und fragte mißtrauisch nach dem Grund. „Ich wäge gerade ab", sagte daraufhin die Frau. „Aber mir scheint, ich kann das Schicksal meines zweiten Kindes in keinem Falle zum Guten wenden. Entweder ich bin ihm durch dich eine böse Mutter, oder du läßt es böse Worte sagen. Glücklich werden kann es nie. Ich willige also ein." Und sie schlossen den Pakt, und der Dämon verschwand.

Auf den Tag genau sechs Monate später hielt die junge Frau ihr zweites Kind in den Armen, als der funkelnde Blick aus böse leuchtenden Augen sie wieder traf. „Ich komme, um das Kind in Besitz zu nehmen, das du geboren hast", sprach der Dämon und sprang ihr auf den Schoß, um sich des Knaben zu bemächtigen. „Hinweg mit dir", erwiderte die junge Frau. „Das Kind, um das wir den Pakt geschlossen haben, ist nicht hier." – „Nicht hier?!" kreischte der Dämon und streckte seine knochigen Finger aus. „Du hältst dein Kind doch an deiner Brust!" – „Sicher halte ich mein Kind an meiner Brust. Aber wir schlossen den Pakt um das Kind, das ich gebären sollte. Dieses Kind hier wurde nicht geboren. Die Ärzte schnitten es mir aus dem Leibe, wie mein erstes Kind auch. Du wußtest doch, ich kann nicht gebären. Mein Leib ist zu schmal dazu!" – „Du Betrügerin", heulte der Dämon auf. „Aber du sollst es mir büßen. Ich komme erneut über dich. Und was du früher durch mich erlebt hast, wird dir dann wie das Paradies erscheinen." – „Du kannst mir nichts mehr anhaben", sagte daraufhin die junge Frau. „Ich habe einen ganzen Frühling und einen ganzen Sommer lang gelernt, liebende Worte zu sprechen. Diese Fähigkeit kannst du mir nicht wieder rauben." – „Verflucht, verflucht", schrie der Dämon. Er fühlte, daß er keine Zeit mehr hatte, um ein neues Opfer zu finden. Und wie ein Vampir, den die Strahlen der Sonne verbrennen, glühte er grün auf und verglomm. Die junge Frau aber preßte ihr Kind an sich, und Tränen von Liebe und Glück rannen über ihr Gesicht.

Der Dämon ist eine Metapher für eine alleinstehende Frau, die in der Kommunikation mit ihrem Kind eine hohe Aggressivität zeigte.

Die Naschkatze

Sie hieß Minchen und war eine große schöne getigerte Katze mit einem flauschigen Schwanz und weißen Pfötchen. Minchen war zu Hause in einer Zuchtanstalt für weiße Mäuse. Dort lebte sie zusammen mit dem Leiter dieser Anstalt und ihrer Tochter, die hieß Maunz. Minchen und Maunz hatten es sehr gut bei ihrem Herrn, denn dieser war, was bei Menschen eigentlich sehr selten vorkommt, ein Feinschmecker. Und er liebte feine Speisen nicht nur auf seinem eigenen Tisch, sondern er gönnte sie auch seinen Katzen. Die Mahlzeiten, die der Herr seinen beiden Katzen bereitete, waren nicht nur sehr üppig, sondern auch sehr gut zubereitet, pikant gewürzt und fein abgeschmeckt.

Die Mahlzeiten, die der Herr seinen Katzen bescherte, waren aber nicht nur deshalb so wohlschmeckend, weil der Herr seine Katzen liebte, nein, sie waren auch deshalb so reichhaltig, weil der Herr sichergehen mußte, daß seine Katzen sich nicht an den weißen Mäusen vergriffen. Denn diese waren zum Verkauf bestimmt, um Menschen durch die Kunststückchen zu erfreuen, die sie in der Anstalt lernten. Mäuse waren also in dem Haushalt ihres Herrn für die Katzen tabu.

Aber wie das so ist, wenn man etwas nicht darf, was man könnte und was auch sehr angenehm wäre, wenn man es dürfte, kam zumindest Minchen, die Mutter, sehr oft in Versuchung, sich eine der kleinen leckeren Mäuse zu greifen. Und wenn sie sie fraß, bildete sie sich ein, daß sie vorzüglich schmeckten. Allerdings tat sie das immer so heimlich, daß sie selbst nicht zu merken schien, was sie da tat.

Daß Minchen, die Naschkatze, das Mausen nicht lassen konnte, war nicht das schlimmste Problem. Viel schlimmer war, daß Minchen nicht glauben konnte, daß Maunz, ihre Tochter, überhaupt kein Interesse an den Mäusen haben sollte. Maunz beteuerte zwar immer wieder, daß ihr an diesen faden Mäusen überhaupt nichts läge, aber Minchen konnte ihr nicht trauen. Wenn Maunz nach irgendeinem Spaziergang in die Natur oder nach einer Stippvisite im benachbarten Dorf sich verspätete, verdächtigte Minchen sie sofort, den Mäusekäfigen einen Besuch abgestattet und sich an den verbotenen Leckerbissen vergangen zu haben. „Du warst wieder mausen!" behauptete Minchen. Und ohne sich um die Unschuldsbeteuerungen ihrer Tochter zu kümmern, ohrfeigte sie die arme Maunz, zauste sie an den Ohren und fetzte ihren Schwanz. „Lüg nicht, ich kenne dich besser, du kannst es nicht lassen!" fauchte sie, prügelte ihre Tochter windelweich und jagte sie ins Bett. Nach solchen Auftritten beruhigte sich Minchen. Es tat ihr leid, Maunz weh getan zu haben, und beide vertrugen sich wieder. Aber irgendwann war das Mißtrauen von Minchen wieder da und wuchs an, bis sie sich nicht mehr zurückhalten konnte. Wenn dann Maunz wieder einmal zu später Stunde nach Hause zurückkehrte, gab es den gleichen Auftritt. Minchen verprügelte ihre Tochter, weil sie nicht glauben konnte, daß diese kein Interesse an weißen Mäusen hatte.

Allerdings war Maunz so unschuldig nicht, wie sie immer tat. Irgendwann hatte sie sich nämlich gesagt: „Wenn ich schon geprügelt werde, dann könnte ich ja auch einmal etwas tun für die Strafe, die ja doch nicht ausbleibt." Und sie fing sich eine junge weiße Maus mit roten Augen und rosa Ohren. Aber als sie sie zwischen ihren Pfoten spürte, bekam sie Mitleid. Appetit hatte sie sowieso nicht. Doch jetzt wollte sie wenigstens wissen, was denn so Tolles am Mausen dran sei. Also fraß sie das arme Geschöpf. „Wie fade", sagte sie und verzog ihre Schnute. „Kein Pfeffer, kein Salz, keine Gewürze! Gar kein Vergleich zu den Speisen, die der Herr uns täglich serviert! Was meine Mutter bloß hat, daß sie nicht glauben kann, daß ich mir aus Mäusen nichts mache!" Und sie fraß nie wieder eine, was sie allerdings nicht davor schützte, von ihrer Mutter weiterhin verdächtigt und bestraft zu werden.

So ging das nun schon einige Jahre. Von Zeit zu Zeit konnte Minchen sich nicht beherrschen, und wenn sie dann gemaust hatte, vergaß sie es. Übrig blieb ein schlechtes Gewissen und Mißtrauen gegen ihre Tochter. Dabei hätte sie merken können, daß sie ihrer Tochter Unrecht tat. Denn eines Tages, nachdem sie sich wieder nicht hatte zurückhalten können und eine Maus abschleppte, traf sie hinten am Schweinestall die alte Sau Sophie. Die guckte sie aus neugierig glänzenden Augen an, schlackerte mit den Ohren und sagte: „Arme Maunz, für die Maus, die du da frißt, wird sie heute abend wieder verkloppt!" Minchen erstarrte. Dann schoß ihr vor Zorn das Blut in die Ohren. „Du dumme alte Sau, kümmere du dich um den Dreck, in dem du dich suhlst, bevor du versuchst, mir etwas anzuhängen", fauchte sie böse und schlich von dannen. Und als der Abend kam, hatte sie bereits wieder vergessen, was sie am Tag angerichtet hatte. Maunz hatte sich wieder etwas verspätet und bezog die gewohnten Prügel. Und nachdem sie sich ausgeweint hatte, saßen Mutter und Tochter wieder traurig beieinander und hofften, daß dies nun das letzte Mal gewesen sei, daß Minchen Maunz für etwas strafte, das sie nicht getan hatte.

Aber wie Geschichten so sind, sie nehmen nicht selten doch ein gutes Ende. Und ganz häufig ist es der Zufall, der das unglückliche Geschick zum Guten wendet. Eines Tages, als Minchen das Mausen wieder nicht lassen konnte, griff sie eine kranke Maus. Nachdem sie sie mit großem Behagen verputzt hatte, dauerte es nicht lange, da spie sie sie wieder aus, ihr Leib krümmte sich in Koliken, ihre Augen tränten, ihr Fell wurde stumpf, und die Schwanzhaare sträubten sich vor den grauenvollen Schmerzen, die sie im Kopf und im Leib verspürte. Ihr war so entsetzlich elend, daß sie drei Wochen im Bett liegen mußte.

Nachdem Minchen sich erholt hatte, war sie auch von ihrer Leidenschaft für junge Mäuse kuriert. Ja, sie wunderte sich, wieso sie überhaupt jemals auf diese faden Mäuse so scharf gewesen war. Denn gut schmeckten die wirklich nicht, so ohne Salz und Würze. Und von noch einer anderen Sache war Minchen kuriert. Nie mehr verspürte sie Mißtrauen gegenüber ihrer Tochter bezüglich der Mäuse. Einträchtig lebten sie zusammen. Und ihr wißt ja, wie solche Geschichten enden: Wenn sie nicht gestorben sind, leben sie heute noch in Eintracht.

Die Naschkatze thematisiert projizierte Eifersucht.

Fridolins Scherz

„Ho, ho, ho", lachte der Grasfrosch Fridolin und hielt sich den nassen Bauch, als er Freddy, seinen Kumpanen traf, der gerade genüßlich einen fetten Brummer verzehrte. „Willst du wissen, was ich eben angestellt habe?"

„Du mußt ja wieder jemandem einen tollen Streich gespielt haben, wenn du dich so kugelst", antwortete Freddy. „Wen hast du denn diesmal hereingelegt?" – „Charly, dem dicken Ochsenfrosch, habe ich einen Bären aufgebunden", quakte Fridolin und konnte sich vor Wonne nicht wieder einkriegen. „Erzähl mal", forderte Freddy ihn auf. „Warte einen Augenblick, ich muß mich erst beruhigen ... Also, eben treff ich doch den dicken Charly, wie er sturzbetrunken in der Traufe hängt und weint. Ich natürlich gleich gefragt, Charly, was bist du so traurig? Er daraufhin: Das weißt du doch, weil ich trinke. Soso, habe ich gesagt, weil du trinkst, bist du traurig. Aber warum trinkst du dann? – Um zu vergessen, schnauft Charly und heult erst richtig los. Du hast ja selber schon mal miterlebt, wie der heulen kann. Man wird fast weggeschwemmt von der Sturzflut, die der so an sich ablaufen läßt. Ja, aber Charly, sag ich und bin ganz Mitleid, was willst du denn vergessen? – Daß ich mich schäme, quakt der und heult, daß ich kaum mein eigenes Wort verstehen kann. Aber Charly, frag ich ihn, warum schämst du dich denn? Da ist er mit einem Male still, starrt mich mit seinen dummen Glotzaugen an und sagt: Na, weil ich trinke. Ich ganz beherrscht, wie du mich ja kennst", fährt Fridolin fort, „sage daraufhin zu Charly: Charly, sage ich, Charly, sag mal folgenden Satz: Ich bin Charly, der entzückende Ochsenfrosch. Er daraufhin: Was soll das denn??? und wollte natürlich nicht. Ich habe ihn gedrängt. Komm, nun sag schon, du wirst sehen, was dann passiert. Er glotzt ganz doof, du kennst ihn ja, aber dann sagt er es doch: Ich bin Charly, der entzückende Ochsenfrosch. Lange Pause, weil der natürlich nichts merkt. Dann ich: Sag mal, Charly, glaubst du eigentlich, was du eben gesagt hast? Er: Natürlich nicht!!! Ich: Na also, da hast du es! Was habe ich? fragt Charly. Das ist der Grund, weshalb du trinkst. He! Wie? Was soll der Grund sein? fragt der. Du weißt, wie begriffsstutzig der ist. Ich sag ihm also nochmals: Weil du nicht glaubst, daß du Charly, der entzückende Ochsenfrosch bist, deshalb trinkst du. Ja, und was soll das? fragt er. Ich erzähl ihm daraufhin, daß das ganz einfach ist, mit dem Trinken aufzuhören. Er soll einfach üben, daran zu glauben. Er muß bloß immer ganz laut vor sich hinsagen: Ich bin Charly, der entzückende Ochsenfrosch. Und dann hab ich ihm gesagt: Sobald du glaubst, was du da sagst, und es auch glaubst, wenn du nüchtern bist, dann mußt du nie mehr trinken. Und was meinst du, was dann passiert ist?" fragte Fridolin. „Ja, was denn?" gab Freddy zurück, hat er dich gewürgt?" – „Quatsch", erwiderte Fridolin. „Stell dir vor, der Ochsenfrosch ist doch so doof, der hat mir geglaubt. Als ich wegging, fing der schon mit dem Üben an und quakte laut in die Gegend: Ich bin Charly, der entzückende Ochsenfrosch, ich bin Charly, der entzückende Ochsenfrosch ..." Und Fridolin und Freddy lachten, hielten sich die Bäuche und kugelten sich im Gras.

Fridolin und Freddy hatten die Geschichte schon lange vergessen, als sie eines Tages beide friedlich nebeneinander im Gras hockten und auf Fliegen warteten. Plötzlich hüpfte ein dicker Brocken von einem nassen Frosch auf Fridolin, daß der nur so durch die Gegend rollte. „He, was soll das?" quakte Fridolin und brach fast zusammen unter dem Schlag einer dicken Pranke, die ihm freundschaftlich auf den Rücken schlug. „He!" quakte eine Donnerstimme. „Kennst du mich nicht mehr. Ich bin Charly, der entzückende Ochsenfrosch!" Und er packte Fridolin, riß ihn in seine Arme und quetschte ihn an seine Brust, daß dem Hören und Sehen verging. „Wer bist du?" piepste Fridolin, als er wieder zu sich kam. „Entzückende Ochsenfrösche gibt es doch gar nicht!" – „Doch, ich bin es, Charly, der entzückende Ochsenfrosch! Du hast es mir selber gesagt! Und du hattest recht: Ich saufe nicht mehr!"

Fridolins Scherz hebt darauf ab, einem Menschen zu einer positiven Einstellung zu sich selber zu verhelfen.

Der Gockel und das Gänschen

Ein Hühnerküken, kaum dem Ei entschlüpft, wurde Zeuge eines Betrugs. Man hatte seiner Mutter ein Gänseei untergeschoben, und nur einige Minuten, nachdem es das Licht der Welt erblickt hatte, kroch ein Gössel als sein Geschwisterchen aus den Schalen. Daß sie so ungleich waren, tat seiner geschwisterlichen Liebe keinen Abbruch. Im Gegenteil: Zu einem prächtigen Gockel herangewachsen, hatte der Hahn an dem Gänschen an seiner Seite einen nur allzu geeigneten Hintergrund, auf dem seine Vorzüge hervorragend zur Geltung kamen. Neben dem schlichten Weiß seiner Schwester leuchtete sein schillerndes Gefieder in allen Farben glänzend auf. Das Gelächter, das das dumme Gerede, die Ungeschicklichkeit und die Trägheit seiner Partnerin bei den Tieren des Hofes auslöste, vergrößerten nur sein Ansehen und die Ehrerbietung, die seiner Klugheit, seiner Geschicklichkeit und seinem Fleiß entgegengebracht wurde. Er stieg auf zum unangefochtenen Herrscher des Hühnerhofes, dessen Tüchtigkeit neben dem törichten Tun und Lassen des eingebildeten Gänschens an seiner Seite jedem in die Augen stach. Deshalb machte es ihm auch gar nichts aus, daß er sich um ihren Unterhalt kümmern mußte. Denn sie hatte bei all ihrer Dummheit und Trägheit versäumt, die artgerechte Form zu erlernen, wie sie sich als Gans selbst mit dem Lebensnotwendigen versorgen, einen Partner suchen und eine eigene Familie gründen könnte.

So lebten alle auf dem Hof einträchtig zusammen, bis der Gockel eines Tages bei Besichtigung eines neu angelegten Misthaufens eine bunte Scherbe entdeckte. Er hob sie auf und blickte hindurch. Nicht weit von ihm entfernt begrüßte die Henne Berta gerade mit freundlichem Lächeln die Pute Trudi, die zu einem kurzen Plausch vom Nachbarhof herübergekommen war. „Wie schön, dich zu sehen", sagte Berta. „Ich befürchtete schon, vergeblich auf dich gewartet zu haben." Während er das Lächeln auf Bertas Wangen wahrnahm und diese Worte hörte, schob er gerade die Scherbe vor sein Auge und erschrak. Durch die Scherbe gesehen war das Lächeln von Bertas Wangen verschwunden, vielmehr sah er ihren Kamm schwellen und sich vor Zorn blaurot verfärben. Ihr sanftes Gerede hörte sich plötzlich schrill an, und er vernahm ganz andere Worte: „Du dumme gefräßige Pute, bist du also wieder herübergekommen, um mir die fettesten Würmer und dicksten Körner wegzufressen. Mach bloß, daß du wieder verschwindest!" Der Gockel stand wie vom Donner gerührt, seine Schwanzfedern sträubten sich und ragten starr in den Himmel. „Das ist wahrlich eine Zauberscherbe", sagte er sich, nachdem er wieder zu sich gekommen war. „Durch sie hindurch kann ich erkennen, was alle Lebewesen um mich herum in Wirklichkeit denken und fühlen."

Mehrere Tage vergnügte sich der Gockel damit, die geheimen Gedanken und Wünsche seiner Lebensgefährtinnen auf dem Hof auszukundschaften, bis, ja bis er das Gänschen durch die Zauberscherbe betrachtete. Dabei muß etwas geschehen sein, was ich nicht weiß, denn der Gockel hat darüber nie geredet. Von da an jedenfalls duldete er das Gänschen nicht mehr an seiner Seite. Das klagte und weinte zwar fürchterlich und gab vor, ohne ihn nicht leben zu können. Aber zur Überraschung des ganzen Hofes stellte sich bald das Gegenteil heraus. Auf sich allein gestellt wurde aus der dummen und trägen Gans zwar kein kluger und tüchtiger Vogel. Aber sie kam ganz gut zurecht.

Die Zauberscherbe hat der Gockel verscharrt. Niemand konnte sie wiederfinden. Wenn man bedenkt, daß irgendwo im Mist ein Stück Glas liegt, das hinter allen gelebten und ausgesprochenen Lügen die Wahrheit aufscheinen läßt, könnte man sich die Haare ausraufen.

Der Gockel und das Gänschen thematisiert das Helfersyndrom.

Himmlische Weisheit

Als Peterle nach einem schweren Keuchhusten im Alter von 10 Jahren stirbt und in den Himmel kommt, ist er sehr erstaunt darüber, dort eine Schule besuchen zu müssen. Aber er stellt sehr schnell fest, daß der Schulunterricht im Himmel sehr verschieden ist von dem, den er auf Erden erfahren hatte. Um die Anfangsgründe der himmlischen Weisheit kennenzulernen, wird Peterle zum Beispiel von einem Lehrengel betreut, der die Erde etwa im gleichen Alter verlassen hatte wie Peter selber. Der nimmt ihn an die Hand und führt ihn zum Anschauungsunterricht auf Wolken, die der Erde sehr nahe kommen, von denen aus sie beide das Treiben der Menschen beobachten können.

„Du sollst kennenlernen, wie Menschen versuchen, von anderen etwas zu bekommen, was die ihnen nicht geben wollen. Und du wirst dir ein Urteil bilden über den Wert irdischer Weisheit. Schau dort ein Kind, dem sein älterer Bruder eine Tafel Schokolade fortgenommen hat. Schau hin, und berichte mir, wie das Kind versucht, seine Schokolade zurückzubekommen."

„Es bittet den Bruder darum", beginnt Peterle. „Aber es hat keinen Erfolg. Jetzt bettelt es, ebenfalls erfolglos. Nun klagt es, jammert und weint. Aber sein Bruder lacht nur. Das macht den Kleinen zornig. Er fordert, schimpft. Er droht sogar." – „Und? Hat er Erfolg damit?" fragt sein Lehrer. „Nein", erwidert Peterle. „Es ist alles vergeblich."

„Und nun sieh dort hin", fährt der Lehrer fort. „Dort hinten versucht eine junge Frau, von ihrem Verlobten einen schönen Ring als Geschenk zu bekommen. Wie versucht sie, dieses Geschenk zu erhalten?"

„Oh", stellt Peter erstaunt fest. „Sie macht es ganz anders. Sie beschwatzt ihn. Sie erzählt, wie glücklich sie wäre, den Ring zu besitzen. Ihre Freundinnen würden blaß werden vor Neid. Und er würde im Ansehen steigen, wenn er ihr einen so wertvollen Ring zum Geschenk machte. Jetzt schmeichelt sie. Ihre Augen sind voller Versprechen." – „Und was tut er?" fragt der Lehrer. „Oh, er versucht, sie zu überzeugen, daß der Ring zu teuer ist, er bedauert, ihr die Freude nicht machen zu können. Da, jetzt ändert sich ihr Verhalten. Sie behauptet, er liebe sie nicht. Sie schmollt. Aber er läßt sich nicht umstimmen. Jetzt wirft sie ihm vor, geizig zu sein. Das macht ihn sehr traurig. Sie gehen auseinander."

„Dann möchte ich noch, daß du dir diesen Mann ansiehst. Er liebt seine Frau und möchte von ihr umsorgt und gepflegt werden. Schau hin, und berichte mir, wie er versucht, ihre Sorge und Pflege zu bekommen."

„Ich sehe den Mann", antwortet Peter. „Aber ich sehe nicht, was er tut, um seine Wünsche erfüllt zu bekommen. Ich glaube, er ist krank." – „Du siehst richtig, er ist krank und klagt über Schmerzen. Er hat es aufgegeben, ihr seine Wünsche zu sagen. Früher hat er gefordert, gedrängt und geschimpft. Als das ohne Erfolg blieb, hat er ihr nur noch gezeigt, wie pflege- und sorgebedürftig er ist, und auf Erfüllung gewartet." – „Aber er bekommt auch jetzt nicht, was er braucht", wendet Peter empört ein. „Das finde ich ungerecht. Er leidet vergeblich." – „Das ist irdische Weisheit", erwidert der Lehrengel. „Die gibt nicht auf, vergeblich zu verlangen und dafür zu leiden." – „Aber wie sollte er sich sonst helfen", fragt Peter. „Wie die alte Dame dort im Rollstuhl. Schau hin, und berichte, was sie tut, um zu bekommen, was sie braucht." – „Sie tut nichts", stellt Peter fest. „Richtig", bemerkt sein Lehrengel. „Was sie braucht, beschafft sie sich selber." – „Aber es gibt doch Dinge, die sie sich allein gar nicht beschaffen kann", wendet Peter ein. „Richtig", erwidert sein Lehrengel. „Um solche Dinge bittet sie nur die Menschen, von denen sie weiß, daß sie ihre Bitten gerne erfüllen." – „Ja, aber was tut sie, wenn sie etwas braucht, und niemand ist da, der diesen Wunsch gerne erfüllt?" – „Dann vergißt sie diese Dinge und hängt ihre Gedanken und Wünsche an Erreichbares. Schau übrigens noch einmal hin, fällt dir etwas auf?" – „Ja", erwidert Peterle. „Sie hat ein heiteres Gemüt. Wie seltsam!" – „Das ist gar nicht seltsam. Das ist himmlische Weisheit. Aber nur ganz wenige Menschen begreifen sie schon auf Erden."

Himmlische Weisheit ist eine Metapher für einen Menschen, der die Einstellung hatte, andere hätten für ihn zu sorgen.

Die lahme Prinzessin

Einem großen König wurde einst eine Prinzessin geboren, die war von solchem Liebreiz, daß alle, die sie sahen, sich sogleich zur zartesten Fürsorge bewogen fühlten. So wollte es auch ein scheinbar freundliches Geschick, daß einer überaus umsichtigen Kinderfrau die Pflege der Prinzessin übertragen wurde. Diese überwachte die Regungen aller Bedürfnisse, Wünsche und Begehren der kleinen Prinzessin und sorgte für deren alsbaldige erlesene und unverkürzte Erfüllung, wozu eine große Schar eifriger und unübertrefflicher Bediensteter zur Verfügung stand. Als die Zeit kam, laufen zu lernen, sorgte die Kinderfrau dafür, daß die Prinzessin von einer solchen gewöhnlichen Forderung verschont blieb. „Du bist zu Höherem geboren, als einen Fuß vor den anderen zu setzen", sprach sie zu der Kleinen. „Dir kommt zu, daß andere deine Wege erledigen." Und so blieb die Prinzessin in ihrem Seidenbettchen liegen und spielte weiter mit ihren goldenen Murmeln und Edelsteinen. Und als die Zeit kam, da gewöhnliche Kinder alle anderen Geschicklichkeiten des Körpers und der Hände erlernen, sorgte die Kinderfrau dafür, daß alle niederen Tätigkeiten von diensteifrigem Gesinde verrichtet wurden, damit die Prinzessin ihre Kraft und ihre Begabung zu höheren, ihrer vornehmen Geburt angemessenen Lebensäußerungen aufhob.

Jahre waren so ins Land gegangen, die die Prinzessin damit zubrachte, ihr Sinnen und Trachten auf die vortreffliche Zukunft vorzubereiten, die ihr kraft ihres Standes zukam, als sie eines Tages von der Brüstung ihres Balkons aus einen Jüngling auf einem Pferd Kunststücke machen sah. Die Vorstellung des Jünglings gefiel ihr sehr, aber sie vermißte die ihr zukommende Ehrerbietung in seinem Gruß. Und so schickte sie eine Dienerin mit einem Tadel zu dem jungen Mann. Der jedoch lachte hell auf und, statt sich zu verneigen, schlug einen Purzelbaum und verschwand. Die Prinzessin schalt ihre Dienerin wegen der schlechten Erfüllung ihres Auftrags. Doch diese versicherte felsenfest, den Willen der Prinzessin richtig ausgeführt zu haben. So beschloß diese, die Sache selber in die Hand zu nehmen. Doch kaum war ihr dies in den Sinn gekommen, erkannte sie, daß sie dieses Vorhaben selber nicht ausführen konnte. Sie hatte weder gelernt, Wege zu machen, noch war sie vertraut mit der Rede, die ihren Tadel an dem Verhalten des Jünglings angemessen ausdrücken konnte. Aber da sie klug war, rief sie den Bedienten, dessen Aufgabe war, ihre Wege zu gehen, und den Bedienten, dessen Aufgabe war, ihren Willen in angemessene Worte zu fassen, und befahl ihnen, sie zu lehren, wie Wege zu gehen und Willensregungen in Worte zu fassen seien. Die beiden sahen ihre Herrin sprachlos an und erklärten, nachdem sie ihre Überraschung überwunden hatten, daß es ihnen verboten sei, ihre Herrin die Künste zu lehren, zu deren Ausführung sie in Dienst genommen seien. „Wer gab euch diesen Befehl?" fragte die Prinzessin zornig. Die Diener erschraken und antworteten: „Der Kinderfrau sind wir zu Gehorsam verpflichtet. Ihre Stimme ist von so gewaltiger Macht, daß wir uns fürchten."

Die Prinzessin schickte ihre Diener fort und rief ihre Kinderfrau. Die erfaßte mit einem Blick, was geschehen war, und bevor die Prinzessin sprechen konnte, ergriff sie das Wort: „Ich sehe, dir steht der Sinn nach ungehörigem Tun. Doch deine Erziehung ist in meine Hände gegeben. Und ich werde nicht dulden, daß du dich mit niederen Dingen befaßt!"

Die Prinzessin vernahm diese Worte und erkannte, daß jedes Aufbegehren gegen die Macht dieser Stimme vergeblich sein würde. Dennoch ließ sie den Mut nicht sinken. Denn wenn es ihr auch verwehrt gewesen war, Geschicklichkeiten des Körpers und der Hände auszubilden, so hatte sie doch um so mehr ihren Geist in allen Fähigkeiten und Künsten üben können. Und dessen vollendete Phantasie und Beweglichkeit verhalf ihr nun zu einem listigen Plan. Unbemerkt von den aufmerksamen Blicken der Diener und der wachsamen Kontrolle ihrer Kinderfrau eignete sie sich durch Beobachtung und heimliche Übung so viel Kraft und Gewandtheit an, daß sie eines Nachts in der Lage war, die Macht ihrer Kinderfrau zu binden und ihre Stimme zum Schweigen zu bringen. Damit hatte sie die Macht zu einer allseitigen Entwicklung ihrer persönlichen Begabungen in den eigenen Händen.

Die lahme Prinzessin ist für eine Person geschrieben, die sich mit vermeintlich „niederen" Tätigkeiten nicht befassen wollte und darin von anderen abhängig blieb.

Das aufgeregte Haus

Es muß eine andere Welt gewesen sein, von der ich neulich nachts geträumt habe. Denn dort geschahen Dinge, die ich von unserer Welt nicht kenne. Nicht nur Pflanzen, Tiere und Menschen waren dort lebende Wesen, auch alle Dinge, die des Menschen Hand schuf, waren lebendig. Zumindest hatten sie Gefühle und besaßen auch die Möglichkeit, ihre Gefühle auszudrücken. Der Traum, den ich neulich nachts träumte, handelte von einem Haus. Dieses Haus gehörte Felix, einem jungen Mann, der darin mit seiner Frau Anna wohnte. Dieses Haus war von Felix' Vater kurz nach dessen Geburt als eine kleine Hütte erbaut worden. Aber es wuchs, während auch Felix heranwuchs, zu einer stattlichen Villa empor, um dann nach Felix' Hochzeit ihm und seiner jungen Frau als behagliches Heim zu dienen.

Allerdings hatte dieses Haus im Unterschied zu anderen ähnlich lebendigen menschlichen Behausungen in jener Welt die lästige Angewohnheit, sich über alles und jedes aufzuregen. Wenn Anna den Haushalt nicht ordentlich führte, wenn Felix sich verspätete oder beide sich stritten, wenn Verwandte oder andere Gäste hinter dem Rücken der beiden schlecht redeten, geriet das Haus außer sich. Besonders über das Gerede der Nachbarn und der Passanten auf der Straße ärgerte das Haus sich übermäßig. Wann immer Menschen vorübergingen und irgend etwas Kritisches über Fenster, Türen, Zaun, Hecke oder Garten sprachen, erbebte das Haus vor Zorn in seinen Grundfesten. Es knackte im Gebälk, die Türen sprangen auf, das Geschirr klirrte im Schrank, Putz fiel von den Decken, und Ziegel rutschten aus ihrer Verankerung und fielen in den Garten. Felix und Anna erschraken jedesmal heftig und stürzten ins Freie, um nicht durch herabfallende Gegenstände verletzt zu werden. Zu Beginn dieser Geschehnisse beruhigten Felix und Anna nach jeder Erschütterung sich rasch wieder. Aber je öfter das Haus sich erregte und bebte, desto ängstlicher wurden sie angesichts der Gefahr, es könnte irgendwann den Erschütterungen nicht mehr gewachsen sein und einstürzen.

Das Haus erschrak, als es anläßlich eines besorgten Gesprächs zwischen seinen beiden Bewohnern erfuhr, daß man seinen Abriß plante. Es selbst war sich natürlich ganz sicher, daß es niemals wirklich ernsthaft zusammenbrechen könnte, wenn es sich aufregte. Aber es war nicht in der Lage, seine Bewohner davon zu überzeugen, denn zu Worten fehlten ihm die notwendigen Sprechorgane. Auf der anderen Seite war es aber auch nicht in der Lage, sich nicht mehr aufzuregen und das Beben einzustellen, um somit auf eine nichtsprachliche Weise seine Bewohner darüber aufzuklären, daß keine ernste Gefahr bestand. In panischer Angst mußte es somit ohnmächtig miterleben, wie man seinen Abriß und den Neubau einer soliden Behausung plante.

Es war nicht mehr lange bis zu dem Zeitpunkt, an dem der Kran mit der Abrißbirne und die Räumfahrzeuge bestellt waren, da wählten eines Abends zwei Raben den Dachfirst des Hauses als Ruheplatz für die Nacht. Es dauerte jedoch nicht lange, da fand der eine ihre Bleibe nicht sehr günstig gewählt, weil der Ruheplatz leicht zitterte und schwankte. „Bemerkst du es auch?" fragte er seinen Schlafgenossen. „Sicher bemerke ich es", antwortete der andere. „Aber du mußt dich nicht ängstigen, dieses Haus ist nur traurig, weil es bald von dieser Erde verschwinden muß, deshalb zittert und schwankt es im Schlaf." – „Warum denn das?" fragte wiederum der erste. Und er erfuhr die Geschichte des armen Hauses, daß es seine Gefühle nicht bändigen, das Beben seiner Mauern nicht beherrschen konnte und deshalb zum Abriß bestimmt worden war.

„Oh weh!" krächzte der erste Rabe voller Mitleid. „Gibt es da kein Entrinnen?" – „Gäbe es schon", antwortete der andere. „Das Haus müßte bloß die Weisheit besitzen und seine Gefühle bändigen." – „Aber wie soll es das anstellen?" fragte wiederum der erste. „Ganz einfach", gab der andere zurück. „Da ist nur eine Klappe im Kamin, die ist geschlossen. Deshalb hallen alle Worte, die im Hause und auf der Straße gesprochen werden, so laut nach und erzeugen die starken Gefühle, unter denen das Haus leidet. Stünde die Klappe offen, würden alle Worte sanft und leise verhallen, und das Haus stünde unerschütterlich und fest auf seinen Grundmauern wie alle anderen Häuser hier in der Gegend." – „Aber warum, wenn es so einfach ist, bleibt dann die Klappe geschlossen?" fragte der erste Rabe. „Auch das ist einfach", antwortete der zweite. „Das weiß niemand!"

Raben sind weise Vögel, das ist allgemein bekannt. Aber auch ihnen war in dieser Nacht etwas entgangen. Das Haus hatte nicht geschlafen. Und das war seine Rettung.

Übrigens habe ich mich vor ein paar Tagen gewundert. Auf einem Spaziergang durch den Villenvorort der großen Stadt, wo auch ich wohne, fiel mir ein Haus auf, das ich vorher nie beachtet hatte. Es schien mir sehr viel Ähnlichkeit zu haben mit dem Haus, von dem ich träumte, neulich. Seltsam!

Das aufgeregte Haus ist für eine Frau, die sich über alles und jedes ärgerte, damit ständig unter nervöser Anspannung stand und ihrer Umwelt auf die Nerven ging.

Prinz Heinrich

Am Rande seines Grabes warf Prinz Heinrich einen Blick zurück auf sein kurzes Leben und sprach zum Geist seines Schicksals: „Welch ein Verhängnis!"

„Wen willst du jetzt noch belügen?" erwiderte der Geist. „Du selber kennst deine Wahrheit, und ich bin deine Wahrheit, und außer uns ist niemand hier, den du glauben machen könntest, ein schweres Geschick und nicht deine eigene Entscheidung hätte den Lauf deines Lebens gelenkt."

„Damit hast du recht", gab Prinz Heinrich zurück. „Aber du vergißt, daß nicht meine Freiheit, sondern die Not meine Entscheidung bestimmte!"

„Auch diese Worte betören niemanden mehr", wandte der Geist ein. „Nicht Not beugte deinen Willen, sondern dein Wille wählte die Not, um über andere zu herrschen."

„Das kannst du nicht beweisen", erwiderte der Prinz zornig. „Das ist richtig", sagte der Geist. „Aber wenn du an der Wahrheit interessiert bist, kannst du sie nochmals durchleben."

„Wie soll das geschehen?" fragte der Prinz erstaunt. „Ganz leicht", erwiderte der Geist. „Nimm meine Hand, und laß dich zurückführen zu den Scheidewegen deines Lebens, und du wirst sehen und fühlen, daß es andere Wege gegeben hätte als die, die du wähltest."

Heinrich willigte ein, und der Geist führte den Prinzen zurück an den Punkt, wo er Pflege und Tod gewählt hatte. „Noch hier hättest du auch ein langes Leben haben können, zwar krank und voller Mühe, aber noch mit der Aussicht auf ein eigenes lohnendes Lebenswerk." Und von dort ging er mit ihm zurück an den Punkt, wo er Pflege und Krankheit gewählt hatte. „Hier hättest du sogar eine Zukunft haben können, die dir deine Gesundheit zurückgegeben und von dir nur die Mühe verlangt hätte für ein eigenes selbsttätiges Leben." Und zuletzt führte der Geist den Prinzen an den Ausgangspunkt der Entscheidung über seinen Lebensweg. „Hier wähltest du die Pflege, um der Mühe und Plage nicht untertan zu sein, die verbunden sind mit einem selbstbestimmten und selbsttätigen Leben."

„Du hast recht", sagte der Prinz. „Aber du vergißt einen weiteren Gewinn meiner Entscheidung: Ich gewann Macht über Menschen, die mich liebten, mir dienten und mich pflegten."

„Wen willst du das glauben machen?" sprach der Geist mit zorniger Stimme. „Die meisten Freunde, die dich einst liebten, verließen dich. Wer blieb und dir diente, tat es nicht um deinetwillen, sondern er befolgte das Gebot seines Gewissens. Deine letzten Tage waren einsam, begleitet von bezahlten Dienern. Und das nennst du Macht über Menschen!"

Der Prinz preßte seine Lippen aufeinander, um das Wort zurückzuhalten, das die Rede seines Geistes bestätigt hätte. „Du vergißt, daß ich so wählen mußte. Mein Wille war nicht frei", sagte er mit bebender Stimme.

„Ich höre, daß die Einsicht deines Denkens deinen Willen nicht erlöst. Du würdest denselben Lebensweg gehen, wenn du nochmals wählen könntest", sprach der Geist. „Deshalb will ich dir noch eine Chance geben. Gehe in das Haus dort am ersten Scheideweg deines Lebens. In einem seiner Räume wirst du unter einem Tuch verborgen das Geheimnis deines Lebens finden. Das erkenne, und dein Wille wird frei sein."

Heinrich tat, wie der Geist ihm gesagt. Und als er das Haus verließ, war ein anderer Glanz in seinen Augen. Den erkannte der Geist, fand seine Aufgabe erfüllt und verschwand.

Wer mehr über den Prinzen Heinrich zu erfahren den Wunsch hat, der schaue in den Geschichtsbüchern nach. Er wurde ein großer Kaiser des heiligen römischen Reiches deutscher Nation.

Prinz Heinrich ist für einen Mann geschrieben, dem der Sekundärgewinn seiner Krankheit bewußt war und der mich bat, für ihn eine Metapher zu schreiben.

Der vernarrte Tausendfüßler

Ein Tausendfüßler, vernarrt in ein dickes altes Buch voll geheimnisvoller Zeichen, Bilder und Schriftzüge, las und las und fand kaum Zeit für Speise und Trank und die anderen wichtigen Dinge des alltäglichen Lebens.

Eines Tages kam der Vater und trug ihm auf, den Hof zu fegen. Der Tausendfüßler rief daraufhin den Knecht und befahl ihm: „Fege du für mich, denn ich kann nicht. Gerade brach ich mir einen meiner Füße ab."

Der Knecht murrte. Aber da er sah, daß die Behauptung des Tausendfüßlers der Wahrheit entsprach, ging er und tat wie ihm geheißen.

Am nächsten Tag kam der Vater erneut und trug dem Sohne auf, die Pferde zu tränken. Wiederum rief dieser den Knecht und befahl ihm: „Führe du die Pferde zur Tränke, denn ich kann nicht. Gerade brach ich mir einen weiteren meiner Füße ab."

Der Knecht murrte. Aber da er sah, daß die Behauptung des Tausendfüßlers der Wahrheit entsprach, ging er und tat wie ihm geheißen.

Und so geschah es auch den dritten und vierten Tag und viele weitere Tage. Und als tausend Tage um waren, lag der Tausendfüßler ohne einen Fuß auf seinem Lager und las.

Lenchen, die diese Geschichte hörte, fragte den Großvater: „Was stand denn in dem Buch, daß er alle Füße hergab, nur um weiterlesen zu können?" – „Es war ein Buch", erwiderte der Großvater, „in dem geschrieben stand, wie geistige Kräfte bewirken können, daß dem Körper Glieder wachsen." – „Und wuchsen dem Tausendfüßler die Füße wieder?" fragte Lenchen. „Das weiß ich nicht", antwortete der Großvater. „Darüber wurde nichts berichtet."

Der vernarrte Tausendfüßler enthält eine Botschaft für Menschen, die ihre Gesundheit aufs Spiel setzen, um ein ihnen wichtigeres Ziel zu erreichen.

VIER
Metaphern für spezielle Probleme

Im Laufe meiner Beratungsarbeit habe ich viele Metaphern geschrieben, die sich auf ganz individuelle Problemkonstellationen beziehen, die nicht allgemein nachzuvollziehen und deshalb meiner Meinung nach auch nicht allgemein verständlich sind. Freunde, andere Berater oder auch Ärzte haben mir demgegenüber versichert, daß auch viele dieser Geschichten für andere Menschen nicht nur interessant, sondern auch von Nutzen sein könnten, und mir deshalb geraten, sie nicht in meinen Beratungsunterlagen zu begraben. Metaphern beschreiben immer Lebenszusammenhänge, in die der Autor seinen Sinn hineinlegt. Zuhörer haben immer die Freiheit, der Geschichte ihren Sinn zu geben oder die Geschichte langweilig zu finden. Die in diesem Kapitel zusammengetragenen Geschichten habe ich nach dem Gesichtspunkt ausgewählt, daß sie für andere Menschen mindestens interessant sein könnten.

Aus meinen Aufzeichnungen habe ich Angaben über die Person und die betreffende Problemstruktur zusammengetragen und der Metapher vorangestellt, um Ihnen den Zusammenhang der Geschichte deutlich zu machen. Diese Angaben sind nicht immer vollständig in dem Sinne, wie ich gelernt habe, Problemzusammenhang und Ziel zu notieren und danach eine Metapher zu konstruieren. Im Laufe der Zeit bin ich beim Schreiben von Metaphern auch nicht mehr so systematisch vorgegangen, wie ich es gelernt habe, sondern habe die beim Nachdenken über Problemzusammenhänge meiner Klienten auftauchenden Ideen, die zum Ziel führen könnten, aufgegriffen und verarbeitet.

Herr A ist der jüngste Sohn einer großen Familie, der durch seine angenehme Erscheinung und sein freundliches Auftreten rasch die Zuneigung seiner Umwelt findet. Schon in seiner Ursprungsfamilie war er der Liebling der Mutter und der Schützling eines älteren Bruders. So war es ihm zur Gewohnheit geworden, für seine beruflichen und privaten Ziele die Unterstützung anderer zu beanspruchen. Er hatte auch ein besonderes Feingefühl dafür ausgebildet, welche Menschen er für seine Ziele heranziehen konnte. Im Familienverband war es ihm stets gelungen, die erwartete Unterstützung zu bekommen. Sein Erfolg in der Bindung anderer an seine Interessen führte aber auch dazu, notwendige Fähigkeiten für sein berufliches Fortkommen nicht selber auszubilden. Er machte es sich bequem und verließ sich darauf, jemanden zu finden, der ihm helfen würde, wenn er es allein nicht schaffte. Er sah es überhaupt nicht ein, sich selber anzustrengen, wo er doch auf andere zurückgreifen konnte. Diese Einstellung wurde zum Problem, als er für die Erreichung seiner Ziele nicht mehr nur auf seine Familie zurückgreifen konnte, sondern andere Menschen in seinem Umfeld mobilisieren mußte. Umweigerlich kam dann ein Zeitpunkt, an dem seine zunächst bereitwilligen Helfer sich ausgenutzt fühlten und die Unterstützung aufkündigten. Diese Erfahrung führte Herrn A dann aber nicht zu der Einsicht, seine Sachen selber in die Hand zu nehmen. Er tat nichts, sondern klagte nur über seine unwilligen Helfer. Auch Gespräche konnten Herrn A nicht davon überzeugen, die Verantwortung für das, was er erreichen wollte, selber zu übernehmen.

Die Ohren der ungeborenen Hasen

Einige Jahre nach der zweiten Jahrtausendwende kam eine Raumfähre von ihrem vorgeschriebenen Kurs ab und zerschellte auf einem fremden Stern. Alle Insassen kamen bei diesem Unglück ums Leben. Nur ein Hase, Peter mit Namen, der zu Forschungszwecken mitgenommen worden war, überlebte. Er hoppelte aus den Trümmern und sah sich um. „Hier kann man ja leben", dachte er. „Gras und Kräuter gibt es genug, und Sand ist auch da. Ich kann mir also eine Höhle buddeln, um mich vor eventuellen Füchsen oder anderem Raubzeug zu schützen." Also machte er sich ans Werk. Er hatte in den leichten Sandboden schon eine Röhre von einem Meter Länge gegraben, als er erschrak. „Was machst du da?" fragte eine Stimme. Peter drehte sich um und lugte vorsichtig aus seinem Bau. Vor ihm hockte jedoch kein gefährliches Tier, wie er im ersten Augenblick vermutet hatte, sondern er traute seinen Augen nicht – ein anderer Hase, der ihm neugierig ins Gesicht schaute. „Hallo", sagte er. „Wie schön, dich zu sehen. Ich bin gerade mit einem Raumschiff von der Erde angekommen. Ich heiße Peter." „Guten Tag, Peter", erwiderte sein Gegenüber. „Ich heiße Salomon und habe das Raumschiff gesehen, wie es abstürzte. Ich bin froh, daß du es überlebt hast. Aber was machst du denn da?" „Ich baue mir eine Höhle zum Schlafen und zum Schutz vor den Raubtieren." – „Das brauchst du hier nicht. Hier gibt es nur Hasen, und schlafen kannst du im Wald. Deine Arbeit ist also unnütz. Komm heraus, und gehe mit mir auf die Wiese. Die Gräser sind gut. Ich kann sie dir empfehlen." – „Wie interessant", dachte Peter. Höhlen zu graben ist unnötig, prima!" Also ging er mit seinem neuen Kameraden und verspeiste mit gutem Appetit köstliches Gras, Klee und verschiedene vorzüglich schmeckende Kräuter.

Auf der Wiese hockten auch andere Hasen und schmausten vor sich hin. Allerdings schien es auch einige kleinere Gesellen zu geben, denen offensichtlich nicht alles schmeckte. Die schimpften: „Pfui Spinne" und „Iiii gitt" und „Brrr" vor sich hin und schüttelten sich. Peter kam das komisch vor, und er fragte Salomon: „Sag mal, warum schimpfen denn die kleinen Hasen so fürchterlich? Können die wohlschmeckende und übelmundende Kräuter nicht unterscheiden?" – „Das können sie schon", erwiderte Salomon. „Sie schimpfen nur, wenn sie die bitteren Wurzeln knabbern." – „Wenn sie bitter sind, weshalb fressen sie sie dann?" fragte Peter. „Sonst schrumpfen ihre Ohren nicht", antwortete Salomon. „Weshalb sollen denn ihre Ohren schrumpfen?" fragte Peter ganz entsetzt. „Ja, weißt du das denn nicht?" staunte Salomon. Und jetzt war er es, der ganz entsetzt aussah. „Dann bist du ja ein Verweigerer. Ach, du armer Hase, du tust mir leid. Ich würde mir das an deiner Stelle sehr überlegen." Peter wußte gar nicht, was er darauf antworten sollte. Er hatte kein Wort verstanden. „Du frißt doch auch keine bitteren Wurzeln", gab er zurück. „Richtig", bestätigte Salomon, aber ich schrumpfe ja noch nicht, dazu bin ich noch zu alt." – „Jetzt verstehe ich gar nichts mehr", murmelte Peter. „Was soll das alles? Was heißt noch zu alt? Willst du etwa jünger werden?" – „Ja, sicher", wunderte sich Salomon. „Du etwa nicht?" – „Natürlich nicht. Ich werde selbstverständlich mit jedem Tag älter, wie alle Lebewesen, die ich kenne." Jetzt begriff Salomon die Verwirrung seines neuen Kameraden, und er fragte: „Wird man auf dem Stern, von dem du kommst, mit jedem Tag älter?" Und als Peter ihm diese Frage bejaht hatte, staunte er und erzählte dann, daß es hier umgekehrt sei. Peter riß die Augen auf und wackelte mit den Ohren, als er folgendes von Salomon hörte.

Auf dem Stern, auf dem er gelandet war, verlief das Leben der Hasen, die die einzigen Bewohner waren, nicht von der Geburt bis zum Tod, sondern alte und schwache Hasen krochen eines Tages aus der Erde, wurden zusehends kräftiger und genossen dann ein Leben, in dem sie jeden Tag jünger wurden, bis zu einem Tag, an dem sie vom Erwachsenendasein zur Jugend überwechselten. Sie bemerkten diesen Übergang daran, daß ihr Fell sich in seiner Farbe veränderte und ihr Körper schrumpfte. Von diesem Tag an war ihr Leben nicht mehr unbeschwert, denn sie mußten zu jeder Mahlzeit eine bittere Wurzel fressen. Diese Nahrung war erforderlich, damit auch ihre Ohren kontinuierlich mitschrumpften, denn ohne die bittere Wurzelnahrung taten sie das nicht, und das hatte zur Folge, daß sie nicht durch das Loch paßten, durch das sie in die ewigen Kleegründe schlüpfen konnten, wenn ihr Körper die Größe eines neugeborenen Hasen angenommen hatte.

Peter erschrak, als er Salomons Bericht über den Verlauf des Lebens auf diesem Stern hörte. Aber er konnte sein Entsetzen beschwichtigen. Vielleicht läuft es bei mir doch umgekehrt und nicht nach den Gesetzen, die hier herrschen. Schließlich bin ich bis jetzt älter geworden und nicht jünger. Ich werde mich also um dieses Problem erst mal nicht kümmern.

Und das tat er auch nicht. Er genoß sein Leben, fraß leckere Kräuter, räkelte sich in der Sonne, balgte sich mit seinen neuen Kameraden, unternahm Streifzüge durch Feld, Wald und Heide und dachte an nichts mehr, bis, ja bis er eines Tages bemerkte, daß sein Fell heller wurde. „Oh weh", dachte er. „Jetzt erwischt es mich doch!" Und er suchte Salomon auf, um ihm die Veränderung zu zeigen. „Jetzt mußt du zu jeder Mahlzeit eine bittere Wurzel knabbern", riet ihm sein weiser Freund. „Sonst wirst du Kummer erleben." Peter probierte also von der Wurzel. „Pfui Spinne", schrie er, als er nur ein wenig gekostet hatte. „Das ist doch hasenunmöglich, sich so etwas zuzumuten. Ich will nicht!" – „Das ist nicht sehr klug", versetzte Salomon. „Denk an deine Ohren!" – „Scheiß Ohren", schimpfte Peter. „Bevor ich täglich das Zeug fresse, will ich erst mal wissen, wozu das gut ist!"- „Ja", gab Salomon gedehnt zurück. „Genaueres weiß eigentlich niemand darüber. Ich kann dir nur sagen, wie hier so üblicherweise der Lauf des Lebens aussieht." – „Das weiß ich bereits. Nur was ist eigentlich Schlimmes daran, wenn man sich nicht daran hält?" – „Tja, das kann man nur vermuten. Genaueres weiß man nicht. Wie gesagt, werden die Hasen immer kleiner und verschwinden dann im Loch. Wenn sie jedoch keine bitteren Wurzeln gefressen haben, bleiben die Ohren übrig. Die wackeln dann ganz fürchterlich hin und her, als wollten sie etwas mitteilen. Wir bringen die Ohren dann auf einen Friedhof, wo sie weiterwackeln, bis ihre Kraft erlahmt. Allerdings kann auch noch etwas ganz anderes passieren. Das habe ich jedoch nicht erlebt, aber auf der Hasenuniversität wird das gelehrt. Es soll vorgekommen sein, daß so widerspenstige kleine Hasen wie du, die die bitteren Wurzeln nicht fressen wollten, am Friedhof vorbeigekommen sind. Die bemerkten, daß die Ohren der Hasen ganz besonders verzweifelte Anstrengungen machten, so, als wollten sie etwas mitteilen. Ein paar von diesen jungen Hasen scheinen die Zeichensprache begriffen zu haben. Denn ganz plötzlich begannen sie wie wild, bittere Wurzeln zu fressen, um vor ihrem Ende die Ohren noch so schrumpfen zu lassen, daß sie durch das Loch paßten. Und diese jungen Hasen haben dann die Ohren, die sie das Geheimnis durch Zeichensprache gelehrt hatten, mitgenommen." – „Ja, dann müßte man das Geheimnis doch kennen", fragte Peter an dieser Stelle. Salomon dachte nach, aber er kam zu keinem Ergebnis. „Ich weiß es nicht", sagte er. „Ich würde dir aber raten, auf die Universität zu gehen. Dort müßte es gelehrt werden."

Peter ließ die Ohren hängen. „So was Dummes, jetzt soll ich auch noch studieren gehen wegen dieses blöden Lebenslaufes auf diesem Stern. Aber man weiß ja nicht, wozu das gut ist." Also machte er sich auf zur Hasenuniversität. Die fand statt auf einer Lichtung mitten im Wald. Mitten auf dieser Lichtung war ein kleiner Hügel, auf dem stand ein Katheder, hinter dem ein Hase mit Brille hockte und einen Vortrag hielt, dem die zahlreich anwesenden anderen Hasen aufmerksam lauschten, sich von Zeit zu Zeit Notizen machten und Zwischenfragen stellten.

„Worum geht es denn hier?" fragte Peter einen Kommilitonen, nachdem er sich niedergelassen hatte. „Um Schlangen", antwortete der. „Schlangen!? Um Gottes willen. Ich denke, die gibt's hier nicht", fragte Peter. „Da hast du recht", antwortete der andere. „Aber warum wird hier dann darüber gelehrt", wollte Peter wissen, „das ist doch unsinnig." – „Das ist nicht unsinnig, du Trottel", knurrte sein Nachbar. „Das ist ein Gleichnis, und jetzt sei endlich still und hör zu, du störst!"

Verschreckt über den unfreundlichen Ton des Kommilitonen duckte sich Peter nieder und blieb regungslos sitzen. Der gelehrte Hase hinter dem Katheder begann gerade, eine Behauptung, die er vorher aufgestellt hatte, die Peter aber nicht gehört hatte, zu erklären, indem er eine Geschichte erzählte:

In einer anderen Welt gibt es ein Land, in dem die Kinder der Bewohner Glocken um den Hals tragen zum Schutz vor den Schlangen. Die älteren Kinder haben den Auftrag, aufzupassen, daß die jüngeren Geschwister stets die Glocke bei sich haben, und sie achten auch sorgfältig darauf, damit den Kleineren nichts passiert. Denn vor langer Zeit, als das Land besiedelt worden war, hatte eine ältere Schwester einmal ihre Pflicht vergessen, und prompt war ihr kleiner Bruder gebissen worden. Es ging zwar noch glimpflich ab, denn der kleine Bruder überlebte den Schlangenbiß. Aber die Schwester hatte ein furchtbar schlechtes Gewissen. Sie hatte sich nämlich an dem Tag über den Bruder geärgert und aus Zorn über ihn ihre Pflicht versäumt. Wie gesagt, das alles war sehr lange her, und seitdem wurde jedem älteren Kind eingeschärft, die Sorge um die kleineren nie zu vernachlässigen. Und das tat auch keines der älteren Kinder. Sie jammerten zwar über ihre Pflicht, aber das Geschehnis vor langer Zeit war ihnen ein lehrreiches Beispiel. Und seitdem war auch nie mehr etwas geschehen.

Eines Tages jedoch kam in das Land Besuch von außerhalb, ein Bus mit einer Schulklasse und ihrem Lehrer. Sie wurden freundlich empfangen und bewirtet. Bevor sie zu einem Ausflug in die Gegend aufbrechen wollten, bekamen sie alle Glocken umgehängt zum Schutz vor den Schlangen. Ihr Lehrer war sehr verwundert über diese Maßnahme, denn nach seiner Kenntnis konnte es in dieser Gegend gar keine giftigen Schlangen geben. Überall waren der Grund und Boden kultiviert, die Sümpfe trockengelegt worden. Wenn es hier überhaupt noch Schlangen geben konnte, dann sicher keine giftigen mehr, die den Kindern gefährlich werden konnten. Die Bewohner wollten den Worten des Lehrers zunächst keinen Glauben schenken. Aber eine ausgedehnte Forschungsexkursion ergab, daß tatsächlich keine Spuren von Schlangen zu finden waren. Daran sehen Sie, meine verehrten Zuhörer, schloß der Hase hinter dem Katheder seine Ausführungen, daß die Veränderung der Umstände, in denen man lebt, selten von denen bemerkt werden, die darin leben. Erst eine Betrachtung von einem anderen Standpunkt außerhalb der Umstände öffnet die Augen für wesentliche Veränderungen. Seit dem Tag des Besuches durch die Schulklasse wissen alle Kinder, daß die sorgsamen Vorsichtsmaßnahmen gegen Schlangen schon lange überflüssig waren.

„Was soll das wohl heißen?" dachte Peter still bei sich. „Ich verstehe wieder mal rein gar nichts." Aber er wagte nicht, den Kommilitonen neben sich zu fragen aus Furcht, er könnte wieder unfreundlich abgewiesen werden. „Hier lerne ich nichts", spann er seinen Gedanken fort. „Da gehe ich lieber. Vielleicht erfahre ich am Friedhof mehr." Und er hoppelte mißmutig zu dem Platz, an dem die übriggebliebenen Ohren der Hasen nebeneinander aufgebahrt lagen. Kaum war er über die Hecke gesprungen, die den Friedhof umgab, richteten sich einige Ohren kerzengerade auf und begannen, seltsame Bewegungen auszuführen. Nach und nach begannen immer mehr von ihnen, sich zu rühren, manche kräftig, andere weniger heftig und wieder andere ganz matt. Peter wurde es ganz schwindlig von all den komischen Verrenkungen, denen er zusah. „Was das wohl heißen soll? Das ist ja noch schwieriger als das Gleichnis vom Hasenprofessor." Peter furchte seine Stirn und dachte und dachte und dachte. Dann wurde er müde, hörte auf zu denken und kuschelte sich zum Entspannen in eine Mulde. Nur noch durch einen Spalt seiner zufallenden Augen sah er zwei Ohren, die Bewegungen ausführten, wie Matrosen mit Flaggen auf einem Schiff Signale geben. Und plötzlich durchzuckte es ihn wie ein Blitz. Er hatte die Wahrheit begriffen. Wie der Wirbelwind sauste er auf die Wiese und suchte nach den bittersten Wurzeln, die er finden konnte. „Pfui, Spinne", schüttelte er sich, aber er ließ nicht nach. Er hatte Versäumtes nachzuholen, also strengte er sich an. „Was ist denn in dich gefahren?" fragte Salomon, dem die Verhaltensänderung seines Freundes nicht entgangen war. „Ich habe die Wahrheit erfahren", sagte Peter. „Und ich muß mich jetzt beeilen, damit ich es noch rechtzeitig schaffe." – „Und was ist die Wahrheit?" fragte Salomon. Peter machte Männchen und riß die Augen auf. „Verdammt! Das ist eine Wahrheit, die sich mit Worten nicht sagen läßt. Man muß sie erleben. Seltsam, seltsam. Aber mehr kann ich wirklich nicht sagen."

Die Geschichte mit Peter nahm, wie man sich denken kann, ein glückliches Ende.

Herr B hat Schwierigkeiten, sich aus seiner Ursprungsfamilie zu lösen. Seine Mutter hat durch ein kompliziertes System von materiellen und emotionalen Zuwendungen alle bereits erwachsenen Kinder noch „im Griff". Herr B spielt in diesem System eine besondere Rolle. Seine Schilderungen erwecken bei mir den Eindruck, daß er versucht, mütterliche Fürsorge für schwächere Familienmitglieder zu übernehmen, um die besondere Zuwendung der Mutter zu erlangen. Diese Rolle, die Herr B in der Familie spielt, funktioniert aber nur für die Mutter. Sie hält ihn fest in einem Zwiespalt von Mißtrauen hinsichtlich seiner bevorzugten Wertschätzung und verstärkter Anstrengung, für die Familie zu sorgen, um diese Wertschätzung zu erlangen.

Überm Pferdestall

Überm Pferdestall auf dem Gutshof meines Onkels lebte eine Katzenfamilie, Mutter Minchen und Vater Heini mit ihren vier Kätzchen Fridolin, Muschi, Karlchen und Peterle. Diese Katzenfamilie war nicht irgendeine Katzenfamilie. Sie war etwas Besonderes. Und das lag an Katzenmutter Minchen. Minchen war nämlich bezaubernd hübsch, das Fell silbrig glänzend weiß mit vier schwarzen Pfotenspitzen und einer silbergrauen Schwanzspitze. Und selbstverständlich war Minchen deswegen höchst eingebildet und ständig auf Anerkennung und Schmeicheleien aus. Aber die Lobeshymnen auf ihre Schönheit reichten ihr noch nicht. Sie wollte nicht nur die schönste, sondern auch die tüchtigste Katze der Gegend sein. Und das war sie auch. Die Menge an Mäusen, die sie täglich fing und zur lobenden Begutachtung der Öffentlichkeit auf der herrschaftlichen Freitreppe niederlegte, übertraf alle Katzenleistungen, die man sonst in der Gegend gewohnt war.

Allerdings wurde Minchen das, was sie zu ihrem Glück am meisten brauchte, nämlich Lobeshymnen auf ihre Schönheit und Tüchtigkeit, nur in geringem Maße zuteil. Die Katzen der Umgebung waren nämlich wie die Menschen äußerst neidisch und gönnten Minchen den Ruhm nicht, den sie verdiente. Statt sie zu loben, lästerten sie über die eingebildete Gutsherrliche, ließen kein gutes Haar an ihr und mieden ihre Nähe mit der Begründung, die Hoffart der schönen Mine sei schwer zu ertragen.

Um zu der Anerkennung zu kommen, die sie zu ihrem Katzenglück brauchte, blieb Minchen also nichts anderes übrig, als ihre Familie zu Anbetern ihrer Schönheit und Tüchtigkeit zu erziehen. Das erwies sich allerdings als ein sehr schwieriges Geschäft. Vater Heini schied bei einem solchen Unternehmen sowieso gleich aus. Da er selbst ein entzückender Kater war, hielt er es für unter seiner Würde, seine Frau anzubeten. Schließlich gab es noch mehr hübsche Kätzinnnen, und vor allem jüngere. Blieben also die Kinder. Um Fridolin, Muschi,

Karlchen und Peterle zu treuen Anbetern der eigenen Schönheit und Tüchtigkeit heranzuziehen, erfand Katzenmutter Minchen ein ausgeklügeltes Gratifikationssystem: Wer ein zufriedenstellendes Lob auf ihre Vorzüge von sich gegeben hatte, wurde mit einer Extra-Maus belohnt, mußte aber versprechen, keines der anderen Geschwister davon zu unterrichten. Auf diese Weise glaubte jedes Katzenkind, es sei das bevorzugte Kätzchen überm Pferdestall. Allerdings war jedes Kätzchen auch nicht ganz sicher, ob nicht die Mutter heimlich einem anderen Geschwisterchen vielleicht doch eine Maus mehr zukommen ließ. Aber je aufdringlicher dieser Verdacht in der jungen Katzenseele aufstieg, desto heftiger wurde er abgewiesen durch gesteigerte Lobeshymnen auf die überragenden Eigenschaften der Mutter.

Man sollte meinen, daß so etwas nicht lange gutgehen kann, denn Katzenkinder sind ja keineswegs dumm. Irgendwann müßte ja eines dahinterkommen, welches Spiel die lobessüchtige Mutter trieb. Aber es ging gut, denn man darf ja nicht vergessen, daß die heimliche Anbetung der schönen und tüchtigen Mutter stets mit Extra-Mäusen vergolten wurde. Zudem konnte jedes Kätzchen sich sagen, das bevorzugte Kind zu sein. Nur eine Gefahr beinhaltete dieses Familienspiel: Die Erziehung der Kinder zur Selbständigkeit wurde vernachlässigt. Der Vater kümmerte sich sowieso nicht darum, daß seine Kinder Mäusefangen lernten. Und die Mutter war nicht daran interessiert, daß ihre Kinder zu tüchtigen Jägern in Haus und Hof wurden. Denn dann hätte sie nichts mehr zu bieten gehabt für die Lobeshymnen, die sie erwartete.

Diese Gefahr, die allen Katzenkindern drohte, wurde von einem der kleinen Kätzchen bemerkt. Peterle, das jüngste Katerchen, das auch das sensibelste Kerlchen unter den Geschwistern war, sah das Unheil kommen. Und da es seine Geschwister liebte, beschloß es, ein Opfer für sie zu bringen. Es steckte sein linkes Vorderpfötchen mit Willen und Bewußtsein in eine alte Mausefalle und ließ sich ein Krällchen abklemmen. Das gab ein Miau Mio überm Pferdestall. Peterle war verletzt, konnte eine lange Zeit nicht mehr laufen und brauchte die volle, ungeteilte Fürsorge der schönen und tüchtigen Mutter.

Die Folgen dieser Opfertat ließen nicht lange auf sich warten. Die drei ältesten Kätzchen sahen sich plötzlich ohne ausreichende Nahrung. Und dieser Zustand schien andauern zu wollen, da Peterle die Zeit intensiven Leidens hinzuziehen verstand. Fridolin, der älteste, zog als erster die Konsequenz. Er machte einem weiblichen Gast der Gutsherrin schöne Augen und ließ sich in liebe Hände verschenken. Muschi, nachdem sie bemerkt hatte, daß sie mit ihrem ärgerlichen Maunzen das arme Peterle von seinem ergaunerten Vorzugsplatz im Herzen der schönen und tüchtigen Mutter nicht verdrängen konnte, ging mit einem graugelben Wildkater auf und davon. Nur Karlchen überlegte sich eine Strategie, um bleiben zu können. Er setzte die Lobpreisung der Mutter fort, ohne weiterhin Mäuse dafür zu erwarten. Vielmehr strengte er sich fürchterlich an, um selber Mäuse fangen zu lernen und in dieser Kunst alle, selbst seine Mutter, zu übertreffen. Auf diese Weise versuchte er, einen angemessenen Anteil an Mutterliebe zurückzugewinnen. Er erreichte zwar, daß seine Mutter stolz auf ihn war, aber die entsprechende Anerkennung in der Familie blieb ihm dennoch verwehrt. Auch sein Versuch, seine Mutter von der Last der Fürsorge für das kranke Peterle zu befreien, wurde nicht belohnt. Alle Mühe von Karlchen, im Herzen seiner Mutter und im Ansehen der Familie gut dazustehen, brachten ihm außer Arbeit und Last nichts ein. Aber wie das so ist: Nach jeder guten Tat, die er für die Familie vollbrachte und die ohne entsprechende Anerkennung blieb, steigerte er seine Bemühung.

Peterle war der einzige in der Familie, der täglich ein frohes Gemaunze ertönen ließ. Mit seinem vermeintlichen Opfer hatte er nämlich das große Los gezogen. Der einzige Nachteil war, daß er im Mäusefangen untüchtig blieb. Für diesen Zweck hatte er aber gleich zwei tüchtige Katzen an der Hand, die sich darum rissen, ihn zu versorgen. Und da er mit dem Opfern gleichzeitig gelernt hatte, wie man tüchtige Katzen an sich bindet, ohne irgend etwas dafür zu bezahlen außer geschickten Worten, großen Augen und schmusigem Geschnurre, war auch sichergestellt, daß er immer eine Katze finden würde, die es sich zur Ehre gereichen lassen würde, ihn mit den lebensnotwendigen Dingen zu versorgen. Seit einiger Zeit hatte er sich denn auch mit einer Nachbarkatze liiert, die bereits eine Familie besaß, in die er aufgenommen wurde. Auf diese Weise konnte er immer gehen, wenn ihm überm Pferdestall etwas nicht paßte, und zurückkehren, wenn sein Vorteil es ihm gebot.

Diese Ereignisse, die ich soeben berichtet habe, geschahen nicht im verborgenen, denn sonst hätte ich sie nicht berichten können. Diese Ereignisse wurden auf das genaueste beobachtet von einer Schleiereulenfamilie, die hoch oben im Dachgebälk ihr Zuhause hatte. Die jungen Eulen nun übten im Verfolgen der Geschehnisse überm Pferdestall ihre Beobachtungsgabe und schärften in der Begutachtung und Interpretation dieser Geschehnisse ihren für Eulen typischen überragenden Verstand. Denn wie du weißt, sind Eulen klug. So weit war alles in seiner Ordnung.

Nun saß eines Tages Karlchen zufällig auf dem höchsten Strohballen und hörte mit an, wie die kleinen Eulen sich im Deuten übten. Gerade schrien sie im Chor:

> *Für den Klügsten hält er sich,*
> *doch der Dümmste ist er.*
> *Sorgen will er inniglich*
> *für seine Geschwister.*
> *In Fesseln lebt er,*

hält sich für frei,
Beziehungen webt er,
die brechen entzwei.
Will alles vollbringen,
um der Liebste zu sein.
Das kann nicht gelingen,
er bleibt allein.
Uhu, uhu, uhu,
raus bist du!

Als Karlchen diese Worte hörte, erstarrte er, denn er bemerkte, daß sie ihm galten. Er schaute hoch ins Gebälk und wollte gerade beginnen, die seiner Meinung nach dummen und unverschämten Eulenkinder kräftig zu beschimpfen, als die Mutter der kleinen Schreihälse geräuschlos herabschwebte und sich vor ihm niederließ. „Du mußt nicht erschrecken über das, was sie dir zurufen", sagte die alte weise Eule. „Ihre Worte sind zwar nicht falsch, aber sie sind doch selber noch nicht ganz erwachsen und können deshalb noch nicht wissen, wie schwer es ist, erwachsen zu werden, und daß es auch dir selbstverständlich gelingen wird, selbständig und unabhängig zu werden. Manchen Tieren gelingt es schnell, sich von ihrer Familie zu lösen. Andere brauchen lange Jahre, um sich trennen zu können. Bei manchen dauert es sogar ein halbes Leben, bis sie gelernt haben, sich von ihren ursprünglichen Bindungen zu befreien. Aber wenn ich dein Leben richtig überblicke, hast du die Hälfte deines Lebens noch nicht hinter dir.

Deshalb rate ich dir. Klettere dort oben auf den Balken hinauf, und laß dein junges Leben an deinem wachen Bewußtsein vorüberziehen. Schau dir an, was bisher geschehen, hör hin, was du bisher vernommen, und fühle, was bisher in dir vorgegangen ist. Nimm dir so viel Zeit, wie du brauchst, um dein bisheriges Leben genau wahrzunehmen. Und wenn du es hast an dir vorüberziehen lassen, dann gehe hin und tue, was du tun mußt." Nach diesen Worten hob die alte kluge Eule vom Boden ab und schwebte zurück in die Dunkelheit des Dachgebälks.

Karlchen tat wie ihm geheißen. Er kletterte auf den angegebenen Balken, schaute in das Stroh überm Pferdestall und ließ sein junges Leben in Gedanken an sich vorüberziehen. Er saß dort eine ganze Weile und rührte sich nicht. Dann hob er seinen Kopf, machte seine Augen weit auf und rieb sie mit den Pfoten, als wäre er überrascht über das, was er jetzt sah. Leider hat er nicht berichtet, was er gesehen hat. Aber er stieg hinab und tat, was er tun mußte. So jedenfalls hat er sich ausgedrückt.

Frau C nahm an einer Weiterbildungsmaßnahme teil, fühlte sich aber außerstande, die periodischen Tests mitzuschreiben. Am Morgen vor den Tests war sie in einem Zustand, der es ihr unmöglich machte, die Wohnung zu verlassen. Mit Frau C führte ich ein Change History mit einer starken Ressource durch und schrieb danach für eine zweite Sitzung diese Metapher. Da die erste Sitzung jedoch dazu führte, daß sie ohne Schwierigkeiten die Tests mitschreiben konnte, gab es keine zweite Sitzung und keinen Vortrag der Metapher gegen Prüfungsangst.

Amor und Psyche

Die Geschichte, die ich euch erzählen möchte, trug sich zu in einer Zeit, kurz nachdem Gott Himmel und Erde geschaffen hatte. Licht und Finsternis waren bereits voneinander geschieden. Die Wasser hatten sich im Meer gesammelt und das Land freigegeben, auf dem junges Grün sproß, Kraut Samen ausbildete und Bäume Früchte trugen. Sonne, Mond und Sterne leuchteten am Himmel, je nachdem ob Tag oder Nacht war. Vögel flogen über der Erde, Fische und andere Wesen wimmelten in den Wassern. Und auch die Erde brachte lebendes Getier hervor, kriechendes und laufendes, jedes nach seiner eigenen Art. Und auch die Menschen waren geschaffen und in einen Garten gebracht worden, aus dem Gott sie jedoch wieder vertrieb, weil sie gegen sein Verbot vom Baum der Erkenntnis gegessen hatten.

Aber diese Vertreibung aus dem Paradies war erst einige Generationen her. Die ersten Frauen hatten ihre Kinder mit Schmerzen geboren, und die Männer nährten sich und ihre Familien mit Mühsal und aßen im Schweiße ihres Angesichts ihr Brot. So steht es in der Bibel.

Aber in der Bibel steht nicht, daß die Menschen sich auch ängstigen sollten. Angst hatte Gott nicht vorgesehen als Strafe für den Ungehorsam der ersten Menschen. Daß es heute Angst gibt, daran ist Psyche schuld, einer der Engel aus den himmlischen Heerschaaren. Und das Entstehen der Angst in den Seelen der Menschen trug sich folgendermaßen zu.

Der Sündenfall der Menschen hatte nicht nur Gott, sondern auch die Engel sehr zornig gemacht. Einige Engel waren der Meinung, daß die Schmerzen der Geburt und die Mühsal der Arbeit keine angemessenen Strafen seien für das sündhafte Treiben von Gottes Geschöpfen. Zu diesen Engeln gehörte auch Psyche, die zusammen mit Amor auf einer Wolke saß und das Treiben der Menschen auf der Erde nach der Vertreibung aus dem Paradies beobachtete. „Schau einmal dorthin", verwies Psyche Amor auf eine Schar Menschen, die gemeinsam das Feld bestellten. „Sie arbeiten zwar, aber sie lachen und singen dabei. Sie genießen es, wie ihr Schweiß an ihren Körpern herabrinnt. Dort fangen sie sogar an, einander Scherze zuzurufen, miteinander zu spielen, einander zu haschen, sich zu umarmen und zu herzen!" – „Dir gefällt nicht, daß sie sich freuen", erwiderte Amor. „Aber Gott wird gewußt haben, warum er ihnen die Freude ließ." – „Bist du da so sicher?" fragte Psyche. „Ich glaube vielmehr, daß Gott nicht weiß, was die Menschen da unten treiben. Er ist sehr erschöpft gewesen, nachdem er sein Werk vollendet hat. Dabei ist er alt geworden. Er sieht nicht mehr ganz so scharf, und sein Gehör läßt auch nach. Sicher weiß er überhaupt nicht, wie gut es denen da unten geht!" – „Aber Psyche!" empörte sich Amor. „Du weißt doch, daß Gott allmächtig und allwissend ist. Es ist eine Sünde, so an ihm zu zweifeln!" – „Was heißt hier zweifeln?" entgegnete Psyche. „Im Gegenteil, ich denke in seinem Geiste, und in diesem Geiste werde ich auch handeln, um diesem fröhlichen Treiben dort unten ein Ende zu bereiten." – „Um Gottes Willen, was hast du vor?" fragte Amor ganz entsetzt. „Ich werde ihnen ein bißchen Angst in den Nacken setzen", erwiderte Psyche. „Die wird ihnen die Kehle zuschnüren, die Zunge lähmen, ihnen ans Herz greifen oder in den Magen krallen. Angst wird sie schwitzen lassen, aber anders als die Arbeit da, sie wird sie zittern und erbleichen lassen und sie hindern, klare Sätze zu sprechen. Einige wird die Angst erstarren lassen, andere werden umfallen. Auf jeden Fall werden sie dabei nichts zu lachen haben."

„Das schaffst du nicht", sagte daraufhin Amor. „Was immer die Menschen auf Erden fürchten, sie sind klug genug, um Mittel zu ersinnen, die die Gefahren bannen. Sie werden auch deine Angst abzuschütteln wissen." – „Du hast nichts verstanden", erwiderte daraufhin Psyche. „Ich meine nicht die Furcht vor Gefahren, von der du gerade sprichst, mit der werden die Menschen in der Tat fertig werden. Ich meine Angst, Angst nicht vor äußerer Gefahr, sondern Angst als innerer Zustand, Angst vor nichts Wirklichem, ein Gefühl, das man deshalb nicht abschütteln kann, weil man etwas, was nicht wirklich ist, auch nicht bekämpfen kann." – „Du bist verrückt, wie willst du denn in den Menschen Angst vor etwas nicht Wirklichem überhaupt erzeugen?" fragte ungläubig Amor.

„Nichts einfacher als das", lachte Psyche. „Guck dir da unten den kleinen Gärtnerlehrling an. Er geht bereits seit zehn Jahren bei seinem Vater in die Lehre. Er kennt alle Nutzpflanzen, die in dem großen Garten stehen, und ihre Lebens- und Wachstumsbedingungen. Er weiß, wann gesät, wie gepflegt, wann geerntet und wie die Früchte eingekellert werden. Es gibt nichts mehr, was der Vater ihn noch lehren könnte. Alle Handgriffe, die zu diesem Handwerk gehören, hat er schon so oft ausgeführt, daß er sie sicher, ja spielend beherrscht. Sein Leben lang wird er sie wiederholen, ohne einen Fehler zu machen."

„Da sagst du es doch selbst, daß es gar keine Möglichkeit gibt, diesem Menschen Angst einzujagen", wendete Amor ein. „Aber ja doch, du Dummkopf!" gab Psyche zurück. „Ich brauche nur eine einzige Stunde in dem Leben dieses Gärtnerjungen herauszugreifen und ihr einen besonderen Namen zu geben: zum Beispiel ‚Prüfung' oder ‚Test', und schon wird er sich vor den Aufgaben dieser Stunde zu ängstigen beginnen. Sein Herz wird rasen, seine Kehle wird eng, er wird feuchte und zittrige Hände bekommen, und das Denken und Sprechen werden ihm schwerfallen." – „Das kann ich nicht glauben", wandte Amor ein. „Er kann die Aufgaben doch lösen, und er weiß, daß er es kann, weshalb sollte er Angst bekommen, nur dadurch, daß er einige dieser Aufgaben unter dem Namen ‚Prüfung' erledigen soll?" – „Du wirst ja sehen", entgegnete Psyche. „Ich werde dem jungen Menschen da unten für die Aufgaben, die er morgen früh von neun bis zwölf Uhr zu erledigen hat, das Wort ‚Prüfung' einflüstern, und er wird Angst bekommen, Angst, er könnte versagen, Angst, er könnte sich blamieren."

Und Psyche tat, was sie gesagt hatte. Und sie behielt recht. Der junge Mensch erstarrte vor Angst, als er das Wort ‚Prüfung' hörte. Und diese Angst bewirkte, daß er einige Dinge, die ihm sonst ganz geläufig waren, verwechselte. Und einige Tätigkeiten, die er sonst spielerisch ausführte, gingen ihm nur schwer von der Hand.

Schlimmer jedoch war, daß die dem Gärtnerjungen eingepflanzte Angst sich fortpflanzte. Wie die Erbsünde suchte sie Kinder und Kindeskinder heim. Als Gott merkte, was Psyche angerichtet hatte, wurde er sehr zornig und verbannte sie auf die Erde, wo sie dasselbe erleiden sollte, was sie den Menschen gegen Gottes Willen zugefügt hatte. Amor, der Psyche nicht daran gehindert hatte, das Leiden der Prüfungsangst in die Welt zu setzen, wurde auch aus dem Himmel verwiesen. Aber er behielt seine göttliche Kraft, Gutes zu tun. Und bevor er den Himmel durch das große Tor verließ, ging er ins göttliche Arsenal, wo die Waffen des Schönen, des Wahren und des Guten aufbewahrt wurden. Und er nahm sich einen Bogen und zog aus dem Stapel der Wahrheitswaffen einige Pfeile hervor. Mit ihnen wollte er die prüfungsangstgeplagten Menschen beschießen, um ihnen das alte Wissen wieder zu vermitteln, daß man nämlich Aufgaben, die man beherrscht, selbstverständlich lösen kann, ganz gleich, ob sie eine Prüfung darstellen oder nicht.

Und Amor flog in die Welt und schoß seine Pfeile ab. An den Reaktionen der getroffenen Menschen stellte er jedoch zu seinem Entsetzen fest, daß er, statt Pfeile der Wahrheit mitzunehmen, Pfeile des Guten gegriffen hatte. Wen ein solcher Pfeil traf, der verliebte sich.

Amor war traurig, daß er nun doch nicht gutmachen konnte, was seine Freundin Psyche angerichtet hatte, denn in den Himmel zurück, um die richtigen Pfeile zu holen, konnte er nun auch nicht mehr. Verwirrt setzte er sich auf eine Wolke und überlegte, ob es vielleicht noch einen anderen Weg gäbe, um den Menschen die Wahrheit über die Prüfungsangst zu vermitteln. Er überlegte und überlegte und kam zu keinem Ende, denn leider hatte Psyche recht gehabt, als sie feststellte, daß Amor nicht allzu klug ist. Er sitzt heute noch auf der Wolke, schießt von Zeit zu Zeit einen Liebespfeil ab und denkt über das Problem nach, wie man die Prüfungsangst wieder aus der Welt schaffen könnte. Und dabei ist es so leicht, wie Psyche weiß. Aber Psyche hat ihre göttliche Kraft verloren, es Amor mitzuteilen. Wüßtet ihr nicht den Weg?

Die nachfolgende Metapher ist für eine junge Frau aus meinem Bekanntenkreis geschrieben, die an Akne litt. Über den Problemzusammenhang bei Frau D habe ich leider nur noch sehr vage Erinnerungen. Sie machte sich ein Vergnügen aus ihrer erotischen Wirkung auf Männer. Ihre Akne schien immer dann verstärkt aufzutreten, wenn aus dem Spiel Ernst zu werden drohte.

Die Hände des Pianisten

Heute ist er ein berühmter Pianist, und die Menschen strömen zusammen, wenn er zuweilen persönlich ein Konzert gibt. Aber zu Beginn seiner Laufbahn hinderte ein gnadenloses Problem ihn daran, vor Publikum aufzutreten.

Dabei war von Kindheit an für seine nächsten Angehörigen und Lehrer klar, daß ein ganz bedeutendes Talent in ihm steckte. Wie der junge Mozart ergriffen seine Hände ohne jede Anweisung alle Möglichkeiten, dem Klavier in seinem Elternhaus Melodien, Klänge und Rhythmen zu entlocken, die dieses Instrument in sich barg, und eine innere Kraft ließ ihn Lieder, Tänze und Sonaten komponieren, die die Hörer bezauberten und in ihnen eine höhere Gesinnung und die besseren Antriebe in Bewegung setzten. Mit dreizehn Jahren war die Entwicklung seiner musischen Begabung und die Ausbildung seiner spielerischen Fertigkeiten so weit gediehen, daß er in einem öffentlichen Konzert auftreten sollte.

Vierzehn Tage vor diesem großen Ereignis – er hatte die Beweglichkeit seiner Gelenke und Finger bis zur Meisterschaft vorangetrieben, und die Gefühle, denen er mit seinem Spiel Ausdruck verlieh, waren voller Kraft und Feinheit – bemerkte er eine Veränderung der Haut an seinen Händen. Seine Fingerspitzen verfärbten sich blau. Diese Färbung breitete sich aus auf die Glieder seiner Finger, den Handrücken und deren Innenfläche und die Gelenke bis hinauf zur Hälfte des Unterarmes. Kleine gelbe Flecken mit roten Höfen entwickelten sich auf der verfärbten Haut. Seine Hände, sonst makellos weiß, schmal, feingliedrig und geschmeidig, schwollen an und versteiften sich. An einen Auftritt im Konzert war nicht mehr zu denken.

Der junge Pianist war vor Entsetzen starr. Er befragte den Hausarzt. Der sah seine Hände an, legte die Stirn in Falten und kramte Bücher hervor, in denen er lange blätterte. Dann verschrieb er ihm eine Salbe, die bewirkte nichts. Eine tiefe Angst zog in das Gemüt des Pianisten. Würde er nie in der Lage sein, seine Kunst öffentlich darzubieten? Nachdem der Termin, an dem er hätte auftreten sollen, verstrichen war, sah er jedoch voller Verwunderung seine Hände wieder makellos weiß, schmal, feingliedrig und geschmeidig werden.

Tage, Wochen und Monate vergingen, die der junge Pianist am Flügel oder über Notenpapier gebeugt verbrachte, bis er wieder eine Einladung zum Auftritt in einem Konzert erhielt. Angst und Hoffnung hielten sich die Waage in seinem Gemüt, während er sich auf sein Erscheinen vor Publikum vorbereitete. Vierzehn Tage waren es noch, als er erneut die blaue Färbung wahrnahm, die die Verunstaltung und Versteifung seiner Hände ankündigte.

Diesmal suchte er einen anderen Arzt auf, eine Kapazität der Hautheilkunde. Der war begeistert, da er annahm, der Entdecker eines ganz neuen Krankheitsbildes und seiner Heilung zu werden mit der Aussicht auf einen großen Namen in der Hautheilkunde. Dieser Arzt unterzog ihn allen erdenklichen Heilpraktiken. Auch ganz neue Salben rührte er zusammen, verschrieb Pillen mit bislang ungebräuchlicher Zusammensetzung der Wirkstoffe, bemalte seine Hände mit den verschiedensten Farben und verordnete Bäder und Kurpackungen mit neuen Mixturen und Erden. Nichts half. Die Zeit bis zum Tag des geplanten Auftritts verstrich, ohne daß sich der Zustand der Hände verbesserte. Danach gingen Steifheit, Schwellung und Verfärbung zurück. Die Hände des Pianisten wurden wieder makellos weiß, schmal, feingliedrig und geschmeidig.

Verzweiflung ergriff den jungen Mann. Sollte es wahr sein, daß die Natur ihn mit einem so herrlichen Talent ausgestattet hatte, aber zugleich mit einer inneren Blockade, die ihn hinderte, die maßlos schönen Werke dieser göttlichen Gabe vor den entzückten Ohren eines kunstverständigen Publikums auszubreiten?

Jahre gingen ins Land. Der junge Pianist schien sich in sein Schicksal ergeben zu haben. Zumindest sein innerer Aufruhr hatte sich gelegt. Aber er ließ nicht nach in seiner Arbeit mit der Musik und der Übung seiner Hände. Von Zeit zu Zeit veröffentlichte er kleine Kompositionen, deren Aufführung das Publikum aufhorchen ließ und seinen Namen bekannt machte. Aber er nahm keine Einladung mehr an, selber in Konzerten aufzutreten. Von Zeit zu Zeit mußte jedoch der sehnliche Wunsch, seine Kunst in der Öffentlichkeit darzubieten, sein inneres Wesen erregen. Zwar verspürte er den Drang danach nicht, aber er nahm wahr, daß seine Hände sich leicht verfärbten. Gelegentlich sprossen auch kleine Pusteln auf seiner Haut und verschwanden wieder, und seine Finger zeigten zuweilen Schwellungen, die wieder vergingen.

Nun geschah es, daß ein Freund den jungen Pianisten zu einer gemeinsamen Reise aufforderte, die sie in berühmte alte Städte und schöne Landschaften führte, unter anderem auch in ein einsames Dorf, in dem eine alte Frau wohnte, der das Volk große Weisheit nachsagte. Nachdem die beiden Freunde im Gasthaus von den magischen Fähigkeiten der Alten erfahren hatten, beschlossen sie, mehr im Scherz als in ernster Absicht, ihren Rat einzuholen. Vom schweren Wein dieser Gegend noch leicht berauscht, suchten sie sie in ihrer Kate auf. Sie hatten kaum die Tür der Hütte hinter sich geschlossen, im Halbdunkel des Raumes an einem wackligen Tisch Platz genommen und das zerfurchte Antlitz der ihnen gegenübersitzenden Person wahrgenommen, als die Alte ihre Stimme erhob, um folgende Worte an den Pianisten zu richten:

„Junger Herr, solange du deine Liebe zum Sklaven machst, um dein Talent vor großem Publikum glänzen zu lassen, wird eine tiefe Scham dich daran hindern, deine inneren Schätze derart zu vergeuden. Aber sobald du Liebe gefühlt und erfahren hast und dein Talent nur noch deshalb zu zeigen den Wunsch hast, um deiner Liebe den ihr gemäßen Glanz zu verleihen, wird auch nichts dich mehr hindern, alle Menschen Anteil nehmen zu lassen an den Gefühlen, die deine Kunst auszudrücken in der Lage ist. Und nun geh wieder!"

Nach diesen Worten war die Alte so plötzlich verschwunden, daß die beiden Freunde gar nicht mehr sicher waren, ob sie ihr überhaupt begegnet waren und ihre Worte vernommen hatten. Sie kamen erst richtig wieder zu Bewußtsein, als sie vor ihrer Herberge standen und nach dem Schlüssel suchten, um das Tor zu öffnen.

Beide maßen dieser Begegnung keine große Bedeutung bei und vergaßen auch, zu Hause darüber zu berichten. Jahre vergingen, bis der junge Pianist an dieses Erlebnis erinnert wurde. Er war dreißig geworden, als er einer Frau begegnete, die in seinen Sinnen und in seiner Seele eine solche Bewegung auslöste, die keine Musik zuvor in seinem Innern erregt hatte. Verwirrt von der Tiefe und dem Ausmaß seiner neuen Gefühle stürzte er ans Klavier, um Ausdruck zu finden für das, was in ihm vorging. Es war eine ganz neue Musik, die seine Hände da dem Instrument entrangen. Und während er spielte, wußte er, daß er frei war. Er hatte seine Liebe kennengelernt. Von jetzt an blieben seine Hände makellos weiß, schmal, feingliedrig und geschmeidig, wenn er in großen Konzerten andere Menschen Anteil nehmen ließ an dem Ausdruck seiner Kunst.

Frau E hatte nach einem Unfall ihr Geruchsvermögen verloren. Sie nahm an einem meiner Seminare teil. Da ich wußte, daß es bei neurophysiologischen Verletzungen zuweilen eine Wiederherstellung der ausgefallenen Fähigkeiten gibt, probierte ich einfach aus, ihr die Idee zu vermitteln, andere Nervenbahnen könnten ihr Geruchsvermögen wiederherstellen.

Die grauäugige Barbara

Vor langer Zeit lebte in einem Dorf hoch oben in den Karpaten, dort, wo die Wälder so dunkel und die Felsen so steil sind, daß kein Holzfäller oder Bauer dort seinen Lebensunterhalt erarbeiten kann, eine kleine Gemeinschaft von Menschen in großem Wohlstande. Ihren Reichtum hatten sie nicht durch ihrer Hände Arbeit erworben, denn auf dieser Höhe der Berge war es nur möglich, ein paar Ziegen weiden zu lassen. Nein, ihren Wohlstand verdankten sie einer Quelle von großer Heilkraft. Dieses Wasser, das dort aus dem Felsen sprudelte, fingen sie auf, füllten es in Flaschen ab und verkauften diese Flaschen für teures Geld im ganzen Land.

So lebten sie schon seit Jahrhunderten wohlgemut und mit großem Behagen in den Tag hinein, als eines Nachts ein großes Beben die Felsen rings um das Dorf erschütterte. Es kamen zwar kein Mensch und kein Tier zu Schaden, aber die Quelle versiegte. Daraufhin erhob sich ein großes Klagen, denn keiner wußte nun, wovon er in Zukunft leben sollte. Die paar Ersparnisse, die einige Dorfbewohner angesammelt hatten, waren schnell aufgebraucht. Es blieb ihnen bald nichts anderes übrig, als gemeinsam in die Ebene zu wandern und in der großen Stadt Arbeit zu suchen. Nur die Kinder und die alten Leute blieben vorerst zurück und wurden versorgt durch einen Wagen mit Lebensmitteln, den ihnen ihre Angehörigen alle Woche sandten.

Vor allem die Kinder waren sehr traurig, daß auch sie bald diese Gegend würden verlassen müssen. Denn sie liebten ihre Heimat. Einige von ihnen hatten jedoch die Hoffnung noch nicht aufgegeben und suchten jeden Tag die Umgebung ab, wo vordem die Quelle gesprudelt hatte. Aber von Tag zu Tag wurden sie mutloser.

Eines Abends saßen sie nach einem weiteren Tag mühseligen Suchens in einer Mulde an der Steilwand, als ein alter Ziegenhirt vorüberkam. „Was seht ihr alle so traurig aus?" fragte der Hirt. Und die Kinder berichteten von der versiegten Quelle und ihrer vergeblichen Suche. „Ihr braucht euch nicht mit mühseligem Suchen zu quälen", sagte daraufhin der Ziegenhirt. „Die Quelle wird wieder sprudeln. Das Erdbeben hat nur den ursprünglichen Wasserlauf verschüttet. Das Wasser ist noch da und die heilkräftigen Stoffe auch. Es dauert nur seine Zeit, bis das Wasser sich einen neuen Weg durch das Felsgestein gebahnt hat, dann wird es wieder ans Tageslicht treten. Der alte Reichtum eures Dorfes wird zurückkehren, und eure Eltern auch."

„Warum bist du da so sicher?" fragte eines der Kinder den Ziegenhirt. „Weil das der Lauf der Dinge ist", erwiderte dieser. „Erschütterungen wirken immer so, daß alte Möglichkeiten nicht mehr vorhanden sind, dafür aber neue Möglichkeiten sich ergeben. Ihr kennt doch alle die Geschichte von der grauäugigen Barbara?" „Nein", antworteten die Kinder. „Diese Geschichte kennen wir nicht. Aber wir bitten dich, sie uns zu erzählen."

Daraufhin ließ der alte Ziegenhirt sich auf einem Stein nieder und begann:

Die grauäugige Barbara war erst kurze Zeit vermählt mit einem schönen jungen Mann, den sie über alles liebte, als dieser bei einer Reparatur des Daches ihres Hauses abstürzte und tödlich verletzt in seinem Blute liegenblieb. Als Barbara ihn dort liegen sah, ging ein gewaltiges Beben durch ihren Körper. Kein Laut des Schmerzes kam über ihre Lippen. Sie wandte sich ab und verschloß sich in ihrem Hause und ließ niemanden zu sich.

Viele Wochen und Monate vergingen. Schnee deckte das Grab ihres Geliebten, schmolz dahin. Frühlingsregen tränkte und Sonnenstrahlen wärmten den Boden, so daß neues Leben hervorkam. Es war wieder Sommer geworden, als die grauäugige Barbara bemerkte, daß die Rosen, die sie bisher in ihrem Garten liebevoll gepflegt hatte, nicht rot, sondern grau erblühten. Sie befragte ihre Nachbarn, ob sie wüßten, ob so etwas schon mal vorgekommen sei. Die Nachbarn schauten sie überrascht an und sagten, sie könnten nicht verstehen, was sie meinte, die Rosen sähen aus wie immer. Da wurde der grauäugigen Barbara klar, daß sie farbenblind geworden war, nein, nicht ganz so, nur die Farbe rot konnte sie nicht mehr sehen, von blau, grün und gelb nahm sie immerhin noch einen schwachen Abglanz wahr. Allerdings muß auch gesagt werden, daß das die grauäugige Barbara nicht allzu sehr bekümmerte, denn am farbenfrohen Leben hatte sie nach dem Tode ihres Geliebten keine große Freude mehr.

„Wie konnte das geschehen, daß sie farbenblind wurde?" fragte ein Kind den Ziegenhirt. „Es war doch nicht sie, die vom Dach fiel." – „Da hast du recht", gab der alte Mann zurück. „Aber ihre Seele hat eine große Erschütterung erlitten." – „Aber die Seele und die Augen sind doch etwas ganz Verschiedenes", wandte das Kind ein. „Ich glaube, da hast du unrecht", erwiderte der Alte. „Die Seele und der Körper wirken zusammen. Indem die Augen sich weigerten, die rote Farbe zu sehen, schützten sie die Seele der grauäugigen Barbara davor, sich an das Bild des geliebten Mannes, wie er in seinem Blute dalag, zu erinnern. Dadurch bewahrten die Augen die arme Frau davor, den fürchterlichen Schmerz voll zu erleben." – „Aber ist es nicht wichtig, auch schmerzhafte Gefühle voll zu erleben?" fragte das Kind. „Da hast du wieder recht", sagte der alte Ziegenhirt. „Das tat sie dann auch. Aber laß mich jetzt erst die Geschichte zu Ende berichten.

Eines Tages kam in die Gegend, in der die grauäugige Barbara lebte, eine Zigeunerin, die den Leuten die Zukunft aus der Hand las. Auch Barbara konnte sich dem Drängen der alten Frau nicht entziehen. Diese ergriff ihre Hand und schaute hinein. Oh, sagte sie, ich sehe, deine Augen haben gelitten, aber sie werden wieder heil nach einem großen Regen, der alles hinwegwäscht. Barbara war ärgerlich über das Gerede der alten Frau, das sie für Unsinn hielt, bis … ja bis sie sich eines Tages mit einem Hammer auf den Daumen schlug. Der Schmerz, den der Schlag verursachte, war so stark, daß ihr die Tränen in die Augen sprangen. Und dann geschah etwas Merkwürdiges. Die Tränen flossen und flossen, als hätte eine Schleuse sich geöffnet. Als die arme grauäugige Barbara sich nach einer langen Zeit des Weinens wieder beruhigte und aus dem Fenster sah, leuchteten ihr die roten Rosen entgegen. Und wieder weinte sie, aber es geschah aus Freude. Aus der grauäugigen Barbara", so schloß der alte Ziegenhirt seine Geschichte, „ist eine große Malerin geworden. Die Bilder, die sie malt, sind von einer solchen Leuchtkraft, wie kein anderer Maler sie je erreicht hat.

Und genauso wie Barbara wieder farbensehend wurde, wird eure Quelle wieder sprudeln. Eure Eltern sind in die Großstadt gewandert, weil sie nicht wissen konnten, daß nach einer Zeit, die notwendig ist, um einen neuen Weg durch den Felsen zu finden, die Quelle selbstverständlich wieder erscheint. Deshalb ist es am besten, ihr seid nicht traurig und quält euch nicht mit unnützer Suche."

Mit diesen Worten verabschiedete sich der Ziegenhirt und zog mit seiner Herde weiter. Und in den Herzen der Kinder war noch nicht der erste Zweifel an den Worten des Alten aufgetaucht, als die Quelle wieder aus dem Felsen sprang, nur einige Meter von der alten Stelle entfernt. Und ihre Heilkraft war beträchtlich größer geworden.

Bei dieser Metapher geht es darum, Depression als verdrängte Aggression zu begreifen und anzuerkennen.

Der Tanz mit dem Schatten

Nachdem er alle Bemühungen um eine sichere Existenz im Leben, Wohlstand und Glück vereitelt sah, ergab sich ein noch junger Mann der Melancholie. Ärzte konnten ihm nicht helfen. Und als er ihren vergeblichen Rat auch nicht mehr bezahlen konnte, machte er sich, obwohl ohne Hoffnung, auf einen Weg fort von dem Ort seines gescheiterten Strebens.

Seine traurige Stimmung beschwerte seine Schritte und zwang zu häufiger Rast. Jeden Platz, an dem er ruhte, betrachtete er voller Wehmut, wie wenn er der letzte sein könnte, den seine Augen erblickten. Dieses Schauen machte ihn hellsichtig. Mit Verwunderung sah er wie im Nebel geistige Wesen, vernahm Stimmen und fühlte sich berührt wie von Strömen aus anderen Welten. Als er wieder einmal am Rande einer Lichtung sich niedergelassen hatte, erblickte er neben sich die durchscheinende Gestalt einer alten Frau, die ihr Antlitz ihm zuwandte und ihre Stimme erhob: „Du siehst mich, nicht wahr", sprach sie ihn an. „Ja, ich sehe dich", antwortete er. „Dann wirst du gesunden", fuhr sie fort und wandte sich zum Gehen. „Aber wie soll das geschehen, ich habe alles versucht, und nichts gelang mir", rief er voller Hilflosigkeit hinter ihr her. Da wandte sie schon im Gehen sich nochmals um und sagte: „Wenn deine Augen gelernt haben werden, auf dem Anblick deines Schattens zu verweilen, dann wird deine Seele erlöst sein und dein Leiden vergehen." Mit diesen Worten verschwand sie im Nebel.

Von diesem Tage an wurde neue Hoffnung in ihm lebendig. Seinen Schatten ließ er nicht mehr aus den Augen. Über Pfade und Wege, durch Moore, Wälder und Heide, über Berge und am Rande von Seen, in der Einöde und in bewohnten Gegenden, verfolgten seine Blicke den Tanz seines Schatten bald vor ihm, bald hinter seinem Rücken und zu seinen Seiten. Aber nichts geschah. Langsam versank sein Gemüt wieder in Trauer und Melancholie. Und er war schon nahe daran, seinen Schatten wieder aus den Augen zu verlieren, als sein Weg ihn in eine tiefe Schlucht führte, in der Felsen von weißem Gestein steil aufragten. Je tiefer er in die Schlucht hineingeriet, desto seltsamer leuchtete es darin. Sonnenstrahlen erhellten schon lange nicht mehr seinen Weg. Aus dem Gestein begann es zu schimmern, zu leuchten und immer heller zu glühen. Und dieses Licht, das von irgendwoher aus dem Innern des Berges drang, malte seinen Schatten an die Felswand. Doch als er genauer hinsah, erschrak er. Das war nicht der Schatten seines von Trauer gebeugten Körpers, den er dort erblickte. Das war der Schatten eines tobenden Wesens, dessen Bewegungen von wilden Gefühlen beherrscht wurden. Voller Schrecken wandte der junge Mann sich ab und bedeckte seine Augen mit den Händen. Doch da fielen ihm die Worte der Geisterfrau ein: „Wenn deine Augen gelernt haben werden, auf dem Anblick deines Schattens zu verweilen, dann wird deine Seele erlöst sein und dein Leiden vergehen." Und er nahm die Hände von den Augen und schaute auf den Schatten. Hoch bäumte die dunkle Gestalt sich auf, im Begriff, sich auf ihn zu stürzen und ihn zu vernichten. Der junge Mann bebte vor Angst, und sein Entsetzen steigerte sich noch, als er wahrnahm, wie die dunkle Gestalt gleichsam im Sprunge auf ihn erstarrte und zu beben begann. Da wich die Angst von ihm, und er sah die Gestalt, wie sie aufhörte zu beben und sich entspannte. Verwunderung ergriff den jungen Mann, als er nun sah, wie ein Staunen seinen Schatten ergriff. Und plötzlich verstand er. Er sah auf den Schatten seiner Seele, sah die Bewegungen seiner Gefühle in seinem Innern, und plötzlich wurde ihm ganz leicht. Seine Seele begann zu tanzen. Er nahm seinen Schatten in die Arme und schmiegte sich an ihn. Langsam begannen sie, sich zu wiegen und zu drehen, sich zu entfernen und wieder zu nähern, sich abzuwenden und wieder zuzuwenden, sich aneinander zu schmiegen, bis sie vereint waren und in Harmonie mit den Klängen einer fernen Musik über den Boden schwebten.

Die beiden folgenden Metaphern wurden für einen Stotterer geschrieben.

Meister und Lehrling

„Ich muß fort", sagte der Meister zum Lehrling. „Gib auf die Maschine acht, daß sie stetig läuft. Gegen Abend will der Kunde die Ware. Horche vor allem auf das Ventil, ob es nicht undicht wird. Sonst mußt du es sogleich erneuern, auf daß die Ware bereit ist, bis ich mit dem Kunden zurück bin!"

Der Meister ging. Und der Lehrling verfolgte mit gewissenhafter Aufmerksamkeit den steten Lauf der Maschine. „Da! war das nicht ein Stocken?" durchzuckte es ihn. „Schnell will ich nachsehen, ob das Ventil noch ganz ist!" Und um sich zu vergewissern, stellte er die Maschine ab. Das Ventil jedoch war in Ordnung. Und so ließ er die Maschine wieder an. Nach einer Weile schien es wieder, als stocke ihr Lauf. Also schaute er nach. So ging es noch weitere Male, daß er unsicher wurde und nachsah. Und als der Meister am Abend mit dem Kunden kam, war die Ware nicht fertig.

„Was tatest du mit der Maschine?" schalt der Meister den Lehrling. „Ich sah von Zeit zu Zeit nach, wie du mir befahlst!" erwiderte dieser. „Du Tölpel!" schrie der Meister. „Horchen hieß ich dich, nicht schauen. Wenn du den Lauf der Dinge nicht zu kontrollieren vermagst, ohne den Lauf zu hemmen, dann ist, solange die Dinge laufen, Vertrauen besser als Kontrolle. Denn dann laufen sie und stocken nicht!"

„Ich begreife", sagte der Lehrling. Und er hatte begriffen.

Die kluge Braut

Eine junge Frau war einem Mann versprochen, der sie von ganzem Herzen liebte. Da die Frau jedoch während einer unglücklichen Kindheit und schwierigen Jugend gelernt hatte, an sich selber zu zweifeln, ihre Schönheit zu verkennen, ihre Fähigkeiten gering zu schätzen und ihren Charakter herabzusetzen, konnte sie sich nicht zu dem sicheren Vertrauen darauf, daß ihr Bräutigam sie wahrhaft liebe, durchringen. Also zwang eine innere Unruhe sie, wo immer sie ihn traf und mit ihm zusammen sein konnte, von ihm zu verlangen, ihr mit Worten zu versichern, daß er sie liebe. Doch kaum war die Melodie dieser Botschaft verhallt und ihr Nachklang auf dem Grunde ihres Herzens erstorben, so wurde sie schon wieder unruhig und flehte um erneutes Versichern dessen, was sie offenbar nicht festhalten und bewahren konnte.

Da die junge Frau jedoch klug war, bemerkte sie schon bald Zeichen des Unmuts auf der Stirn ihres Bräutigams, wenn sie nicht aufhören konnte, ihn zu bedrängen. Deshalb suchte sie ihre Amme auf, um sie zu fragen, was sie tun könne.

„Du Närrin!" schalt die Amme, nachdem sie die Klage der jungen Frau gehört hatte. „Ich hoffe, du hast nicht schon verdorben, was du als dauernden Besitz dir zu sichern trachtest! Wenn Männer aufhören, uns zu lieben, erkennen wir das nicht daran, daß sie aufhören, uns ihre Liebe mit Worten zu versichern. Wenn Männer aufhören, uns zu lieben, erkennen wir das daran, daß sie uns nicht mehr mit liebenden Augen ansehen. Du wirst sehen, wenn seine Liebe stirbt, nicht hören!" – „Und wie kann ich sehen?" fragte daraufhin die Braut. „Das ist nicht genau zu beschreiben. Aber du kannst darauf vertrauen, du wirst es sofort erkennen. Die Zeichen dafür, daß unsere Liebe nicht mehr angenommen und erwidert wird, sind untrüglich. Deshalb heiße ihn nicht mehr, dir seine Liebe zu versichern. Schau ihn an!"

Die Braut tat wie ihr geheißen und fand mit ihren Augen die Zeichen, die ihre Ohren nicht bewahren konnten.

Beate ist ein junges Mädchen, das an einer Agoraphobie leidet und die Schule nicht weiter besuchen kann. Sie hat die Idee, nicht älter werden zu dürfen. Erwachsen werden ist für sie gefährlich. Es bedeutet, nicht mehr in harmonischen Beziehungen leben zu können und dem Tode näher zu kommen.

Auf dem Weg ins Feenreich

Es war einmal vor langer Zeit, als die Menschen noch nicht so groß waren wie heute, sondern aussahen wie Wichtelmenschen. Da sah eine Spielgruppe von kleinen Geschwisterwichteln eine Sternschnuppe in ihrem Garten niedergehen. An der Stelle, wo der Stern die Erde berührt hatte, wuchs eine Feengestalt hervor und sprach zu den Kleinen: „Ich bin ein Wesen aus dem Feenreich und zu euch gekommen, um euch zu sagen, daß ihr auserwählt seid, an unserem Feenfest teilzunehmen. Wenn ihr euch aufmachen wollt, um zu uns zu kommen, werdet ihr die Wunder des ewigen Lebens in Harmonie erfahren. Aber der Weg zu uns wird nicht ohne Anstrengungen sein." Nach diesen Worten löste sich die Gestalt in Licht auf und verschwand wieder.

Die Geschwisterwichte waren ganz gebannt von dieser Erscheinung. Als sie sich von diesem Erlebnis wieder erholt hatten, berieten sie, was sie nun tun wollten. „Laßt uns unsere Eltern fragen", sprach der erste Wicht. „Nein", sagte der zweite. „Die werden es uns nicht erlauben. Wir müssen sofort losgehen, ohne es ihnen zu sagen." „Das ist unbesonnen", sagte der dritte. „Laßt uns erst eine Nacht darüber schlafen." Und der vierte war ganz dagegen. Sie besprachen sich noch eine Weile und stimmten dann ab. Drei Wichte waren dafür, der Einladung nachzukommen und sofort aufzubrechen. Der vierte war dagegen. Aber er hatte Angst, ohne die anderen zurückzubleiben und den Zorn der Eltern auf sich zu ziehen. Deshalb willigte auch er ein, mitzugehen.

Also brachen sie auf und wanderten viele Tage, bis sie an einen großen wilden Wald kamen, durch den sie gehen mußten, um das Feenreich zu erreichen. Am Rande des Waldes war ein Wichteldorf, deren Bewohner erschraken, als sie von dem Vorhaben der kleinen Wichte hörten. „Ihr dürft dort nicht hineingehen", sagten sie ihnen. „Hier sind schon mehrere durchgekommen, und keiner ist zurückgekehrt. Das ist auch kein Wunder, denn in dem Wald lauern vielfältige Gefahren. Es gibt keine Wege. Das Unterholz ist dicht. Wilde Gewässer und tückische Schluchten werden euer Vorhaben zunichte machen. Und dort wohnen böse Geister und Ungeheuer, die euer Leben bedrohen. Kehrt um, wenn euch euer Leben lieb ist."

Als der vierte kleine Wicht, der schon zuvor nicht mitkommen wollte, das hörte, drang er in seine Geschwister, umzukehren. Doch diese hörten nicht auf ihn. Als er merkte, daß seine Worte nichts bewirkten, er aber auch nicht als feige gelten wollte, sann er auf ein Mittel, das ihm helfen würde, zu bleiben, ohne als Feigling ausgelacht zu werden. Zunächst fiel ihm nichts ein. Aber da bemerkte er ein Kind im Dorf, das hatte beim Spiel einen Arm verletzt und erfreute sich der besonderen Aufmerksamkeit und Pflege der älteren Dorfbewohner. Seine Schrammen brachten ihm den Vorzug ein, sich ausschließlich an den Dingen erfreuen zu dürfen, die ihm gefielen.

„Das ist eine gute Idee", sagte er zu sich. „Wenn ich nicht laufen kann, muß ich nicht mitgehen und Gefahren bestehen. Meine Geschwister können mich nicht auslachen, ich werde gepflegt und kann tun und lassen, was ich will." Allerdings war es etwas schwierig, etwas zu finden, was die Geschwister überzeugen würde, daß er nicht mitgehen könnte, denn er wollte sich ja auch nicht gerne weh tun. Aber ein Sprung von einer niedrigen Mauer führte dazu, daß er sich den Fuß verstauchte. Seine Geschwister bedauerten den vermeintlichen Unfall. Aber da der Kleine sein scheinbares Mißgeschick tapfer ertrug und auch nicht traurig war, zurückgelassen zu werden, brachen sie am nächsten Morgen auf und gingen in den wilden Wald hinein.

In der Tat wirkte der Weg am ersten Tag angsterregend. Es gab Dickicht, das mühsam zu durchdringen war, Schluchten, die Mut erforderten, um sie zu überwinden. Und die seltsamen Geräusche ließen die drei kleinen Wichte zuweilen erschrecken. Zunächst glaubten sie, Geisterstimmen zu hören. Doch bald wurde ihnen klar, daß es nur fremde Vögel waren, die sie schreckten, weil sie sie für Geister hielten. Sie lernten, ihren Weg durch das Unterholz zu bahnen, Brücken über Schluchten zu bauen, ein sicheres Nachtlager aufzuschlagen, eßbare Früchte zu finden und bei diesen Unternehmungen zusammenzuwirken und sich gegenseitig zu unterstützen. Was ihnen zuvor als fürchterliche Anstrengungen, quälende Entbehrungen und angsterregende Gefahren beschrieben wurde, erwies sich, als sie sie auf sich nahmen, als Erfahrungen, durch die sie stark, klug und liebevoll miteinander wurden. Als ihnen das bewußt wurde, bedauerten sie, ihr viertes Geschwisterchen nicht dabei zu haben, um diese Erfahrungen mit ihm zu teilen.

Die Zeit war wie im Fluge vergangen, als sie den Rand des zuvor als wild geschilderten Waldes erreichten und an der Grenze zum Feenreich standen. Dort eilten ihnen die fröhlichen und anmutigen Feengestalten entgegen, um sie zu begrüßen und willkommen zu heißen. Sie waren wieder wie gebannt, als sie die zarten Gestalten auf sich zukommen sahen. Und als sie ihnen die Hände reichten, erstaunten sie noch mehr, denn sie fühlten, daß sie selber zu Feengestalten geworden waren. „Wie kann das sein?" fragten sie ihre neuen

Freunde. „Das ist gar nicht verwunderlich", antworteten diese. „Wer den Ruf hört und sich auf den Weg macht, wird durch die Erfahrungen, die er dabei macht, die Kräfte und Fähigkeiten ausbilden, die das Zusammenleben im Feenreich gestalten. Ihr gehört jetzt zu uns und werdet an der Gemeinschaft der ewigen Harmonie Anteil haben. Diejenigen, die sich fürchten, sich diesen Erfahrungen auszusetzen, werden bleiben was sie sind, klein, schwach, dumm und ängstlich, auch wenn sie sich für klug halten und glauben, sich ein vorteilhaftes Leben gesichert zu haben."

Die neuen Bewohner des Feenreiches freuten sich über ihre neue Heimat. Nur der dritte war traurig und dachte an das zurückgebliebene Geschwisterchen, das diese Erfahrung nicht hatte machen dürfen. Auch hatte er bemerkt, daß der Zurückgebliebene absichtlich einen Grund für sein Bleiben geschaffen hatte. „Wenn der wüßte", sagte er sich, „von welchen Erfahrungen er sich selbst abgeschnitten hat, wäre er sehr traurig und würde sich sehnen, seine Entscheidung rückgängig machen zu können. Ich muß ein Mittel finden, um ihm die Botschaft zukommen zu lassen."

Als er den älteren Feenreichbewohnern seine Absicht mitteilte, sagten sie ihm: „Du kannst als Sternschnuppe zu deinem Bruder fliegen und ihm die Botschaft selber überbringen. Aber diese Bemühung wird von keinem Nutzen sein. Dein Bruder hat entschieden, mit einem verstauchten Fuß durch die Welt zu humpeln und sich vor neuen Erfahrungen zu schützen." Aber der dritte kleine Wicht hörte nicht auf sie. In der nächsten Nacht flog er zu seinem Bruder. Es ist leider nicht übermittelt, ob er ihn erreicht hat, und wenn ja, ob der letzte kleine Wicht die Botschaft verstand, und wenn er sie verstand, ob er sie geglaubt hat, und wenn er sie geglaubt hat, ob er sich aufmachte. Fragt ihr euch mal, was ihr getan hättet.

Auf die zuletzt gestellte Frage antwortete Beate zwar spontan mit den Worten: „Ich hätte das nicht getan." Aber zur nächsten Sitzung kam sie mit dem Bericht, sie hätte im Auto auf der Fahrt hierher ausprobiert, ob sie sich selber in einen Angstzustand versetzen könne, und es sei ihr gelungen. Außerdem war es in dieser Sitzung möglich, mit ihr über Berufswünsche, die weitere Ausbildung, das erste Geldverdienen, eine eigene Wohnung und einen ersten selbstfinanzierten Urlaub zu sprechen.

Frau F lernte ich in einem Seminar kennen. Sie litt an Colitis ulzerosa. In einem psychosomatischen Lehrbuch fand ich den Hinweis, daß diese Krankheit damit zu tun haben könnte, daß Menschen die ihnen wichtigen Dinge in ihrem Leben nicht festhalten können. Da dieser Hinweis mit den Informationen, die ich aus dem Leben von Frau F hatte, übereinstimmte, schrieb ich für sie diese Metapher.

Der feste Griff

Es war einmal ein Mädchen, das mußte mitansehen, wie ein Hund einen Hasen packte und totschüttelte. Von diesem Tage an konnte das Mädchen nichts mehr festhalten. Alle Dinge fielen ihm aus den Händen und zerbrachen, sein Spielzeug, Löffel und Gabel, die Milch, die es im Topf zur Nachbarin tragen sollte, bunte Steine, Blumen, ja sogar seine Puppe. Zunächst schalten die Eltern, dann wurden sie ratlos und sorgten sich. Die Kleine jedoch war verzweifelt: Alles, was sie anrührte, um es an sich zu nehmen, entglitt ihr wieder, nicht nur Dinge, auch die lebenden Wesen, denen sie sich zuwandte. Der Hund verschwand in seiner Hütte, die Katze kletterte aufs Dach, und endlich flohen auch ihre Freundinnen sie, je mehr die Kleine nach ihnen verlangte.

Bis sie eines Tages allein am Zaun stand und die Katze um die Scheunenecke kommen sah, mit einem jungen Kätzchen im Maul. Die Kleine erschrak, weil sie glaubte, das Kätzchen müsse tot sein. Aber das war es nicht. Die Katzenmutter setzte es unversehrt an der Stallmauer auf die Erde, wo es sogleich munter herumsprang. Als die Kleine sich von dem Schrecken erholt hatte, griff sie wie im Traum nach dem Springseil, das an der Mauer hing, und sprang, ohne das Seil aus ihren Händen zu verlieren. Seit dem Tage haben ihre Hände viele Dinge zusammengetragen, viele Menschen zusammengeführt und Bindungen geknüpft, die lange hielten, manche auch ein ganzes Leben.

Diese Metapher habe ich nach einer Idee aus dem Grimmschen Märchen „Der Gevatter Tod" geschrieben. Der Hintergrund für die Übernahme dieser Idee stellen meine Erfahrungen mit der Beratung von Menschen dar, die an Krebs erkrankt waren. Studien haben ergeben, daß Menschen, denen Ärzte die „Diagnose Krebs" mitteilten, unterschiedlich reagieren können. Sie können die Tatsache als Ankündigung eines nahen Todes annehmen. Sie können aber auch trotz dieser Ankündigung den Glauben aufrechterhalten, das es in ihrem Leben noch Ziele gibt, die sie erreichen wollen. Und sie können den Glauben aufrechterhalten, wieder gesund zu werden. Untersuchungen haben ergeben, daß Menschen mit einem Glauben an Ziele länger leben als Menschen, die die Diagnose der Ärzte annehmen. Zudem gibt es Menschen, die trotz der ärztlichen Ankündigung wieder gesund werden. Ein wichtiges Teilziel meiner Arbeit mit Krebspatienten war es deshalb, eine persönliche Zukunft zu entwickeln und den Glauben daran aufzubauen. Ich habe dabei die Erfahrung gemacht, daß der Umgang mancher Ärzte mit ihren Patienten es sehr schwer macht, einen solchen Glauben aufrechtzuerhalten. Diese Metapher verfolgt das Ziel, Menschen mit „einer Krankheit zum Tode" dabei zu unterstützen, einen Glauben an die Möglichkeit der Gesundung zu erhalten.

Die Lebenslichter

Nach einem langen Leben mühevoller Arbeit, Sorgen, aber auch Freude, Heiterkeit und Segen wartete ein greiser Bauersmann auf der Bank vor seinem Hause auf den Tod. Schon lange hatte er seine Sachen geregelt. Das Leben war beschwerlich geworden und er müde. „Es ist Zeit", sagte er zu sich, als er in der Ferne eine stattliche Frau den Weg zu seinem Anwesen heraufkommen sah. Als sie näher kam, wurde er neugierig. Sie hatte einen dunklen Mantel um die Schultern gelegt, war von großer Gestalt, hatte ein freundliches Angesicht und gute Augen. „Ich bin gekommen, dich hinüberzugeleiten", sprach sie ihn an. „Deine Zeit ist um." – „Bist du der Tod?" fragte der Greis überrascht. „Ich bin deine Begleiterin", antwortete die Frau. „Ich habe dich ins Leben hinein geleitet, habe dein Lebenslicht bewahrt und bin nun gekommen, dich wieder hinüberzugeleiten." – „Ich habe mir eine ganz andere Vorstellung von dir gemacht", sagte daraufhin der Alte. „Ich weiß", erwiderte die Frau. „Die Menschen stellen sich den Tod als einen kalten Sensenmann vor, der ihr Leben dahinmäht. Aber die Menschen machen sich von den meisten Dingen, die sie in ihrem Leben nicht erfahren, falsche Vorstellungen. Komm mit mir, dann wirst du dich erinnern, daß du mich kennst."

Sie reichte dem Alten die Hand, und beide gingen. Als er zurückschaute, sah er seine sterbliche Hülle friedlich eingeschlafen auf der Bank liegen. „Jetzt erinnere ich mich an dich", sagte er. „Du hast mich vor meiner Geburt zu diesem Hause gebracht. Hier bin ich geboren worden, hier habe ich gelebt, gesät und geerntet, und Gott hat mein Tun gesegnet." „Ich weiß", erwiderte die Frau. „Ich habe über den Gang deines Lebens gewacht. Heute ist das Öl in der Lampe, von dem dein Lebenslicht gebrannt hat, zu Ende gegangen. Deshalb bin ich gekommen, dich zu geleiten."

„Du hast also die ganze Zeit meines Lebens gewußt, wie es um mich gestanden hat?" fragte der alte Mann. „Ja", sprach die Frau. „Für jedes menschliche Leben auf der Welt gibt es an einem anderen Ort ein Abbild, an dem ich den Verlauf des Lebens verfolgen kann. Dort stehen Gefäße, angefüllt mit Öl, das mit einer kleinen Flamme brennt. Wenn das Öl aufgezehrt ist, ist auch die Lebenskraft der betreffenden Menschen zu Ende."

„Darf ich die Lebenslichter der Menschen sehen?" fragte der Alte. „Ich will sie dir gerne zeigen", erwiderte die Frau und geleitete den Greis in eine große Höhle. Dort brannten Tausende und Abertausende von Lämpchen, manche mit ruhiger und kleiner Flamme, andere flackernd und hell leuchtend, manche auch ganz schwach, als wenn sie gerade verlöschen wollten. Andere wiederum waren bereits erloschen. „Warum sind die Lebenslichter so unterschiedlich?" fragte der Alte. „Das will ich dir sagen", antwortete die Frau. „An der Art, wie die Lebenslichter brennen, kannst du sehen, wie die Menschen leben und wie sie sterben. Sieh diese hier. Sie brennen gleichmäßig mit ruhiger Flamme. An dem Inhalt der Gefäße kannst du sehen, wieviel Lebenskraft noch vorhanden ist. Dies ist das Lebenslicht eines Kindes. Dort siehst du das einer Frau in der Mitte ihrer Zeit. Dort geht ein Leben bereits zur Neige. Schau hier her, dies ist dein Lämpchen. Es hat dein Leben lang mit ruhiger, kleiner und gleichmäßiger Flamme gebrannt. Das Öl darin ist aufgezehrt. Dort drüben siehst du ein Lämpchen, das hat ebenso gebrannt wie deines. Aber die Flamme ist erloschen, lange bevor das Öl aufgezehrt war. Dieser Mann ist, noch ganz jung an Jahren, in einem Krieg gefallen. Und hier ist ein Lebenslicht vorzeitig erloschen durch eine Feuersbrunst, hier eines durch eine Flutkatastrophe. Überall ist noch Öl darin. Und wenn du hier herüberschaust, findest du ein Gefäß, dessen Licht durch die eigene Hand verlosch.

Auch das Gefäß dort ist noch voller Öl und sein Licht doch erloschen. Dort ging ein Leben nach schwerer Krankheit zu Ende. Du erkennst es an der verschlossenen Öffnung. Sie ist während der Krankheit immer enger geworden und hat die Flamme endlich eingeschnürt." – „Heißt das, daß eine Krankheit sich darin zeigt, daß die Öffnung des Lämpchens sich verändert?" fragte der alte Mann. „Das ist richtig", erwiderte die Frau. „Wenn die Menschen an das Leben glauben und die Krankheit überwinden, wird sie wieder weiter."

„Heißt das, diese Menschen hätten nicht sterben müssen?" fragte der alte Mann. „Das ist richtig", antwortete die Frau. „Die meisten Menschen müssen an Krankheiten nicht sterben. Schau das Gefäß an, in dem dein Lebenslicht brannte. Auch du hast schwere Krankheiten erlitten. Aber die Öffnung in deinem Gefäß ist danach wieder weiter geworden. Deshalb konnte dein Lebenslicht weiter brennen. Es ist vorgesehen, daß das Leben währt, bis das Öl zur Neige geht."

Als der alte Mann das vernommen hatte, wurde sein Herz schwer, denn er dachte an einen jungen Nachbarn, den ein schweres Fieber aufzuzehren drohte. „Darf ich noch einmal zurückgehen, um ihm zu sagen, daß er nicht sterben muß?" bat er die Frau. „Den Wunsch kann ich dir nicht erfüllen, denn du hast die Grenze des Lebens bereits hinter dir gelassen. Aber sei unbesorgt. Es gibt unter den Lebenden viele, die dieses Wissen besitzen und mitteilen. Es ist an den Menschen, sie zu hören."

Mit Frau G verband mich durch berufliche Zusammenhänge schon eine lange freundschaftliche Beziehung, bevor sie mich eines Tages anrief und mir mitteilte, daß sie an Krebs operiert worden sei und daß es ihr sehr schlecht ginge. In unseren Gesprächen versuchten wir, Erfahrungen in ihrem Leben zu bearbeiten, die ihrer Erkrankung an Krebs zugrunde liegen konnten. Zu den schwerwiegendsten Problemen gehörte ihre Beziehung zu ihrer Mutter. Frau G war als Kind von ihrer Mutter schwer mißhandelt worden. Diese Erfahrungen versuchte sie zu bewältigen, indem sie es zu ihrem Beruf machte, gequälte Menschen zu verteidigen und zu unterstützen. Obwohl ihr „theoretisch" klar war, daß sie ihre Mutter nicht ändern konnte, war es ihr unmöglich, sich mit deren Verhalten ihr gegenüber abzufinden und nicht immer wieder mit allen Mitteln zu versuchen, ihr wenigstens ein Bewußtsein ihrer Erziehungsmethoden und deren Bedeutung für sie selber zu vermitteln.

Eine andere Schöpfungsgeschichte

In der Bibel steht, am Anfang schuf Gott Himmel und Erde. Eine alte Schrift der Schöpfungsgeschichte jüdischen Glaubens, die erst vor kurzer Zeit in Ägypten gefunden wurde, erzählt diese Geschichte jedoch etwas anders. Danach schuf Gott, bevor er sich an die irdische Schöpfung machte, zunächst seine himmlischen Helfer, die Erzengel. Und die waren im Gegensatz zu den Berichten des Alten und Neuen Testaments weiblichen Geschlechts. Zudem gab es bei der Geburt dieser weiblichen Erzengel, wie diese alte Schrift berichtet, erhebliche Schwierigkeiten. Zunächst schuf Gott den Engel, der das Schöne auf die Welt bringen sollte. Danach gab er jenem Engel Leben, der das Wahre ans Licht zu bringen die Aufgabe haben sollte. Und als dritten Boten und Geburtshelfer hauchte er jenem Engel Leben ein, dessen Bestimmung es sein sollte, dem Guten im himmlischen und irdischen Leben Geltung zu verschaffen.

Mag sein, daß Gott bei der Schöpfung des dritten Erzengels schon etwas müde oder unaufmerksam gewesen ist. Oder vielleicht hatte es auch einen anderen Grund, oder es lag daran, daß das Gute in reiner Form auch für einen Gott nur unter Schwierigkeiten zu erzeugen ist. Jedenfalls trat der Erzengel des Guten in sein himmlisches Dasein gebunden an seinen Widerpart, den Erzengel des Bösen, der gleichzeitig Schöpfer des Bösen sein sollte, später Luzifer genannt wurde, der der gefallene Engel ist, den die christlichen Völker als Satan kennen.

Die Geburt Bonas, des Erzengels des Guten, zusammen mit ihrem Zwilling Luzifer, hatte furchtbare Ereignisse zur Folge. Denn beide waren von Stund an gefesselt in einem furchtbaren Kampf gegeneinander. Luzifer war voll böser Energie, quälte Bona, schlug sie, riß sie an den Haaren und schleifte sie über den himmlischen Boden, bis ihre Glieder zerschlagen, ihre Haut zerschunden, ihre Seele wund und ihr Geist verwirrt waren. Er versteckte ihre Nahrung, schloß sie in Ketten, hielt alle warmherzigen Wesen von ihr fern, verspottete sie, lachte über ihren Schmerz und labte seine böse Seele an ihren Qualen.

Bona, deren Wesen Liebe war und deren Dasein die Bestimmung hatte, den Geschundenen und Gequälten, den Verleumdeten und Verachteten der zukünftigen irdischen Welt Beistand zu leisten, war von der Bosheit Luzifers völlig von Sinnen. Zur Liebe geboren, konnte sie trotz Luzifers böser Taten an ihr nicht ablassen von dem ihr innewohnenden Drang, Liebe zu erhoffen, ihm mit Liebe zu begegnen und ihn damit von seinem Zwang, Böses zu tun, zu erlösen. Alle ihre Energie floß in dieses Bemühen, das Böse in Luzifer durch Liebe zu bekämpfen.

Es ist klar, daß der Fortgang der Schöpfung dadurch erheblich verzögert wurde. Denn Gott konnte mit der Erschaffung der Erde nicht beginnen, weil er Bona brauchte, um das Gute in der irdischen Welt zum Leben zu erwecken. Nachdem er eine Weile gewartet hatte, in der Hoffnung, Bona würde ablassen von ihrem Widerpart und sich ihrer eigentlichen Bestimmung zuwenden, wurde er sehr ungeduldig. Und er schickte Vera, den Erzengel des Wahren, zu ihr, um sie an ihre Bestimmung zu erinnern und sie zu ermahnen, ihren Pflichten bei der Schöpfung der irdischen Welt nachzukommen.

„Ich weiß, was meine Bestimmung ist", sprach Bona zu Vera. „Und ich bin auch bereit, zu tun, was mir obliegt. Aber es ist mir nicht möglich, bei der ersten Aufgabe, das Böse durch Liebe zu überwinden, zu versagen, meinen Bruder Luzifer seinem bösen Tun und seinem bösen Schicksal zu überlassen, mich von ihm abzuwenden und mit leichteren Aufgaben mein Werk zu beginnen."

„Aber es ist Gottes Wille, daß du von ihm abläßt", erwiderte Vera. „Finde den Weg! Wir harren deiner, um gemeinsam das große Werk zu beginnen." – „Wie soll ich das anfangen?" fragte Bona ganz verzweifelt. „Sag mir, wie ich mich lösen soll von meinem Bruder." – „Das mußt du selber herausfinden", antwortete Vera. „Versuche es. Es gibt den Weg. Finde ihn!" Damit ließ sie Bona allein.

Als Vera fort war, brach Bona in Tränen aus. Sie konnte es nicht über sich bringen, ihr Wirken zu beginnen, ohne die schwere Aufgabe, die sie für ihre erste und wichtigste hielt, erfolgreich bewältigt zu haben. „Wenn es mir nicht möglich ist, ihn von seinem bösen Wesen zu befreien", dachte sie, „dann könnte ich meine Aufgabe wenigstens darin sehen, ihn dazu zu bringen, daß er seine bösen Taten an mir bereut. Wenn mir das gelänge, könnte ich mich frei fühlen von ihm und meiner eigentlichen Bestimmung nachgehen, die Gott für mich vorgesehen hat." Und sie begab sich zu ihrem Bruder, um ihm durch die Liebe ihres Herzens, ihre Worte und den Klang ihrer Stimme Reue einzugeben. Luzifer lauschte ihrer Rede, während sein Mund sich zu einem breiten, satanischen Grinsen verzog. Als sie geendet hatte, brach er in schallendes Gelächter aus, ergriff sie an einem Flügel, schleuderte sie durch die Luft, so daß sie durchs Himmelstor hinaus die breite Treppe hinunterflog, Kopf und Glieder anschlug, Haut und Antlitz verschrammte und wie betäubt liegenblieb.

Als ihre Tränen nachgelassen hatten und sie ihr Haupt erhob, erblickte sie Vera, die vor ihr stand und sie voller Mitleid anblickte. „Sage mir", sprach diese zu ihr, „wie willst du bewirken, daß das Böse seine Bosheit bereut? Wenn du das erreichen könntest, wäre das Böse nicht es selber. Erhebe dich, und zeige mehr Klugheit bei deinem nächsten Versuch!"

Bona setzte sich auf die Stufen und dachte nach. Vera hatte recht, das war ihr klar. Aber einfach ablassen von ihrer sich selbst gesetzten Aufgabe, das konnte sie immer noch nicht über sich bringen. „Wenn ihm auch Reue nicht einzupflanzen sein mag", dachte sie, „vielleicht ist es möglich, ihm zumindest ein Bewußtsein seines bösen Tuns zu vermitteln. Er soll zumindest wissen, was er an mir tat, dann will ich mich von ihm lösen." Und sie erhob sich, um zu Luzifer zu gehen.

Der erwartete sie schon mit satanischem Grinsen auf den Lippen und bösem Glitzern in den Augen. Als Bona diesen bösen Glanz sah, wurde ihr klar, daß auch ihr jetziges Vorhaben ohne Erfolg bleiben würde. Und sie überlegte, warum sie sich seiner Lust, sie zu quälen, überhaupt noch aussetzen sollte. Sie hatte begriffen, daß sie ihn nicht würde ändern können. Aber wenn es ihr unmöglich war, auf sein Fühlen, Denken oder Handeln Einfluß zu nehmen, wie sollte sie sich dann von ihm befreien können. Denn ein innerer Drang, Gutes an ihm zu bewirken, beherrschte sie weiterhin.

Lange hatte sie, in diese Gedanken eingesponnen, auf den Stufen zum Himmel gesessen, als sie die leichten Schritte Veras hinter sich vernahm. Sie wandte sich um und blickte mit fragenden Augen ins Antlitz der Wahrheit. „Du bist auf dem richtigen Weg", sprach Vera. „Ihn kannst du nicht anders fühlen, denken und handeln machen, als seinem Wesen entspricht. Aber wer bleibt denn dann, den du bewegen kannst zu einer Wandlung, auf daß du frei bist, zu tun, was deine Bestimmung ist?" Mit dieser Frage entfernte sie sich. Und Bona versank wieder in tiefes Nachsinnen: „Wen ändern, wenn nicht ihn?" Und sie schlief ein auf den Stufen zum Himmel.

Wie lange sie dort so gelegen hatte, vermochte sie später nicht mehr zu sagen. Aber als sie erwachte, war ein Gedanke aus einem Traum, den sie hatte, in ihren Sinn gekommen wie eine Erleuchtung: „Ich muß mich verändern, und zwar so, daß das Böse mich nicht mehr anficht! Wie sonst will ich die Bestimmung, die Gott mir gab, erfüllen? Wie will ich anderen helfen, böse Einflüsse zu überwinden, wenn das Böse mich selber lähmt?" Und sie sprang auf und flog in den Saal, wo Gott und die anderen Erzengel auf sie warteten, um mit der Schöpfung der irdischen Welt zu beginnen.

Und Gott schaute Bona in die Augen, sah deren klaren, von keinem bösen Einfluß mehr getrübten Glanz und sprach: „Verzeih mir, daß ich das Leid, das über dich kam, zugelassen habe. Aber du wirst verstehen, daß ich das Gute prüfen mußte, bevor ich es in die Welt entlasse. Deine Aufgabe in der Welt wird so mühsam sein, daß ich sichergehen mußte, daß du die Kraft, die du für dein Wirken brauchst, auch besitzt."

Das ist der Anfang der Schöpfungsgeschichte nach einer Schrift, die man erst kürzlich in Ägypten fand. Im übrigen, daß die Menschen von dieser Geschichte noch eine Ahnung haben, beweist die Tatsache, daß an manchen alten Gebäuden noch die Namen der drei wichtigsten Erzengel stehen: Bonum, Verum, Beatum, d.h. das Gute, das Wahre, das Schöne.

Zu den Problemen von Frau G gehörte auch, daß zu der Zeit unserer Gespräche ihr einziger Sohn erwachsen wurde und eine Liebesbeziehung einging. Da die erste Metapher, „Eine andere Schöpfungsgeschichte" eine nachprüfbare Wirkung gehabt hatte, versuchte ich auch dieses Problem mit einer Metapher anzugehen.

Die Puppe

Es war einmal ein armes kleines Mädchen, das wuchs auf ohne Mutter und Vater im Gesindehaus eines Schlosses. Es war so arm, daß es nichts zu essen hatte, als was die Köchin des Grafen ihm abends mitbrachte, und nichts, um seine Blöße zu bedecken, als was die Mägde ihr gaben von dem wenigen, das sie selber besaßen. Aber seine Armut stimmte das kleine Mädchen nicht unglücklich. Es war etwas anderes, das es traurig machte. Es hatte keine Spielgefährtin und auch keine Puppe, der es seine Zuneigung und Zärtlichkeit schenken konnte. Mit wehmütigen Augen schaute es manchmal heimlich verborgen in einem Versteck zu, wie die Kinder des Grafen im Schloßgarten spielten, wie sie miteinander rauften, sich Bälle zuwarfen und zuweilen auch nur einander an die Hand nahmen, die Arme umeinander schlangen, die Haare kämmten, sich Zöpfe flochten und liebevoll mit ihren Puppen spielten.

Als das arme Mädchen wieder einmal einen langen Nachmittag voller Sehnsucht dem freundlichen Treiben im Garten des Schlosses zugesehen hatte und sich nach Einbruch der Dämmerung ins Gesindehaus zurückziehen wollte, stand plötzlich eine weißgekleidete Frau mit langen blonden Haaren und großen freundlichen Augen vor ihm und reichte ihm eine herrliche Puppe mit Schlafaugen. „Da, nimm", sagte die Fee. „Und spiel mit ihr. Aber vergiß nicht, sie ist nicht dein Eigentum. Ich leihe sie dir nur. Gib gut acht auf sie. Die Zeit wird kommen, wo ich sie von dir zurückfordern muß." Das arme kleine Mädchen jauchzte auf vor Freude, nahm die Puppe in seine Arme und lief, so schnell es konnte, ins Gesindehaus in die Kammer, wo es sein Lager hatte, und versteckte seinen Schatz unter einer Decke.

Von dem Tage an wurden die Augen des kleinen Mädchens hell. Alle guten Gefühle, die bislang umhergeirrt waren auf der Suche nach einem Wesen, an das sie sich liebevoll hängen konnten, entfalteten sich. Und die Kleine blühte auf und wuchs heran zu einer schönen jungen Frau von schlanker Gestalt, fröhlichem Antlitz und freundlichem Wesen gegen jedermann.

Da stand eines Abends plötzlich wieder die Fee vor ihr und sprach: „Ich bin gekommen, das Geschöpf, das du liebst, von dir zurückzufordern. Es gibt ein anderes Kind, das die

Puppe braucht, um Glück zu erfahren." Die junge Frau erschrak. Tränen traten in ihre Augen, und sie erwiderte: „Wie kannst du so grausam sein, sie mir nehmen zu wollen? Sie ist das einzige, was ich liebe. Mein Glück hängt daran, daß ich sie habe." – „Dein Schmerz, sie zu verlieren, blendet dich", antwortete die Fee. „Du bist dem Gegenstand deiner Liebe schon lange entwachsen. Schau hin, deine Puppe braucht ein anderes Wesen, das ihr die Liebe gibt, die ihr gemäß ist. Und besinne dich. Auch deine Liebe braucht ein neues Feld, um weiter zu wachsen und zu blühen und neue Früchte zu tragen." Als sie die Tränen der jungen Frau sah, fuhr sie fort: „Erinnere dich an die Geschichte des Hungrigen, der sein letztes Stück Brot hergab, um einen Verhungernden zu speisen. Weißt du noch, wie diese Geschichte ausging?" – „Ja", sagte die junge Frau. „Alle Reichtümer der Welt fielen in seinen Schoß. Aber das ist doch nur eine Geschichte." – „Da hast du recht", erwiderte die Fee. „Aber es ist eine wahre Geschichte, auch wenn ein Dichter sie erfunden hat. Und wenn eine Geschichte wahr ist, wird sie auch wirklich. Bedenke meine Worte wohl, und entscheide dich. Ich will morgen wieder hierher kommen und dich fragen."

Als am nächsten Tag die Fee wieder erschien, fand sie die junge Frau mit traurigen Augen vor. Aber bereitwillig gab sie die Puppe her. „Deine Entscheidung war gut", sagte die Fee und verschwand.

Und sie hatte recht. Denn die Liebe der jungen Frau war jetzt frei für neues Wachstum. Ich weiß nicht mehr genau, was aus ihr geworden ist. Mag sein, daß sie Geschichten schrieb, um die Herzen ihrer Mitmenschen leicht und froh zu machen. Mag sein, daß sie Ärztin wurde und ihre Mitmenschen von Schmerz und Krankheit befreite. Auf jeden Fall tat sie wohl an ihren Mitmenschen, nahm Leid von ihnen und schenkte ihnen Glück. Und es waren viele, die sie dafür liebten.

Die letzten hier abgedruckten Metaphern habe ich für das Buch *Neue Wege zum gewünschten Gewicht* geschrieben. Alle diese Metaphern haben die Bearbeitung von Übergewichtsgewinnen zum Ziel. Das sind unbewußte positive Absichten, die Menschen mit Übergewicht verbinden können. In der folgenden Metapher geht es um einen bei Übergewicht nicht selten auftretenden Wunsch, sich durch das übermäßige Essen selber mit Liebe und Zuwendung zu versorgen, wenn man diese von anderen Menschen nicht erhalten kann.

Das Höllentier

Aufgrund eines Rechenfehlers im Programm des himmlischen Zentralcomputers kam ein liebes Mädchen nach seinem frühen Tode in die Hölle. Die Teufel waren hocherfreut über diese höchst seltene Chance, sich dem äußerst genußvollen teuflischen Vergnügen hingeben zu können, eine reine Seele den Regeln höllischen Fühlens, Denkens und Handelns zu unterwerfen. Aber sie hatten wenig Glück. Die reine Seele das Kindes widerstand allen Erziehungsversuchen der teuflischen Gesellschaft. Zu sehr waren dem Kind gute Taten zur Gewohnheit geworden, als daß es sich zur teuflischen Kultur so einfach hätte zwingen oder verführen lassen. Es gab sich zwar sehr viel Mühe, die Reinheit seiner Motive zu verbergen, um die höllischen Herren und Damen nicht offen zu brüskieren. Aber es gelang ihm nicht immer, die Teufel seine guten Worte nicht hören und seine helfende Hand nicht sehen zu lassen. Mindestens einmal am Tage war es so unachtsam, daß ihm das Mißgeschick einer offen sichtbaren, guten Tat unterlief.

Die höllischen Herrschaften beantworteten solche Verhaltensweisen stets mit den in der höllischen Gemeinschaft üblichen Reaktionen. Gute Taten erregten hier keine Liebe, sondern Haß, und sie hatten keine Anerkennung zur Folge, sondern Hohn, wüste Beschimpfungen und schmerzhafte Bestrafungen.

Das gute Kind ließ sich davon nicht beirren, obwohl es feststellte, daß das Ausbleiben von Liebe und Zuwendung auf gute Taten es äußerst schwirig machte, an den reinen Motiven des eigenen Handelns festzuhalten. Um dem Unglück zu entgehen, zu guter Letzt doch dem höllischen Druck auf die gute Moral zu erliegen, kam es auf die Idee, sich selber für gute Taten mit Liebe und Zuwendung zu belohnen.

Als der Herrscher der Hölle herausfand, mit welchen Mitteln das Kind seine reine Seele zu bewahren verstand, kam er auf eine ganz besonders höllische Idee. Wie allgemein bekannt, unterscheiden sich vollintegrierte Mitglieder der teuflischen Gesellschaft von den

Bewohnern der Erde durch drei Merkmale. Sie besitzen Hörner, einen Schwanz und einen Pferdefuß. Sie selber empfinden diese Zeichen tierischen Lebens an ihrem menschlichen Körper als Ausweis ihrer Zugehörigkeit zum Orden Luzifers und sind sehr stolz darauf. Wie man jedoch weiß, verabscheuen reine Seelen diese Anzeichen moralisch niederer Art.

Für jeden Akt der Selbstliebe, so entschied nun der Herrscher der Hölle, solle dem Kinde ein solches Merkmal tierischen Lebens erwachsen. Die arme reine Seele mußte nun erleben, daß das Mittel, das es zur Bewahrung seiner reinen Motive gefunden hatte, sich als Ursache der eigenen Verunstaltung erwies. Nach und nach wuchsen ihm nicht nur Hörner, Schwanz und Pferdefuß, sondern Elefantenrüssel, Hundeohren, Froschaugen, eine Schlangenhaut, Spinnenfinger und weitere tierische Eigenschaften an Haupt und Gliedern. Es sah bald so furchterregend aus, daß alle in der Hölle neu eintreffenden Seelen nichts Eiligeres zu tun hatten, als sich ohne Zögern den teuflischen Lebensformen ganz und gar anzupassen.

Bevor jedoch die menschliche Gestalt des guten Kindes gänzlich in tierischen Formen untergegangen war, bemerkte man im Himmel den Computerfehler und befahl die reine Seele an den eigentlichen Ort ihrer Bestimmung. Im Himmel angekommen, erfuhr das Kind die größte Anerkennung, die einem seligen Wesen in himmlischen Regionen jemals zuteil geworden ist. Als das Kind die Liebe und Zuneigung wieder spürte, fielen die tierischen Formen von ihm ab, und aus seinen Augen strahlte die Reinheit seines Herzens. Der Leiter der Zentralcomputerabteilung trat zu ihm und bat auf das eindringlichste um Vergebung dafür, daß unter seiner Verantwortung ein solch schwerwiegender Fehler zu einer so qualvollen Verformung einer dem Himmel bestimmten Seele geschehen war. Auch die himmlischen Heerscharen erregten sich über die teuflischen Machenschaften, die dem guten Kinde widerfahren waren, auf das heftigste.

An dieser Stelle griff Petrus, der Hausmeister der himmlischen Gefilde, in die Diskussion über das Vorgefallene ein: „Meines Wissens", so sprach er, „ist weder der Leiter der himmlischen Computerabteilung noch der Herrscher der Hölle für die Verunstaltung der Kinderseele verantwortlich. Es gibt bestimmte Gesetze, die in der Hölle, auf Erden und sogar im Himmel gelten. Eines dieser allgemeinen Gesetze betrifft die Selbstliebe. Sie führt selten zu etwas Gutem.

Vom Standpunkt der Hölle ist jede Form von Liebe verboten. Das betrifft auch die Selbstliebe. Sie wird in der Hölle bestraft. Auf der Erde wird Nächstenliebe gefordert, und sich selber zu lieben ist erlaubt. Aber da Eigenliebe des öfteren Nächstenliebe ausschließt, stellt sie für Menschen auch eine Gefahr dar, zu Ungeheuern zu werden. Prinzipiell ist auch vom himmlischen Standpunkt nichts gegen Selbstliebe einzuwenden. Wir sollen ja unsere Nächsten lieben wie uns selber. Nur wenn Selbstliebe ein Ersatz für die Liebe anderer darstellt, die einem aus welchen Gründen auch immer versagt bleibt, haben menschliche Seelen immer mit gewissen Verformungen zu rechnen. Es war also keineswegs eine höllische Idee", mit diesen Worten wandte er sich dem Kinde zu, „die dir die Gestalt eines Ungeheuers verlieh, sondern die Folge deines eigenen Handelns, welche lobenswerten Motive dich auch immer geleitet haben."

„Du hast recht", antwortete daraufhin das Kind. „Ich hätte darauf vertrauen sollen, daß mir die Liebe anderer nicht auf immer versagt bleibt."

Ein anderer unbewußter Gedanke, der bei Übergewicht manchmal eine Rolle spielt, ist die Gleichsetzung von Dicksein und „ein großes Gewicht haben". Diese Gleichsetzung hat nicht nur einen direkten, sondern auch einen indirekten Sinn, wenn wir davon sprechen, daß jemand eine Persönlichkeit von großem Gewicht darstellt. Das Unbewußte kann so etwas mißverstehen und den Wunsch von Menschen, als Persönlichkeit von großem Gewicht zu sein, so verwirklichen, daß sie ein großes Gewicht auf die Waage bringen. Diese Verschiebung einer Bedeutung eines Wortes finden wir sowohl bei „Gewicht" wie auch bei der „Falle".

Die Falle

„He, bist du wahnsinnig geworden, du sitzt in einer Falle!" quiekte Herbert, ein grauer Mäuserich, und schnappte ganz aufgeregt nach Luft. „Das weiß ich, und nun laß mich in Ruhe, ich will allein sein", antwortete Tobi, sein anthrazitfarbener Bruder, wandte ihm den Rücken zu und versank in Grübeleien. „Jetzt verstehe ich gar nichts mehr", stöhnte Herbert. „Der klügste Mausejunge aus dem Stall tappt in die Falle und macht sich's darin auch noch gemütlich. He, wenn du da nicht sofort herauskommst, schnappt sie zu, und du bist geliefert." – „In der Tat, du verstehst gar nichts", antwortete Tobi. „Ich bin hier nicht aus Versehen hineingetappt, sondern ich bin hier hereinspaziert, weil ich es wollte. Und jetzt will ich allein sein!" Herbert stockte der Atem, und es dauerte eine Weile, bevor er wieder sprechen konnte: „Aber warum bist du da hineingelaufen, wenn du weißt, wo du da bist und wie gefährlich das ist? Soll das etwa eine Mutprobe sein?" – „Rede keinen Unsinn, ich bin hier, weil es hier den besten Käse gibt, so einfach ist das!" – Herbert war erneut voller Verwirrung, und er wußte nicht, ob es das Entsetzen war, das ihn schwindlig machte, oder seine Unfähigkeit, das Verhalten seines Bruders in der Falle zu verstehen. Denn er sah keinen Käse in der Falle, und bislang war man in den hiesigen Mausefamilien einhelliger Meinung darüber, wo es die besten Käsesorten gab. Und das war nicht hier im Kuhstall und schon gar nicht in der alten Mausefalle. „Wo ist denn der ach so gute Käse, um dessentwillen du dich in die Falle setzt? Ich sehe keinen", piepste er. „Mein Gott, du kannst Fragen stellen! Natürlich ist er noch nicht da! Aber er kommt bestimmt." Herbert begann an der Fähigkeit seiner Ohren zu zweifeln. Hörte er nicht richtig, oder war mit seinem Kopf etwas nicht in Ordnung. Verwirrt fragte er nochmals nach: „Habe ich dich richtig verstanden, du bist in die Falle gegangen, um auf den besten Käse, den es gibt, zu warten?" – „Du hast richtig verstanden", gab Tobi zurück. „Was du aber nicht verstanden hast, ist, daß du verschwinden sollst!" – „Oh, nur noch eine Frage, bevor ich gehe: Du weißt, daß du in der Falle sitzt, richtig?" – „Richtig!" – „Du weißt auch, daß das lebensgefährlich ist, richtig?" – „Richtig!" – „Du siehst auch, daß die Falle noch nicht zugeschnappt ist, daß du noch heraus kannst?" – „Stimmt!" – „Und du bleibst trotzdem drin, weil du auf den Käse warten willst?" – „Genau!" – „Aber du weißt nicht genau, ob der Käse wirklich kommt?" – „Stimmt auch, aber was du nicht verstanden hast, ist, daß es nicht irgendein Käse ist, sondern daß es der Käse ist, der Inbegriff von Käse, ohne den ich nicht leben kann. Ich habe ihn probiert: Er duftet, daß es dich benebelt. Seine Zartheit streichelt deine Lippen und liebkost deine Zunge. Sein Aroma ist eine Lust für den Gaumen. Und die Erinnerung an ihn ergreift Besitz von allen deinen Sinnen. Ich bin verrückt nach ihm. Ich will diesen Käse oder gar nichts mehr, hast du das jetzt begriffen?" – „Noch nicht alles", stotterte Herbert. „Warum kannst du nicht herauskommen und hier draußen warten, bis der Käse kommt?" – „Das kann ich nicht! Ich habe von seinen Besitzern gehört, daß es diesen Käse nur in einer Falle gibt. Es ist zwar richtig, daß ich hier in der Falle nicht sicher sein kann, an den Käse zu kommen. Aber wenn ich hier hinausgehe, habe ich überhaupt keine Chance, ihn zu bekommen. Und deshalb bleibe ich hier!"

Verstört zog Herbert sich zurück. „Das glaubt mir keine Maus, daß der kluge Tobi in die Falle geht. Wenn ich das jemandem erzähle, halten sie mich für einen Lügner. Ich müßte es beweisen können. Ich müßte es beweisen können. Ja, ich müßte es beweisen können. Aber halt! Ich könnte es beweisen. Ich bräuchte nur ein Foto zu machen. Tobi, die kluge Maus, mitten in einer alten Mausefalle!" Bei diesen Gedanken wurde Herbert wieder ganz aufgeregt. Er stellte sich vor, wie er in der Familie und unter den Nachbarn die Geschichte erzählen und das Bild herumzeigen würde und wie sie alle ungläubig zuhören und dann ganz überrascht das Foto anschauen würden und wie sie ihn mit Fragen bestürmen und seinen Antworten aufmerksam zuhören würden. Noch nie hatte er so im Mittelpunkt der allgemeinen Aufmerksamkeit gestanden! Noch nie hatte man ihn ernst genommen, ihm Fragen gestellt, Antworten erwartet und dann seinen Worten gelauscht! Dies war die Gelegenheit, wo er, Herbert, die graue Maus, seine Überlegenheit erweisen, wo er glänzen konnte.

Sein Entschluß stand fest. Er holte eine Sofortbildkamera. Vorsichtig schlich er damit wieder in den Kuhstall. „Hoffentlich ist er noch nicht herausgekommen", dachte er bei sich. „Denn wenn er herausgekommen ist, habe ich die Chance meines Lebens verpaßt!" Sein Herz klopfte fühlbar und hörbar, als er unter der Tür durchschlüpfte und um die Ecke lugte. „Gott sei Dank, er sitzt noch drin!" sagte Herbert leise zu sich selbst, hob die Kamera, paßte einen geeigneten Augenblick ab, in dem er Tobi erkennbar im Objektiv hatte, und drückte ab. Es blitzte, und mit einem Surren schob sich das Bild aus der Kamera. Herbert zog es ganz heraus, hielt es in die Luft und führte einen Indianertanz auf: „Ich hab dich! Ich hab dich!"

– Tobi setzte sich auf und starrte seinen Bruder an. „Was soll das?" fragte er. „Willst du mich in diesem Zustand der ganzen Welt vorführen?" – „Du hast es erraten", antwortete Herbert. „Ohne das Bild glaubt mir nämlich keine Maus, was ich gesehen habe. Hier schau mal!" – Er hielt das Bild vor die Gitterstäbe der Mausefalle, um es seinem Bruder zu zeigen. Dann jedoch erstarrte er wieder vor Entsetzen. Denn vor seinen Augen verwandelte der Bruder sich. Die anthrazitgrauen Haare seines Felles sträubten sich. Seine Augen weiteten sich, seine Krallen waren gespreizt. Sein Schwanz richtete sich starr auf, und er wich zurück. So verharrte er einen Augenblick wie gebannt. Dann flitzte er aus der Falle.

„Was ist denn nun schon wieder los?" zeterte Herbert. „Ich verstehe gar nichts mehr. Wieso kommst du jetzt auf einmal heraus?" – „In der Tat, du verstehst mal wieder nicht, aber trotzdem danke ich dir, denn du hast mich gerettet!" Mit diesen Worten küßte Tobi seinen Bruder, nahm ihm das Foto aus den Pfoten und zerriß es in unzählige Fetzen. Nachdem er diese in die Luft geworfen hatte, nahm er seinen Bruder in die Arme und tobte mit ihm in einem wilden Tanz durch den Kuhstall. Und wenn sie nicht gestorben sind, tanzen sie noch heute.

Übergewichtsprobleme können auch über Identifizierung zustande kommen. Wenn wir das Bedürfnis haben, uns anderen Menschen verbunden zu fühlen, entwickeln wir Eigenschaften und Verhaltensweisen, die uns diesen Menschen ähnlich machen. Wir spiegeln diese Menschen. Auf diese Weise können wir von anderen auch etwas übernehmen, was losgelöst von diesem Zusammenhang nicht gerade vorteilhaft ausfällt. Menschen können sich unbewußt mit ihrem Übergewicht mit ihnen wichtigen Personen verbunden fühlen. Das ist relativ häufig der Fall, wenn Menschen schon immer dick waren. Man kann dann zuweilen feststellen, daß auch ihre Eltern und Geschwister übergewichtig sind, und denken, das Problem sei angeboren. In Familien, in denen fast alle Mitglieder übergewichtig sind, führt aber kein angeborener, sondern ein psychologischer Faktor zu dieser Ähnlichkeit.

Die traurige Prinzessin

Es lebte einmal eine Prinzessin, deren Vater König eines großen Reiches war und weit über die Grenzen hinaus wegen seiner Macht gefürchtet wurde. Nicht, daß er seine Untertanen unterdrückt und die Menschen jenseits der Grenzen mit Eroberungsfeldzügen bedroht hätte. Nein, das war es nicht, was man im Reich selbst und außerhalb des Reiches fürchtete. Es war vielmehr der Gemütszustand des Herrschers, der sein Volk und andere Völker beunruhigte. Er war schwermütig. Und Schwermut ist etwas, was bei einem reichen und mächtigen König ungewöhnlich ist. Und da die Menschen von einem unglücklichen Gemüt weiteres Unglück befürchten, hatten die Einwohner des Reiches nicht sehr viel Vertrauen in die Regierung ihres Herrschers. Es liefen viele Gerüchte von Mund zu Mund über die Gründe der königlichen Schwermut. Man hielt sie für eine Strafe Gottes und vermutete eine geheime schwere Schuld, die der König oder vielleicht einer seiner Vorfahren auf sich geladen hatte.

Andere wiederum hielten die königliche Schwermut schlicht für angeboren. Denn nicht nur der König war schwermütig und teilte den allgemeinen Frohsinn, der sonst im Volke dieses Reiches herrschte, nicht. Auch die Königin und alle Prinzen und Prinzessinnen der königlichen Familie kannten kein Lachen, kein Singen und kein Tanzen. Sie trugen dunkle Gewänder, und ein trauriger Schleier schien über ihren Augen zu liegen. An den Festen, den Spielen und Lustbarkeiten des Volkes nahmen sie keinen Anteil. Wenn im Schloß Lachen ertönte, Lieder zu hören waren, muntere Schritte durch die Marmorsäle tanzten, Rockschöße und Kleider wirbelten und Späße von einem zum anderen flogen, war es die Dienerschaft, die es sich von den Hoheiten nicht verdrießen ließ, ihre Freude zu haben.

Der König selbst und die Mitglieder seiner Familie nahmen zwar den Unterschied ihres Gemütszustandes zu dem allgemeinen Frohsinn im Volke durchaus wahr. Aber sie teilten deren Auffassung nicht. Für sie war ein ernsthaftes Gemüt die unabdingbare Voraussetzung für die schwierige Aufgabe des Regierens. Ihnen war klar, daß eine ernste und schwere Verantwortung zu tragen kein Vergnügen war, das leichten Herzens und fröhlichen Sinnes zu bewältigen wäre. Aber da einer ihrer Vorfahren diese Bürde auf sich genommen hatte, fühlten sie die Verpflichtung, sie in angemessener und würdiger Form zu tragen. Der schweren Verantwortung der königlichen Familie war es ihrer Meinung nach zu verdanken, daß das Volk sich einem ausgelassenen und fröhlichen Tun und Treiben hingeben konnte.

Nur eine Prinzessin war im Hinblick auf die Stimmung innerhalb der königlichen Familie anderer Meinung. Sie glaubte nicht an die Notwendigkeit, sich von der schweren Verantwortung, die der Vater auf sich genommen hatte, niederdrücken zu lassen. Sie teilte die Auffassung des Volkes, und sie wünschte sich, ihre Schwermütigkeit überwinden zu können. Deshalb ging sie ein geheimes Bündnis mit ihrer fröhlichen Zofe ein. Sie bat sie, sie im Singen und Tanzen zu unterrichten. Aber sie erzählte niemandem davon, denn das wäre als schwerer Verstoß gegen die Etikette aufgefaßt und streng bestraft worden.

Leider stellte die Prinzessin sehr bald fest, daß ihr das fröhliche Singen und Tanzen nicht gelingen wollte. Ihre Stimme war zart und traurig. Und auch die leichten Schritte der Tänze wollten sie nicht zum Schweben bringen. Sie versuchte es immer wieder. Aber ihre Lieder verloren nicht den traurigen Klang und ihre Tänze nicht die Schwere. Es war, wie wenn etwas Geheimnisvolles in ihr sich nicht lösen wollte. Ihre Zofe gab sich sehr viel Mühe, ihrer Stimme die Leichtigkeit fröhlichen Schwingens und ihren Schritten die Schwerelosigkeit des leichten Schwebens zu vermitteln. Es half nicht.

Lange dachte die Prinzessin darüber nach, warum sie sich innerlich so fest und schwer gebunden fühlte. Da geschah es eines Nachts, daß sie einen Traum hatte.

In diesem Traum sah sie sich selbst und ihre Familie in einem großen fremden Saal beieinanderstehen. Es mußte ein Gefängnis sein, denn sie alle, ihre Eltern und Geschwister waren aneinandergekettet. Allerdings waren die Ketten aus unterschiedlichem Material. Ihren Vater und ihre Mutter verband eine schwere Goldkette, die bei beiden um die Mitte ihres Körpers geschlungen war. Der Kronprinz trug eine ebenso schwere, aber silberne Kette um den Hals, dessen Ende der Vater in der Hand hielt. Ihre anderen Geschwister trugen leichtere Ketten an den Füßen oder Händen, die sie an den Körper der Königin oder des Königs banden. Auch untereinander waren einige der Prinzen und Prinzessinnen durch feste Bänder miteinander verbunden. Einige dieser Bänder umschlangen ihre Hand- oder Fußgelenke. Andere Bänder hielten sie lose in den Händen. Die Prinzessin selber fand ihre Füße gefesselt mit einem Goldband, dessen Ende um den Hals ihres Vaters geschlungen war, und in der Hand hielt sie das Ende eines silbernen Kettchens, das am Gürtel der Mutter befestigt war. Und keiner in diesem Saal unternahm etwas, um sich aus seinen Fesseln zu lösen. Ja, niemand schien überhaupt zu bemerken, daß sie Fesseln trugen. Sie sprachen miteinander wie immer.

Da öffnete sich eine große Tür, und eine Feengestalt erschien. Niemand bemerkte sie außer der Prinzessin. Als sie näher kam, bemerkte die Prinzessin eine gewisse Ähnlichkeit mit ihrer Zofe. Aber da die Gestalt in so prächtig glänzende Gewänder gehüllt war, meinte sie, daß sie sich täuschen müsse. Die Feengestalt trat neben sie und sprach: „Du bist die einzige hier im Raume, die sehen kann, wie ihr alle miteinander verbunden seid. Und deshalb bist du auch in der Lage, Abschied zu nehmen. Schau dir deinen Vater und deine Mutter und auch deine Geschwister an, und wähle aus, was du mitnehmen willst aus deinen Beziehungen zu ihnen, und mache dir klar, was du hier zurücklassen willst. Dann nimm Abschied, und löse deine Fesseln." Nach diesen Worten verschwand die Feengestalt.

Die Prinzessin blickte auf die Menschen, die bisher ihre Heimat gewesen waren. Ihre Augen verweilten lange auf dem Antlitz ihres Vaters, der Gestalt ihrer Mutter und den Bildern ihrer Schwestern und Brüder. Sie sah die guten Dinge, die sie mit ihnen geteilt hatte, und sie sah das, was sie zurücklassen wollte, um in eine Zukunft von Freiheit und Freude zu gehen. Als sie alles das mit ihren Augen und in ihrem Herzen wahrgenommen hatte, ließ sie das silberne Kettchen los, das sie mit ihrer Mutter verbunden hatte, und löste die Fesseln um ihre Füße, die sie an den Vater gebunden hatten. Ohne die Worte auf die Lippen kommen zu lassen, dankte sie allen und verließ die Gemeinschaft, ohne daß einer ihr Fortgehen bemerkte.

Als die Prinzessin am nächsten Morgen erwachte, fühlte sie sich leicht. Sie rief ihre Zofe, um mit ihr zu singen und zu tanzen. Und siehe da. Ihre Stimme erhob sich wie das Lied einer Lerche an einem frühen Sommermorgen, und sie schwebte durch die Säle des Schlosses wie ein Schmetterling über eine Blumenwiese. Und als die Prinzessin ihrer Zofe in die Augen sah, bemerkte sie ein seltsames Glitzern. Aber sie wußte nicht genau, ob es der Ausdruck reiner Freude über den Tanz der Prinzessin war oder ein Wiedererkennen aus dem Traum. Sie hat es nie erfahren.

In dieser Metapher geht es um den augenscheinlichsten Übergewichtsgewinn. Eine „dicke Haut" oder ein „dickes Fell" zu besitzen bedeutet Schutz. Elefanten haben eine dicke Haut. Man nennt sie auch Dickhäuter. Der Schutz, den man mit einem „dicken Fell" verbindet, wird dabei zumeist auch nicht im direkten Sinne verstanden, so daß uns Kälte oder Nässe nichts ausmachen, sondern im übertragenen Sinne, daß wir gegen unangenehme Dinge von außen geschützt sind, beispielsweise gegen unfreundliche Worte anderer Menschen, oder anderes, was uns weh tun könnte, wenn wir es an uns „herankommen" ließen. In dieser Metapher sind drei Geschichten ineinander geschachtelt, die alle denselben Übergewichtsgewinn thematisieren.

Unter den Brücken von Basel

Vor langer, langer Zeit, als die Städte in unserem Lande noch von hohen Mauern umgeben waren und Reisende an großen Toren, die von bewaffneten Männern im Dienste des Fürsten sorgfältig bewacht wurden, um Einlaß bitten mußten, lebten drei Bettler unter den Brücken von Basel. Sie hatten Freundschaft geschlossen und teilten alles, was mildtätige Menschen ihnen gaben. Des Nachts, nachdem man die Laternen auf den Straßen und Plätzen gelöscht hatte und das Leben und Treiben in den Gassen zur Ruhe gekommen war, fanden sie sich unter einer Brücke am Fluß ein, verzehrten gemeinsam, was sie durch Betteln erlangt hatten, legten sich dann zur Ruhe und schliefen erst ein, nachdem jeder von den Erlebnissen des Tages berichtet hatte.

Eines Nachts, die Luft war noch mild nach der Hitze eines langen Sommertages, begann der jüngste eine Geschichte zu erzählen.

„Es war einmal ein Prinz aus königlichem Geblüt, dem stand der Sinn nicht nach Herrschen und Regieren, sondern nach den guten, wahren und schönen Dingen des Lebens. Er liebte Gedichte und Lieder, einen liebevollen Umgang mit Menschen, Tänze und das Nachdenken über den Sinn des Daseins und die Bestimmung des Menschen. Der Vater war zwar sehr darauf bedacht, ihm eine sorgfältige Erziehung angedeihen zu lassen. Aber der Unterweisung des Prinzen in den Fächern, die ihn auf seine zukünftigen Pflichten als Herrscher des Reiches vorbereiten sollte, war kein rechter Erfolg beschieden. Mit großem Geschick verstand der Prinz, seine Lehrer von der ungeliebten Auseinandersetzung mit Recht und Gesetz, Ökonomie oder gar Strategie und Taktik abzulenken und sie zu feinsinniger Beschäftigung mit den schönen Künsten zu verführen. Da er ein freundliches Wesen hatte, war er beliebt im Volke, aber niemand verstand so recht, daß der Prinz heranwuchs, ohne sich auf seine Aufgabe vorzubereiten, die zukünftigen Geschicke des Reiches zu lenken.

Als er die Bemühungen der Lehrer so ohne Früchte bleiben sah, beschloß der König, den Sohn in härtere Hände zu geben. Er bestimmte für die letzten Jahre seiner Ausbildung den ersten Minister zu seinem einzigen Lehrer. Damit begann eine schwere Zeit für den Prinzen. Von seinen Freunden wurde er getrennt. An dem Leben und Treiben am Hofe durfte er nicht mehr teilnehmen. Aus seinen Räumen entfernte man alle Gemälde und Musikinstrumente. Man nahm ihm seine Bibliothek, in der er Dokumente der bildenden Künste und alle Werke von Dichtern und Denkern zusammengetragen hatte, und ließ ihm nur die Bücher, die zu seiner Unterweisung in den Staats- und Regierungskünsten bestimmt waren.

Das Schlimmste für den Prinzen jedoch war, daß sein neuer Lehrer den Dingen, denen er bisher seine Liebe geschenkt hatte, nichts anderes als Verachtung entgegenbrachte. Und als die Leistungen des Prinzen den Erwartungen seines Lehrers nicht entsprachen, folgte Strafe auf Strafe, um den Schüler gefügig zu machen. Dieser ertrug die harte Hand, aber er wollte sich die Gedanken und Fähigkeiten nicht aneignen, die nach den Worten seines Lehrers zur Herrschaft über ein Volk nötig waren. So kam es, daß eines Tages der Minister dem Prinzen mitteilte, daß er zum Regieren nicht tauge. Der empfindsame Herr möge doch versuchen, mit seiner Leidenschaft für das Wahre, Gute und Schöne in der wirklichen Welt zu bestehen.

Nach diesen verächtlichen Worten entschied sich der Prinz, den väterlichen Palast zu verlassen. Er färbte sein Antlitz dunkel und nahm die Kleider seines Dieners, um von niemandem erkannt zu werden, und machte sich auf den Weg ins Ungewisse. Da er nichts gelernt hatte, wofür jemand Lohn und Brot zu geben bereit war, wurde er zum Bettler. Und seine äußere Erscheinung war bald so abgerissen, daß niemand von ihm etwas verlangen oder wissen wollte, außer Bettlern. Aber auch in deren Gesellschaft war er selten zu finden, weil seine Sinne weiterhin den schönen Dingen des Lebens nachhingen. Zuweilen schmerzte ihn die Einsamkeit mit seinen Gedanken. Und sein neues Leben blieb nicht ohne Spuren in seinem Antlitz und an seiner Gestalt."

Bis hierher hatte der erste Bettler berichtet, als der zweite sich aufrichtete und sprach: „Eine ähnliche Geschichte habe ich auch schon mal gehört. Aber sie handelt nicht von einem Prinzen, sondern von einem Maler." – „Erzähle", baten die beiden anderen, denn sich über ihre Gedanken und Erfahrungen auszutauschen, war ihnen zur lieben Gewohnheit geworden. „Gerne", erwiderte der zweite Bettler und begann: „Jener Maler war von großer Begabung, und sein Fleiß hatte ihn diese Begabung zu großer Kunstfertigkeit entwickeln lassen, so daß nicht nur die Menschen von weit her kamen, um sich seine Bilder anzuschauen, auch mächtige Herren, die von ihm gehört hatten, bestellten ihn zu sich, daß er Portraits malte und ihre Paläste schmückte. Der Maler kam den Befehlen der Großen dieser Welt gerne nach, und er erfüllte auch die Wünsche der kleinen Leute in seinem Heimatdorf mit viel Liebe. Nur eines war seltsam am Verhalten des großen Künstlers. Er selber glaubte nicht an sich. Er nahm die Lobeshymnen der Großen ebenso hin wie die Freude und den Dank der Kleinen. Aber er nahm sie nicht an. Was er bis jetzt geschaffen hatte, erschien ihm nichts weiter als Schnörkel oder Verzierungen, die die Räume, in denen Menschen wohnten, ein wenig zu beleben geeignet waren. Etwas, das er selber als ein »Werk« betrachten konnte, war ihm bisher noch nicht gelungen. Deshalb dachte er gering von sich und war ohne Freude.

Bis er eines Tages vor seiner Staffelei stand und den Pinsel führte wie eine Marionette. Es war, wie wenn eine unbekannte Kraft in ihm die Farben mischte und auf die Leinwand brachte. Er selber sah sich zu, wie seine Hand, von Zauberkraft bewegt, ein Bild malte, wie er noch keines gesehen hatte. Wie im Traum trug er die Farben auf, schuf die Formen und Konturen. Und als es fertig war, wachte er auf wie aus einem tiefen Rausch.

Aber als er nun dieses Bild betrachtete, wurde ihm klar, daß dieses das Werk war, was zu schaffen er sich schon immer gewünscht hatte. Dieses war der Ausweis des großen Könnens, das er immer von sich verlangt, aber bisher nicht zu geben imstande war. Auf diesem Bild zeigte sich die Verwirklichung der Kunst, die vor seinen eigenen Augen Bestand hatte.

Aber welche Erschütterung mußte der Maler erleben, als er erfuhr, daß die Welt seine Wahrnehmung nicht teilte. Die einfachen Leute fanden das Bild befremdlich. Es waren Dinge darauf zu sehen, die ihrer Meinung nach nicht zueinander gehörten, und sie verstanden nicht den Sinn ihrer Vereinigung. Höher gestellte Herren fanden die Darstellung durchaus gelungen und reizvoll, aber eher etwas ungehörig. Ein Kritiker, der das neue Bild des Malers dem größeren Publikum vorstellte, erdreistete sich, Hohn und Spott aus seiner Feder fließen zu lassen und den Künstler des geheimen Genusses von Drogen zu verdächtigen. Auch die Priester des nahen Klosters nahmen das neue Werk des Künstlers in kritischen Augenschein, und es wurde erzählt, man habe im Rat des Bischofs darüber nachgedacht, dem Künstler ein weiteres Schaffen solcher Bilder als unvereinbar mit den Lehren der Kirche zu verbieten.

Nach diesem Erlebnis beschloß der Maler, sich von der Welt zurückzuziehen. Er ließ eine hohe Mauer um sein Haus ziehen. Wilde Rosen, die bald den ganzen Garten füllten und das Haus überwucherten, hielten die fern, die imstande waren, die Mauern zu überwinden. Nur einer stummen Dienerin gewährte er Einlaß, die ihn mit den nötigen Dingen des Lebens versorgte. Er selbst verbrachte seine Tage untätig vor dem Bilde sitzend und nachsinnend."

"Seltsam", sagte an dieser Stelle der dritte Bettler. "Ich kenne eine ähnliche Geschichte aus dem Tierreich." – "Erzähle", baten die anderen beiden. "Nun denn, wie gesagt, diese Geschichte ist nicht aus dem Reich der Menschen, aber sie ähnelt dem, was ihr berichtet habt. Es geht in dieser Geschichte um ein Krokodil, das seine Tage verbrachte wie unter Krokodilen üblich. Zumeist liegen sie an den Ufern von Seen und Flüssen träge in der Sonne. Und nur zur Nahrungssuche verschwinden sie in den Gewässern, um ihrer Beute aufzulauern. Nun wißt ihr sicher, daß Krokodile eine seltsame Lebensgemeinschaft mit Vögeln eingehen, die ihnen das Ungeziefer von ihren Panzern sammeln und die Reste ihrer Nahrung aus den Zähnen picken. Man nennt sie Krokodilswächter, und jedes Krokodil hat so einen Vogel, der es ganz persönlich betreut.

Die Geschichte nun handelt von einem Krokodil, das das Mißgeschick traf, mit einem äußerst ungeschickten Vogel als Partner für seine Körperpflege verbunden zu sein. Solange dieser sich auf seinem Panzer tummelte, war das ganz in Ordnung. Aber wenn das Krokodil am Ufer im heißen Sand schlief und dabei zur Regulierung seiner Körpertemperatur den Rachen geöffnet hatte, spazierte der ungeschickte Vogel in seinem Rachen umher und hackte des öfteren in sein Zahnfleisch. Das tat dem Krokodil weh. Und nicht nur das. Sein Zahnfleisch hatte sich im Laufe der Zeit so entzündet, daß das Krokodil Mühe hatte, seine Beute zu fangen und festzuhalten.

Nun hätte ja das Krokodil den ungeschickten Vogel einfach verspeisen können, um ihn loszuwerden. Aber da Krokodile kein besonders großes Gehirn besitzen, kam es nicht auf diese Idee. Statt dessen sann es nach Möglichkeiten, sich vor dem Vogel zu verstecken. Aber auch diese Idee erwies sich als nicht sonderlich erfolgreich. Wohin das Krokodil sich auch verkroch, wenn es aus dem Wasser stieg, um zu ruhen, der Vogel fand es immer wieder.

Auf solchen Ausflügen in die Uferlandschaft zur Erkundung eines geeigneten Verstecks geriet das Krokodil eines Tages in ein Loch mit rotem Tonschlamm. Als es dem Schlammloch wieder entkommen war, glänzte sein ganzer Körper von einer roten Schicht, die auch vom Wasser nur ganz langsam abgewaschen werden konnte. An diesem Tage fand ihn der Vogel nicht. Die neue Farbe seines Panzers, die einem Menschen sofort aufgefallen wäre, war für die Augen des Vogels offenbar eine Tarnfarbe. Er erkannte seinen Wirt nicht mehr. Aber auch die anderen Krokodile schienen ihren Artgenossen nicht mehr für ihresgleichen zu halten. Sie vertrieben es von den gewohnten Ruheplätzen. So war das Kokodil seine Plage losgeworden. Aber es war auch allein.

Und es blieb allein. Denn immer, wenn das Wasser seine Farbe nahezu abgewaschen hatte, suchte es das Schlammloch auf, um seine Tarnung zu erneuern. Da es einen Weg, seine Qual loszuwerden, gefunden hatte, machte es keine weiteren Anstrengungen, auf andere Weise seinem Quälgeist zu entgehen. Bis es eines Tages krank wurde und so schwach, daß es das seichte Wasser am Ufer nicht mehr verlassen konnte. Während es in Fieberträumen dahindämmerte, spülte das Wasser beständig um Leib und Glieder, bis es die letzte Farbe von seinem Panzer abgewaschen hatte. Als das Krokodil aus seinen Fieberträumen erwachte, stellte es erstaunt ein Kitzeln in seinem Rachen fest. Das war so zart und angenehm, daß es zunächst gar nicht wußte, wie ihm geschah. Aber es hatte einen neuen Lebensgenossen bekommen, einen Krokodilswächter, der im Gegensatz zu seinem Vorgänger äußerst behutsam in seinem Rachen umhertippelte und mit zärtlichem Picken seine Zahnlücken säuberte. Beim großen Pharao! dachte das Krokodil, so einfach ist die Lösung des Problems."

„In der Tat", sagte der zweite Bettler. „Die Lösung dieses Problems war einfach. Und das Krokodil hat das Problem nicht selber gelöst. Der Zufall hat ihm geholfen. Der Zufall hat ihm zu einer Tarnung verholfen. Und es war auch der Zufall, der das Krokodil erkranken ließ und ihm einen neuen Gefährten zuführte. Es selber hat gar nichts zur Lösung seines Problems beigetragen."

„Das ist richtig", antwortete der dritte Bettler. „Aber ich denke, das liegt daran, daß diese Geschichte von einem Tier handelt. Hätte das Krokodil den Verstand eines Menschen besessen, wären ihm viele Möglichkeiten, seinem Mißgeschick zu entgehen, eingefallen."

„Du täuschst dich", mischte sich der erste Bettler in die Unterhaltung ein. „Menschen haben zwar mehr Verstand als die Tiere, aber wenn es um Probleme geht, zeigen sie nicht mehr Klugheit als ihre Vettern und Kusinen im Tierreich. Aber deine Geschichte hat immerhin eine Lösung. Unsere beiden Geschichten können dagegen von keinem guten Ende berichten."

„Das stimmt nicht", sagte der zweite Bettler. „Ich weiß zwar nicht, wie deine Geschichte ausgeht. Aber meine Geschichte hat ein gutes Ende. Ich habe es nur noch nicht berichtet." – „Dann erzähle weiter!" drangen die beiden in ihn. „Wie löste der Maler sein Problem?"

„Viele Tage, Nächte, Wochen, Monate und Jahre verbrachte der Maler einsam in seinem Haus, ohne je einen Pinsel wieder anzurühren. Er war wie tot, saß in einem Stuhl vor seinem Bild und sann trübe vor sich hin. Wie ihr bereits wißt, hatte nur eine stumme Dienerin Zutritt zu seinem Hause, um ihn zu versorgen. Aber diese Dienerin hatte zuweilen ein Kind bei sich, das die Mutter auf ihren Gängen begleitete. Und da die Mutter keine Worte hatte, erzog sie das Kind, indem sie es an die Dinge heranführte und mit Gesten anwies, was zu tun war. Das Kind schien auf diese Weise seine Aufgaben leicht zu begreifen, denn es war in vielen Verrichtungen des Haushaltes sehr geschickt. Nur manche Dinge weigerte es sich zu tun. Dann stieß die Mutter die Kleine und schlug sie. Aber die Tochter blieb bei ihrer Weigerung. Und sie schien der Mutter diese Behandlung nicht übel zu nehmen. Sie blieb ebenso freundlich mit ihr wie beharrlich in ihrem Widerstand.

Da fragte der Maler, der den Umgang der beiden bemerkt hatte, eines Tages die Tochter, wie sie es fertigbringe, der groben Behandlung durch die Mutter zu widerstehen und dennoch freundlich und liebevoll mit ihr zu sein. Das ist ganz einfach, antwortete daraufhin das Kind. Meine Mutter möchte mich zu einer guten Dienerin erziehen. Aber sie kann nicht sprechen, und deshalb weist sie mich zurecht, wie sie sich selber in der Welt ohne Sprache zurechtfindet. Ich aber kann sprechen, und deshalb muß ich mich in der Welt mit Sprache zurechtfinden. Also kann ich mich nicht immer so verhalten, wie es in der Welt meiner Mutter richtig wäre. Deshalb tue ich nicht immer, was sie mir zuweist. Aber ich nehme es ihr auch nicht übel, wenn sie mich dann zurechtweist. Denn ich weiß, daß das, was in ihrer Welt eine Zurechtweisung darstellt, in meiner Welt keine richtige Weisung ist. Ich bedaure nur, daß ich es ihr nicht sagen kann, da sie Sprache nicht versteht.

Der Maler dachte über die Worte des Kindes lange nach. In dieser Zeit pflügten die Bauern den Boden, säten, die Mägde banden die Garben, trieben das Vieh in die Ställe, holten die Spinnräder von den Speichern und hörten beim Scheine der Lampe aus der Heiligen Schrift. Als die Bauern die Ochsen wieder einspannten, um die Felder zu pflügen, schnitt der Maler die Rosen in seinem Garten, ließ die Mauer abtragen und griff wieder zu seinem Pinsel. Er ist erst eine Generation später berühmt geworden, denn er war seiner Zeit voraus."

„Das ist ein gutes Ende der Geschichte", sagte der dritte Bettler. „Aber jetzt möchte ich auch hören, wie deine Geschichte zu Ende geht", wandte er sich an den ersten. Dieser richtete sich auf und schwieg lange. Aber seine Freunde bemerkten, daß er sehr bewegt war in seinem Herzen wie auch in seinen Sinnen, denn sein Atem ging schwer. „Ich weiß nicht, wie meine Geschichte ausgeht", erwiderte er, nachdem er lange so verharrt hatte. „Aber ich weiß jetzt, was ich tun werde. Ich werde diese Lumpen wieder ausziehen und in den Palast meines Vaters zurückkehren. Und euch werde ich mitnehmen als meine Berater."

FÜNF
Metaphern schreiben

In diesem Kapitel möchte ich mit Ihnen zusammen eine Geschichte schreiben. Sie brauchen dazu nur ein Problem und Zeit. Alles andere ergibt sich von selbst, wenn Sie meinen beispielhaften Hinweisen folgen. Für den Fall, daß Sie denken, Sie hätten nicht genügend Phantasie, eine Geschichte zu erfinden, oder Sie könnten nicht schreiben, lassen Sie sich von diesen Gedanken nicht beeindrucken. Sie werden über das, was Sie hervorbringen werden, überrascht sein.

I. Eine isomorphe Metapher-Geschichte

Als erstes suchen Sie nach einem Problem. Wenn Sie diesen ersten Versuch zusammen mit einem anderen Menschen durchführen, ist es ganz einfach. Bitten Sie Ihren Partner oder Ihre Partnerin, ein eigenes Problem für Ihre Metapher auszuwählen. Wenn Sie diesen ersten Versuch allein starten, denken Sie an Menschen aus Ihrem Bekanntenkreis, die Ihnen Probleme berichtet haben, und wählen Sie daraus eines aus. Sie können auch an Menschen denken, die Ihnen nahestehen, um ein Problem zu finden. Ich habe die Erfahrung gemacht, daß Metaphern auch in engen sozialen Zusammenhängen Wirkungen hervorbringen. Oder wählen Sie ein eigenes Problem. Sie können auch für sich selber eine Metapher schreiben. Wenn Sie die Gelegenheit dazu haben, führen Sie mit dem Adressaten Ihrer Metapher ein Gespräch, in dem Sie wichtige Informationen über das Problem bekommen.

Ich möchte Ihnen die einzelnen Schritte, die zu einer therapeutischen Metapher führen, jetzt an einem Beispiel vorführen. Es geht in diesem Beispiel um ein psychosomatisches Problem:

> Frau X leidet unter erhöhtem Blutdruck. In Gesprächen mit ihr komme ich auf die Vermutung, daß ihr Bluthochdruck die Folge altersbedingter Lebensveränderungen sein könnte. Frau X war ihr ganzes Leben hindurch gewohnt gewesen, ihren Haushalt und den Garten in schöner Ordnung zu halten. Sie war stolz darauf, daß alles perfekt war. Im fortgeschrittenen Alter merkt sie jedoch, daß sie nicht mehr alles allein machen kann, sondern Hilfe braucht, um ihren Lebensstil auf dem alten Niveau zu halten. Auf die Idee, es sich einfacher zu machen, kommt sie nicht. Ihr Garten muß weiterhin der schönste in der Straße sein. Deshalb versucht sie, ihren Mann zu den Tätigkeiten heranzuziehen, die sie nicht mehr selber ausführen kann. Dieser hat sich seinen Lebensabend jedoch anders vorgestellt als seine Frau. Er will es sich nach einem arbeitsreichen Leben bequem machen. Deshalb reagiert er auf die Versuche seiner Frau, ihn zur Hilfe heranzuziehen, mit passivem Widerstand. Er verbringt viel Zeit morgens im Badezimmer, liest dann ausgiebig die Zeitung, bevor er sich von seiner Frau entweder zum Einkaufen oder in den Garten schicken läßt. Dieses Verhalten erzürnt seine Frau heftig. Die aufgetragenen Arbeiten besorgt er darüber hinaus mit einer Nachlässigkeit, die seine Frau noch wütender macht. Ihre Gespräche mit mir bestehen nur noch aus zornigen Anklagen über das Verhalten des Mannes.

1. Problem bestimmen

Wenn Sie jetzt auch ein Problem gefunden haben, untersuchen Sie es genau. Worum geht es bei diesem Problem? Wer sind die relevanten Personen, die an diesem Problem beteiligt sind, und wer spielt welche Rolle dabei? Wie verhält sich die wichtige Person, die das Problem hat? Was nimmt sie wahr, welche Gefühle spielen eine Rolle, wie handelt sie? Wie reagieren andere darauf? Halten Sie die wichtigsten Informationen schriftlich so fest, wie auch ich es jetzt mache.

Problembeschreibung
Herr und Frau X sind zwei sehr verschiedene Persönlichkeiten.
Frau X ist eine perfekte Hausfrau.
Herr X möchte seinen Lebensabend in Ruhe verbringen.
Im hohen Alter aber kann Frau X die Arbeit nicht mehr allein tun.
Sie zieht ihren Mann zu den Arbeiten heran, die sie nicht mehr ausführen kann.
Ihr Mann leistet passiven Widerstand gegen seine Frau.
Frau X ist über das Verhalten ihres Mannes äußerst erzürnt.

2. Ziel bestimmen

Wenn Sie die wichtigsten Informationen über das Problem identifiziert haben, geht es darum, das Ziel zu bestimmen. Was möchte die Person, die das Problem hat, erreichen? Wie will sie sich verhalten können? Wie fühlt sie sich, wenn sie ihr Ziel erreicht? Wie reagieren die relevanten anderen Personen auf das neue Verhalten?

Auch bei der Zielbestimmung können Sie wieder die betreffende Person nach ihrem Ziel fragen. Wenn Sie diese Möglichkeit nicht haben, entwerfen Sie ein Ziel, von dem Sie annehmen können, daß die Person es aufgreifen könnte. Selbst wenn das von Ihnen entworfene Ziel nicht in die Welt der Person paßt, für die sie gedacht ist, gibt es immer noch die Möglichkeit, daß die Metapher wirksam ist. Um eine wirkungsvolle Metapher zu konstruieren, gibt es nur zwei Bedingungen, die sogenannte strukturelle Äquivalenz, d.h. die Problemstruktur muß innerhalb der Geschichte auftauchen, und das Vorhandensein einer Lösung. Wenn die betreffende Person Ihr Lösungsangebot zurückweist, gibt es immer noch die Wirkung, die in der Erkenntnis der Möglichkeit einer Lösung besteht. Und diese kann unbewußt die Suche nach einer eigenen Lösung anstoßen.

Für Frau X denke ich mir die Lösung ihres Problems selber aus. Ich möchte erreichen, daß sie sich darüber freut, daß sie in ihrem hohen Alter ihren Mann an ihrer Seite hat. Statt ihren Mann zu bedrängen, soll Frau X ihn motivieren, ihr zu helfen. Und sie soll selber mehr für sich sorgen.

Wenn Sie genaue Informationen über das Ziel erfragt oder selber festgelegt haben, finden Sie wieder die wichtigsten Komponenten heraus, die dieses Ziel charakterisieren.

Problemlösung
Frau X ist stolz auf ihren Mann.
Sie freut sich darüber, ihn an seiner Seite zu haben.
Sie motiviert ihn zur Mithilfe im Haushalt, statt ihn dazu zu drängen.
Sie sorgt in größerem Maße für sich selber.

3. Geeignete Inhaltsebene auswählen

Nachdem auch Sie die wichtigsten Informationen über das Problem und das Ziel notiert haben, suchen Sie nach einer Inhaltsebene, in der Sie die Problemstruktur spiegeln können. Dabei können Sie prinzipiell jede Ebene wählen, den Götterhimmel aller Völker oder das Reich der Dämonen. Das „Es war einmal ..." der Märchen mit Prinzen und Prinzessinnen, Zauberern, Hexen und Feen, sprechenden Tieren, Pflanzen und Steinen ist ebenso möglich wie Fabelwesen und Gestalten aus dem Reich des Sciencefiction. In Ihrer Metapher können große Persönlichkeiten der Geschichte auftreten, ebenso wie normale Menschen. Auch Maschinen können eine wichtige Rolle spielen. Und nichts hindert Sie daran, das alles zu mischen, außer einem wichtigen Gesichtspunkt. Die Inhaltsebene muß für den Adressaten der Metapher interessant sein. Deshalb können Sie an dieser Stelle darüber nachdenken, ob Sie Hinweise auf eine für den Adressaten interessante Inhaltsebene haben. Wenn es Ihnen möglich ist, holen Sie direkt vom Adressaten der Metapher weitere Informationen ein, um die Inhaltsebene zu bestimmen.

Ich weiß, daß Frau X Märchen und Fabeln schätzt. Eine Vorliebe hat sie für Tiergeschichten. Diese dürfen auch sehr phantasievoll sein. Ich wähle eine ausgefallene Tiergeschichte, die auf einem fremden Stern spielt, auf dem ein Papagei mit einer faulen Katze verheiratet ist, die sich ständig putzt.

4. Problem und Ziel in der Inhaltsebene spiegeln

Ich habe oben bereits angedeutet, daß man bestimmte Kriterien beachten muß, um eine wirkungsvolle Metapher zu konstruieren. Wenn eine Geschichte Probleme lösen soll, muß sie dem Problem strukturell ähnlich sein. Die therapeutische Metapher enthält grundsätzlich die Struktur der problematischen Situation des Klienten, seine Beziehungen und den Problemzusammenhang. Es geht deshalb jetzt darum, die wichtigsten Informationen des Problems innerhalb der gefundenen Inhaltsebene in einem Eins-zu-eins-Verhältnis zu spiegeln.

Problembeschreibung in der Inhaltsebene der Metapher
Die Katze und der Papagei, also sehr verschiedene Tiere, sind ein Ehepaar.
Der Papagei versorgt Werkstatt, Garten und Haus perfekt.
Die Katze ist faul und bequem.
Nachdem er einen Flügel gebrochen hat, kann der Papagei die Arbeit nicht mehr allein tun.
Er zieht die Katze zu den Arbeiten heran, die er nicht mehr ausführen kann.
Die Katze leistet passiven Widerstand gegen den Papagei.
Der Papagei ist über das Verhalten seiner Frau äußerst erzürnt.

Wenn auch Sie jetzt die wichtigsten Informationen der Problembeschreibung in der Inhaltsebene der Metapher gespiegelt haben, geht es darum, die Strukturen und Prozesse der Zielerreichung im Medium der Geschichte zu spiegeln.

Metaphorische Lösung
Der Papagei ist stolz auf die Katze.
Er freut sich darüber, sie an seiner Seite zu haben.
Er motiviert sie zur Mithilfe im Haushalt, statt sie dazu zu drängen.
Der Papagei sorgt in größerem Maße für sich selber.

5. Den Weg zum Ziel entwerfen

Als letzten Schritt wählen Sie einen Weg, um Ausgangslage und Ziel im Medium der Geschichte miteinander zu verbinden. Wie kommt der Held oder die Heldin der Geschichte zum Ziel? Überlegen Sie sich dabei Ressourcen, die auch der Adressat Ihrer Metapher zur Zielerreichung benutzen könnte. Es ist auch nützlich, im Verlauf der Geschichte die Entwicklung eines Gefühls aufkommen zu lassen, das den Klienten befähigt, mit dem Problem fertig zu werden.

> Als Ressource, die Frau X für die Zielerreichung nutzen könnte, denke ich an ihre Intelligenz. Frau X hat oft davon erzählt, was sie im Leben hätte erreichen können, wenn es in ihrer Jugend Ausbildungschancen für Frauen gegeben hätte. Außerdem ist Frau X sehr neugierig.
>
> **Weg zum Ziel**
> *Ressourcen: Intelligenz, Neugier*
> Der Fuchs kommt zu Besuch.
> Er veranlaßt den Papagei, das Verhalten der Katze anders zu sehen.

Mit diesen Aufzeichnungen haben Sie die Grundstruktur einer Metapher. Sie haben die Problembeschreibung in der Inhaltsebene der Metapher, einen Weg zum Ziel und die Beschreibung des Ziels.

> **Problembeschreibung in der Inhaltsebene der Metapher**
> Die Katze und der Papagei, also sehr verschiedene Tiere, sind ein Ehepaar.
> Der Papagei versorgt Werkstatt, Garten und Haus perfekt.
> Die Katze ist faul und bequem und putzt sich den ganzen Tag.
> Nachdem er sich einen Flügel brach, kann er die Arbeit nicht mehr allein tun.
> Er zieht die Katze zu den Arbeiten heran, die er nicht mehr ausführen kann.
> Die Katze leistet passiven Widerstand gegen den Papagei.
> Der Papagei ist über das Verhalten seiner Frau äußerst erzürnt.
>
> **Weg zum Ziel**
> *Ressourcen: Intelligenz, Neugier*
> Der Fuchs kommt zu Besuch.
> Er veranlaßt den Papagei, das Verhalten der Katze anders zu sehen.

Metaphorische Lösung
Der Papagei ist stolz auf die Katze.
Er freut sich darüber, sie an seiner Seite zu haben.
Er motiviert sie zur Mithilfe im Haushalt, statt sie dazu zu drängen.
Er sorgt in größerem Maße für sich selber.

Nachdem Sie die Grundstruktur einer Metapher haben, kommt es darauf an, daraus eine Geschichte zu machen.

6. Die Metapher schreiben

Die Katze und der Papagei

Eine Geschichte, die ich gehört habe, handelt auf einem fremden Stern von einem Papagei, der sich mit einer Katze vermählt hatte. Sie liebten sich sehr, aber trotzdem gab es Probleme. Und auch das ist ja eigentlich nicht ungewöhnlich, wenn man bedenkt, wie verschieden dieses Ehepaar war. Man stelle sich vor, ein prächtiger bunter Papagei und eine graue Katze. Aber der äußere Unterschied zwischen den beiden war gar nicht das Problem. Vielmehr gab es deshalb Schwierigkeiten, weil beide in ihrem Wesen so verschieden waren. Die Katze war ganz zufrieden mit der Wahl, die sie getroffen hatte. Nur der Papagei war es nicht so ganz. Nicht, daß er sich nach einer anderen Partnerin sehnte, nein, das war es nicht. Er wollte nur, daß die Katze nicht so eigenwillig sein sollte, wie sie als Katze nun mal war. Es gab halt einige Dinge im Verhalten der Katze, die der Papagei nicht ausstehen konnte, z.B., daß sie jeden Morgen so ausgiebig ihr Fell pflegte. Während er bereits früh aufgestanden war, das Frühstück bereitet und schon viele andere Dinge erledigt hatte, war sie immer noch beim Pfötchenlecken, mit Ohrenputzen und Schwanzglätten beschäftigt und ließ sich so viel Zeit, wie sie mochte. Der Papagei regte sich dann fürchterlich auf und zeterte, daß sie sich doch gefälligst beeilen sollte, da sie noch etwas zu erledigen hatte. Aber die Katze ließ sich Zeit. Sie war ganz einfach faul, drehte sich gerne herum und schnurrte vor sich hin, las die Zeitung und hörte und sah nichts, was um sie herum geschah. Das führte dazu, daß der Papagei sich um alles selber kümmern mußte; denn bis er der Katze klargemacht hatte, was zu tun war, und sie aufgescheucht hatte, um die Sache zu erledigen, verging viel zu viel Zeit. Deshalb tat er die notwendigen Dinge lieber selber. Dann brauchte er sich auch nicht zu ärgern und aufzupassen, ob sie es auch richtig machte.

Da geschah es, daß der Papagei sich beim Arbeiten einen Flügel brach. Er konnte den Haushalt und den Garten und auch die Werkstatt nicht mehr allein versorgen. Es war jetzt einfach notwendig geworden, die Katze zu Arbeiten heranzuziehen. Die sah das auch ein und erklärte sich zur Hilfe bereit. Aber sie konnte ihr Wesen nicht ändern. Sie sah immer noch nicht, wo Arbeit notwendig war, und hörte immer noch nicht richtig zu, wenn der Papagei ihr irgend etwas erklärte. Das brachte den Papagei zur Raserei. Selbst wenn er ihr einen Auftrag gab, und sie ihn besorgen ging, geschah es oft, daß sie zurückkam, und die Hälfte war verkehrt erledigt. Der Papagei raufte sich dann seine Kopffedern und schrie und krächzte, was er mit diesem Katzenvieh wohl anfangen sollte. Dabei hatte es schon ungeheure Mühe gekostet, sie überhaupt vom Frühstückstisch aufzuscheuchen und loszuschicken. Er brach schon fast zusammen, so viel Kraft kostete es. Und dann kommt diese Katze mit so etwas zurück! Der Papagei war ganz verzweifelt. Die Katze kümmerte sich weiterhin um nichts, lag faul herum, putzte sich, fraß ungeheure Mengen und schlief dann wie ein Bär. Sie dachte gar nicht daran, sich zu ändern. Das machte ihn ganz krank. Sein Flügel tat ihm weh, und er jammerte und versuchte immer wieder, sie zur Veränderung ihres Verhaltens zu bringen. Aber an der Situation änderte sich nichts. Sein Ärger nahm und nahm kein Ende.

Da kam eines Tages der Fuchs zu Besuch. Da der Papagei wußte, daß der Fuchs ein kluges Tier war, klagte er ihm sein Leid und fragte um Rat.

„Da kann ich helfen", sagte der Fuchs. „Sage mir, was du willst. Ich könnte zum Beispiel die Katze fressen, dann bist du sie los." – „Nein, nein", sagte der Papagei. „Dann wäre ich ja allein. Ich will sie schon behalten." – „Dann könnte ich sie vielleicht beißen zur Strafe für ihr ekelhaftes Verhalten." – „Nein, das ist auch nicht gut", sagte der Papagei. „Dann ist sie krank, und ich muß sie pflegen." – „Und was hältst du davon, wenn ich einen jungen Kater auf sie hetze, der sie auf Trab bringt?" – „Das finde ich auch nicht gut. Sie könnte auf falsche Gedanken kommen, und dann bin ich sie auch los. Nein, du sollst etwas tun, damit sie sich ändert, daß sie sich nicht mehr solange putzt und nicht so faul ist und sich mehr kümmert und hilft. Damit ich mich nicht mehr ärgern muß."

„Das steht nicht in meiner Macht", sagte der Fuchs. „Gott hat die Tiere jedes mit einem bestimmten Wesen und mit einem bestimmten Charakter ausgestattet, und das kann man nicht ändern. Aber für dich wüßte ich ein Mittel."

„Für mich ein Mittel? Wieso für mich? Ich muß mich doch nicht ändern! Das Problem ist die Katze!" – „Ja", sagte der Fuchs. Aber es gibt trotzdem ein Mittel für dich." Der Papagei zögerte, weil ihm das nicht einleuchtete. Aber da Papageien klug und neugierig sind, war er einverstanden. „Und was ist das für ein Mittel?" – „Ganz einfach", sagte der Fuchs. „Du brauchst dich nur zu bücken und durch die Beine zu sehen." – „Was soll das?" schimpfte der Papagei. „Versuch's nur", sagte der Fuchs. „Und erzähle mir, was du siehst." Der Papagei bückte sich und guckte durch seine Beine. „Ich sehe, was ich auch sonst sehe," sagte er. „Nichts hat sich geändert." – „Sieh genau hin", sagte der Fuchs. Der Papagei versuchte es nochmals. „Hhm, ja, ich sehe den Tisch, die Stühle, den Schrank, die Blumen, na ja, aber alles anders herum. Es steht alles auf dem Kopf." – „Na, also, dann ist dir auch geholfen", sagte der Fuchs. „Wenn du dir aus einer solchen Haltung heraus deine Katze anschaust, wird sich dein Problem lösen." Und er verabschiedete sich höflich.

Als er weg war, fing der Papagei an, sich wieder zu ärgern über den dummen Rat, den der Fuchs ihm gegeben hatte. Was sollte das ändern, die Katze umgekehrt anzuschauen. Aber da er, wie gesagt, neugierig war, probierte er es. Zunächst konnte er nichts Wichtiges feststellen, wenn er das graue faule Ungeheuer durch seine Beine betrachtete. Dann merkte er aber plötzlich, daß sich doch etwas verändert hatte. Ihm wurde klar, daß er sich nicht mehr ärgern konnte. Zunächst wollte er es nicht glauben und versuchte, Ärger in sich hochkommen zu lassen. Es ging nicht. Und es ging darum nicht, weil ihm bei diesem Anblick ganz andere Gedanken in den Sinn kamen. Wenn er sich jetzt die Putzsucht seiner Katze durch die Beine ansah, dachte er: „Eigentlich habe ich eine feine Frau, wie sie nicht jeder Papagei hat. Sie wirkt so jugendlich, und wie ihr Fell glänzt!" Und dann freute er sich. Und wenn er sich ihre Faulheit auf diese Weise ansah, dachte er: „Sie verausgabt sich nicht, sie spart ihre Kräfte, also wird sie mir lange erhalten bleiben, und ich werde nie einsam sein." Und er war froh darum. Und wenn er sie jetzt ansah, wie sie sich um nichts kümmerte, dachte er: „Sie braucht mich, ohne mich kann sie nicht leben, und so wird es bleiben." Und dann lächelte er zufrieden.

Und noch etwas änderte sich. Wenn Dinge zu tun waren, die er nicht tun konnte, schimpfte und scheuchte er sie nicht mehr. Er war listig geworden. Er überlegte sich, wie er sie locken konnte, das zu tun, was sie sollte, denn er war ja klug. So fiel ihm ein, eine Maus auszusetzen, wenn sie Staub wischen sollte und keine Lust dazu hatte. Dann sauste die Katze hinter der Maus her durch die ganze Wohnung und wischte mit ihrem flauschigen Schwanz allen Staub weg. Dann feixte der Papagei sich eins, sah dem Spiel zu und überlegte sich gleich ein neues. Außerdem war er auf die Idee gekommen, was wohl geschähe, wenn er seiner Katze einmal vorführte, wie es ist, wenn jemand sich so verhält wie sie. Er kümmerte sich also nicht mehr um alles, putzte sich morgens auch etwas ausgiebiger und fing an, ein bißchen faul zu werden. Und er war ganz überrascht, was das für eine Wirkung auf seine Katze hatte.

Daß der Papagei sich nicht mehr ärgerte, hatte noch andere überraschende Folgen. Die Nachbarn wurden aufmerksam. „Was für ein hübscher, angenehmer und freundlicher Vogel er doch ist", sagten sie. „Immer lacht er und hat lustige Dinge zu erzählen." Und sie rissen sich darum, seine Freunde zu sein.

Und so lebte der Papagei froh dahin, pfiff ein Lied, versammelte seine Freunde um sich und lebte mit der Katze zufrieden zusammen, ich glaube, bis heute.

7. Die Metapher ökologisch überprüfen

Alle Vorgehensweisen der Veränderungsarbeit mit NLP enthalten einen wichtigen Schritt, die Überprüfung der Ökologie des Ziels. Ökologisch nennen wir ein Ziel, wenn es in den Lebenszusammenhang eines Menschen hineinpaßt, ohne negative Konsequenzen für die Persönlichkeitsstruktur des Betreffenden und seinen sozialen Zusammenhang nach sich zu ziehen. Auch Metaphern sollten ökologisch sein. Darunter ist zu verstehen, daß der Adressat aus der Geschichte keine für ihn nachteiligen Konsequenzen ziehen sollte. Unnütze und gefährliche Einsichten sollten ausgeschlossen bleiben. Man sollte es dem Klienten schwermachen, einen falschen Weg einzuschlagen.

Prüfen Sie also jetzt, ob Ihr Adressat aus der Metapher ungewünschte Schlußfolgerungen ziehen könnte. Prüfen Sie die Metapher sorgfältig auf irgendwelche Unannehmlichkeiten, die getilgt werden können, und auf mögliche Interpretationen und Schlußfolgerungen, von denen Sie nicht wollen, daß der Adressat Ihrer Metapher sie erwägt. Wenn Sie etwas gefunden haben, berichtigen Sie Ihre Geschichte.

Bei der ökologischen Überprüfung meiner Metapher fällt mir etwas auf, das zu ungewünschten Schlußfolgerungen führen könnte. Der Papagei bricht sich einen Flügel! Um andere dazu zu bringen, etwas zu tun, was man selber will, setzen Menschen nicht selten unbewußt Krankheiten oder Unfälle ein. Frau X könnte auch auf eine solche Idee kommen. Deshalb berichtige ich die Geschichte. Der Papagei bricht sich seinen Flügel nicht, der Flügel wird nur lahm.

Der zweite Absatz meiner Metapher beginnt jetzt folgendermaßen:

Das Dumme war aber, daß der Papagei in letzter Zeit einen lahmen Flügel bekommen hatte. Er konnte den Haushalt und den Garten und auch die Werkstatt nicht mehr allein versorgen. Es war jetzt einfach notwendig geworden, die Katze zu Arbeiten heranzuziehen ...

8. Feedback-Instruktionen einbauen

Beim Vortrag einer Metapher ist es wie bei jeder NLP-Veränderungsarbeit wichtig, an physiologischen Reaktionen zu überprüfen, wie die Informationen, die Sie geben, von Ihrem Gegenüber verarbeitet werden. Deshalb achten Sie auch beim Vortrag einer Metapher sorgfältig auf physiologische Signale, die Ihnen anzeigen, ob Ihr Zuhörer „mitgeht" oder ob er irgendwelche Einwände entwickelt. Wenn Sie beim Erzählen einer Metapher solche Reaktionen bewußt überprüfen wollen, haben Sie die Möglichkeit, sogenannte Instruktionen für nonverbales Feedback zu geben. Zu diesem Zweck bauen Sie Passagen in Ihre Metapher ein, in denen es um irgendwelche nonverbalen Äußerungen geht, die Ihr Zuhörer, wenn er mitgeht, unbewußt ausführen wird.

Eine solche Feedback-Instruktion kann ich in meiner Metapher folgendermaßen formulieren:

Als er (der Fuchs) weg war, fing der Papagei an, sich wieder zu ärgern über den dummen Rat, den der Fuchs ihm gegeben hatte. **Er stand da und schüttelte den Kopf**: Was sollte das ändern, die Katze umgekehrt anzuschauen? Aber da er, wie gesagt, neugierig war, konnte er nicht widerstehen, es auszuprobieren. **Er nickte leicht, bückte sich dann und sah durch die Beine.** Zunächst konnte er nichts Wichtiges feststellen, ...

Wenn ich Frau X diese Passage vorlese und ein spontanes unbewußtes Kopfschütteln und dann ein leichtes Nicken als Reaktion bekomme, weiß ich, daß sie „mitgeht".

9. Die Metapher abrunden

Wenn Sie jetzt Ihre Metapher nach ökologischen Gesichtspunkten berichtigt und Feedback-Instruktionen eingebaut haben, können Sie überprüfen, ob sie Ihnen so, wie sie ist, gefällt. Mir gefiel meine Metapher noch nicht ganz, und ich hatte das Bedürfnis, sie in einen Rahmen zu setzen, die die ungewöhnliche Beziehung zwischen den beiden Tieren stimmiger macht. Ich beginne deshalb die Geschichte mit der Idee der Seelenwanderung und der Überzeugung von Wissenschaftlern, daß es auf anderen Planeten Leben geben kann, um die merkwürdige Ehe auf dem fremden Stern einzuführen. In dieser Fassung habe ich die Metapher Frau X vorgetragen.

Die Katze und der Papagei

Du weißt sicher, daß es Menschen gibt, die an Seelenwanderung glauben. Sie sind davon überzeugt, daß sie in ihrem früheren Leben irgendein Tier gewesen sind oder eine Pflanze. Nun kann man davon halten, was man will. Ich jedenfalls habe gehört, daß es einen fernen Stern geben soll, auf dem noch keine Menschen, sondern nur Tiere leben. Daran ist ja nichts Ungewöhnliches. Auch unsere Wissenschaftler sind davon überzeugt, daß es auf anderen Sternen lebende Wesen gibt, und sie suchen danach. Das Seltsame an der Geschichte, die ich gehört habe, ist jedoch, daß die Tiere sich dort auf dem fremden Stern so verhalten, als wären sie Menschen, d.h. sie können sprechen und arbeiten und viele andere Dinge, die auf unserem Planeten nur die Menschen können. Das Kurioseste aber ist, daß die Tiere auf jenem Stern in der Regel Mischehen eingehen. Zum Beispiel ist es dort nicht ungewöhnlich, wenn ein Elefant eine Tigerin heiratet und eine Kuh einen Eisbären. Was die sich dabei denken, weiß ich nicht.

Die Geschichte, die ich gehört habe, handelt von einem Papagei, der sich mit einer Katze vermählt hatte. Sie liebten sich sehr, aber trotzdem gab es Probleme. Und auch das ist ja eigentlich nicht ungewöhnlich, wenn man bedenkt, wie verschieden dieses Ehepaar war. Man stelle sich vor, ein prächtiger bunter Papagei und eine graue Katze. Aber der äußere Unterschied zwischen den beiden war gar nicht das Problem. Vielmehr gab es deshalb Schwierigkeiten, weil beide in ihrem Wesen so verschieden waren. Die Katze war ganz zufrieden mit der Wahl, die sie getroffen hatte. Nur der Papagei war es nicht so ganz. Nicht, daß er sich nach einer anderen Partnerin sehnte, nein, das war es nicht. Er wollte nur, daß die Katze nicht so eigenwillig sein sollte, wie sie als Katze nun mal war. Es gab halt einige Dinge im Verhalten der Katze, die der Papagei nicht ausstehen konnte, z.B., daß sie jeden Morgen so ausgiebig ihr Fell pflegte. Während er bereits früh aufgestanden war, das Frühstück bereitet und schon viele andere Dinge erledigt hatte, war sie immer noch beim Pfötchenlecken, mit Ohrenputzen und Schwanzglätten beschäftigt und ließ sich so viel Zeit, wie sie mochte. Der Papagei regte sich dann fürchterlich auf und zeterte, daß sie sich doch gefälligst beeilen sollte, da sie noch etwas zu erledigen hatte. Aber die Katze ließ sich Zeit. Sie war ganz einfach faul, drehte sich gerne herum und schnurrte vor sich hin, las die Zeitung und hörte und sah nichts, was um sie herum geschah. Das führte dazu, daß der Papagei sich um alles selber kümmern mußte; denn bis er der Katze klargemacht hatte, was zu tun war, und sie aufgescheucht hatte, um die Sache zu erledigen, verging viel zu viel Zeit. Deshalb tat er die notwendigen Dinge lieber selber. Dann brauchte er sich auch nicht zu ärgern und aufzupassen, ob sie es auch richtig machte.

Das Dumme war aber, daß der Papagei in letzter Zeit einen lahmen Flügel bekommen hatte. Er konnte den Haushalt und den Garten und auch die Werkstatt nicht mehr allein versorgen. Es war jetzt einfach notwendig geworden, die Katze zu Arbeiten heranzuziehen. Die sah das auch ein und erklärte sich zur Hilfe bereit. Aber sie konnte ihr Wesen nicht ändern. Sie sah immer noch nicht, wo Arbeit notwendig war, und hörte immer noch nicht richtig zu, wenn der Papagei ihr irgend etwas erklärte. Das brachte den Papagei zur Raserei. Selbst wenn er ihr einen Auftrag gab, und sie ihn besorgen ging, geschah es oft, daß sie zurückkam, und die Hälfte war verkehrt erledigt. Der Papagei raufte sich dann seine Kopffedern und schrie und krächzte, was er mit diesem Katzenvieh wohl anfangen sollte. Dabei hatte es schon ungeheure Mühe gekostet, sie überhaupt vom Frühstückstisch aufzuscheuchen und loszuschicken. Er brach schon fast zusammen, so viel Kraft kostete es. Und dann kommt diese Katze mit so etwas zurück! Der Papagei war ganz verzweifelt. Die Katze kümmerte sich weiterhin um nichts, lag faul herum, putzte sich, fraß ungeheure Mengen und schlief dann wie ein Bär. Sie dachte gar nicht daran, sich zu ändern. Das machte ihn ganz krank. Sein Flügel tat ihm weh, und er jammerte und versuchte immer wieder, sie zur Veränderung ihres Verhaltens zu bringen. Aber an der Situation änderte sich nichts. Sein Ärger nahm und nahm kein Ende.

Da kam eines Tages der Fuchs zu Besuch. Da der Papagei wußte, daß der Fuchs ein kluges Tier war, klagte er ihm sein Leid und fragte um Rat.

„Da kann ich helfen," sagte der Fuchs. „Sage mir, was du willst. Ich könnte zum Beispiel die Katze fressen, dann bist du sie los." – „Nein, nein," sagte der Papagei. „Dann wäre ich ja allein. Ich will sie schon behalten." – „Dann könnte ich sie vielleicht beißen zur Strafe für ihr ekelhaftes Verhalten." – „Nein, das ist auch nicht gut," sagte der Papagei. „Dann ist sie krank, und ich muß sie pflegen." – „Und was hältst du davon, wenn ich einen jungen Kater auf sie hetze, der sie auf Trab bringt?" – „Das finde ich auch nicht gut. Sie könnte auf falsche Gedanken kommen, und dann bin ich sie auch los. Nein, du sollst etwas tun, damit sie sich ändert, daß sie sich nicht mehr solange putzt und nicht so faul ist und sich mehr kümmert und hilft. Damit ich mich nicht mehr ärgern muß."

„Das steht nicht in meiner Macht", sagte der Fuchs. „Gott hat die Tiere jedes mit einem bestimmten Wesen und mit einem bestimmten Charakter ausgestattet, und das kann man nicht ändern. Aber für dich wüßte ich ein Mittel."

„Für mich ein Mittel? Wieso für mich? Ich muß mich doch nicht ändern! Das Problem ist die Katze!" – „Ja", sagte der Fuchs. Aber es gibt trotzdem ein Mittel für dich." Der Papagei zögerte, weil ihm das nicht einleuchtete. Aber da Papageien klug und neugierig sind, war er einverstanden. „Und was ist das für ein Mittel?" – „Ganz einfach", sagte der Fuchs. „Du brauchst dich nur zu bücken und durch die Beine zu sehen." – „Was soll das?" schimpfte der Papagei. „Versuch's nur", sagte der Fuchs. „Und erzähle mir, was du siehst." Der Papagei bückte sich und guckte durch seine Beine. „Ich sehe, was ich auch sonst sehe," sagte er. „Nichts hat sich geändert." – „Sieh genau hin", sagte der Fuchs. Der Papagei versuchte es nochmals. „Hhm, ja, ich sehe den Tisch, die Stühle, den Schrank, die Blumen, na ja, aber alles anders herum. Es steht alles auf dem Kopf." – „Na, also, dann ist dir auch geholfen", sagte der Fuchs. „Wenn du dir aus einer solchen Haltung heraus deine Katze anschaust, wird sich dein Problem lösen." Und er verabschiedete sich höflich.

Als er weg war, fing der Papagei an, sich wieder zu ärgern über den dummen Rat, den der Fuchs ihm gegeben hatte. Er stand da und schüttelte den Kopf: Was sollte das ändern, die Katze umgekehrt anzuschauen? Aber da er, wie gesagt, neugierig war, konnte er nicht widerstehen, es auszuprobieren. Er nickte leicht, bückte sich dann und sah durch die Beine. Zunächst konnte er nichts Wichtiges feststellen, wenn er das graue faule Ungeheuer durch seine Beine betrachtete. Dann merkte er aber plötzlich, daß sich doch etwas verändert hatte. Ihm wurde klar, daß er sich nicht mehr ärgern konnte. Zunächst wollte er es nicht glauben und versuchte, Ärger in sich hochkommen zu lassen. Es ging nicht. Und es ging darum nicht, weil ihm bei diesem Anblick ganz andere Gedanken in den Sinn kamen. Wenn er sich jetzt die Putzsucht seiner Katze durch die Beine ansah, dachte er: „Eigentlich habe ich eine feine Frau, wie sie nicht jeder Papagei hat. Sie wirkt so jugendlich, und wie ihr Fell glänzt!" Und dann freute er sich. Und wenn er sich ihre Faulheit auf diese Weise ansah, dachte er: „Sie verausgabt sich nicht, sie spart ihre Kräfte, also wird sie mir lange erhalten bleiben, und ich werde nie einsam sein." Und er war froh darum. Und wenn er sie jetzt ansah, wie sie sich um nichts kümmerte, dachte er: „Sie braucht mich, ohne mich kann sie nicht leben, und so wird es bleiben." Und dann lächelte er zufrieden.

Und noch etwas änderte sich. Wenn Dinge zu tun waren, die er nicht tun konnte, schimpfte und scheuchte er sie nicht mehr. Er war listig geworden. Er überlegte sich, wie er sie locken konnte, das zu tun, was sie sollte, denn er war ja klug. So fiel ihm ein, eine Maus auszusetzen, wenn sie Staub wischen sollte und keine Lust dazu hatte. Dann sauste die Katze hinter der Maus her durch die ganze Wohnung und wischte mit ihrem flauschigen Schwanz allen Staub weg. Dann feixte der Papagei sich eins, sah dem Spiel zu und überlegte sich gleich ein neues. Außerdem war er auf die Idee gekommen, was wohl geschähe, wenn er seiner Katze einmal vorführte, wie es ist, wenn jemand sich so verhält wie sie. Er kümmerte sich also nicht mehr um alles, putzte sich morgens auch etwas ausgiebiger und fing an, ein bißchen faul zu werden. Und er war ganz überrascht, was das für eine Wirkung auf seine Katze hatte.

Daß der Papagei sich nicht mehr ärgerte, hatte noch andere überraschende Folgen. Die Nachbarn wurden aufmerksam. „Was für ein hübscher, angenehmer und freundlicher Vogel er doch ist", sagten sie. „Immer lacht er und hat lustige Dinge zu erzählen." Und sie rissen sich darum, seine Freunde zu sein.

Und so lebte der Papagei froh dahin, pfiff ein Lied, versammelte seine Freunde um sich und lebte mit der Katze zufrieden zusammen, ich glaube, bis heute. Denn auf dem Stern, von dem ich berichtete, gibt es, glaube ich, keinen Tod. Jedenfalls habe ich es so gehört.

Nach dem Vortrag der Metapher verging nicht viel Zeit, bis sich der Blutdruck von Frau X normalisiert hatte. Bis zum Tod ihres Mannes, und das waren über zehn Jahre, hat sich an diesem Erfolg nichts geändert.

II. Metaphern verfeinern

Um eine wirkungsvolle Metapher zu schreiben, muß man zwei Kriterien beachten. Wenn eine Geschichte Probleme lösen soll, muß sie dem Problem strukturell ähnlich sein. Neben dieser strukturellen Äquivalenz muß eine Lösung vorhanden sein. Wenn diese Bedingungen erfüllt sind, kann eine Metapher therapeutisch wirken.

Über diese beiden Merkmale hinaus kann man Metaphern nach NLP-Kriterien bearbeiten. Eine solche Bearbeitung stellt die ökologische Überprüfung und den Einbau von Feedback-Instruktionen dar. Man kann Metaphern aber auch nach Kriterien der NLP-Veränderungsarbeit verfeinern. Eine erste Möglichkeit, Metaphern zu verfeinern, stellt die Konzeption eines Weges vom Problem zum Ziel nach Mustern der NLP-Veränderungsarbeit dar. Darüber hinaus gibt es weitere Möglichkeiten, metaphorisches Spiegeln und Führen zu verfeinern. Dabei kann man die Repräsentationssysteme benutzen oder die sogenannten Satir-Kategorien. Das sind allgemeine Kommunikationsmuster, die Virginia Satir entwickelt hat[6].

Spiegeln und Führen mit Repräsentationssystemen und Satir-Kategorien hat, neben der Verfeinerung von Metaphern, noch einen weiteren Vorteil. Die Spiegelung der Problemkonstellation durch die Eins-zu-eins-Entsprechung in der Metapher kann von Ihrem Adressaten wahrgenommen werden. Er kann damit auch Ihre Absicht erraten und die von Ihnen angestrebte Wirkung boykottieren. Im Unterschied zu der Spiegelung der Problemkonstellation werden Elemente von Satir-Kategorien ebenso wie die gezielte Benutzung der Repräsentationssysteme nicht bewußt wahrgenommen. Sie spiegeln, ohne daß der Adressat der Geschichte Ihre Absicht entdeckt.

1. NLP-Muster nutzen

Wie alle psychologischen Interventionen und auch alle NLP-Vorgehensweisen führen Metaphern vom Problem zum Ziel. Für den Weg vom Problem zum Ziel gibt es bei Metaphern keine besonderen Bestimmungen. Jeder Weg, der zum Ziel führt, ist möglich. Es kann ganz einfach geschehen. Die Zeit, das Problem zu lösen, kann auf einmal da sein. Der Held kann überrascht sein, daß ihm ganz leicht gelingt, was vorher unvorstellbar schien. Neue Möglichkeiten können sich ganz einfach auftun. Bisher verborgene Wege können sichtbar werden. Wunder können geschehen. Der Held, bisher gelähmt in seinem Tun, kann einfach handeln.

Man kann man eine Metapher aber auch so aufbauen, daß der Klient, wenn er der Geschichte folgt, ein spezifisches Muster der NLP-Veränderungsarbeit durchläuft. Damit überträgt man dem Unbewußten des Klienten indirekt die Durchführung einer solchen Veränderungsarbeit. Sie können, wenn Sie dies ausprobieren möchten, von jemandem erzählen, der eine problematische Situation bewältigt hat, indem er sich erinnerte, daß er in anderen Zusammenhängen eine entsprechende Ressource zur Verfügung hatte und im Traum mit dieser Ressource die Situation noch einmal, aber nun ganz anders erlebte und sich wunderte, daß er das nächste Mal, als er in eine entsprechende Situation kam, sich so verhalten konnte, wie er geträumt hatte.

Aber nicht nur die Arbeit mit Ressourcen, auch die Phobie-Technik oder sogar einen Swish können Sie in eine Geschichte verpacken. Ebenso lassen sich die verschiedenen Formen des Reframing, Kontext- und Bedeutungs-Reframing, sogar Verhandlungs- und Sixstep-Reframing als Geschichte erzählen. Auch Interventionen „anderer" Psychologien, wie zum Beispiel paradoxe Intervention, lassen sich in Metaphern einbauen. Sie achten bei diesen Metapher-Geschichten nur darauf, daß Sie die Problemstruktur spiegeln und das zu erreichende Ziel feststellen. Dann führen Sie vom Problem zum Ziel mit einem passenden NLP-Muster.

Ich habe in meiner Metapher, ohne systematisch daran zu denken, ein Muster der NLP-Veränderungsarbeit bereits benutzt, nämlich das Bedeutungs-Reframing: Wenn der Papagei durch seine Beine hindurch schaut, ist alles anders. Die Dinge stehen auf dem Kopf. Und wenn er sich die Verhaltensweisen der Katze durch die Beine anschaut, erhalten diese plötzlich eine andere Bedeutung, und er reagiert darauf mit einem anderen Gefühl.

> ... Zunächst konnte er nichts Wichtiges feststellen, wenn er das graue faule Ungeheuer durch seine Beine betrachtete. Dann merkte er aber plötzlich, daß sich doch etwas verändert hatte. Ihm wurde klar, daß er sich nicht mehr ärgern konnte. Zunächst wollte er es nicht glauben und versuchte, Ärger in sich hochkommen zu lassen. Es ging nicht. Und es ging darum nicht, weil ihm bei diesem Anblick ganz andere Gedanken in den Sinn kamen. Wenn er sich jetzt die Putzsucht seiner Katze durch die Beine ansah, dachte er: „Eigentlich habe ich eine feine Frau, wie sie nicht jeder Papagei hat. Sie wirkt so jugendlich, und wie ihr Fell glänzt!" Und dann freute er sich. Und wenn er sich ihre Faulheit auf diese Weise ansah, dachte er: „Sie verausgabt sich nicht, sie spart ihre Kräfte, also wird sie mir lange erhalten bleiben, und ich werde nie einsam sein." Und er war froh

darum. Und wenn er sie jetzt ansah, wie sie sich um nichts kümmerte, dachte er: „Sie braucht mich, ohne mich kann sie nicht leben, und so wird es bleiben." Und dann lächelte er zufrieden. ...

Mir fallen für die Problematik dieser Metapher viele NLP-Vorgehensweisen ein, die zum Ziel führen könnten. Der Fuchs könnte den Papagei durch ein Sixstep-Reframing führen und neue Wege finden lassen, die Katze zur Mithilfe im Hause zu motivieren. Der Papagei könnte einen Traum haben, in dem er in die Position der Katze schlüpft und sich sein eigenes Verhalten aus deren Augen heraus anschaut. Der Fuchs könnte den Papagei einen Core-Transformation-Prozeß durchlaufen lassen oder Formate der Paararbeit mit beiden durchführen.

Ich möchte Ihnen an dieser Stelle exemplarisch einen Weg zum Ziel durch die neurologischen Ebenen vorführen:

... Da beschloß der Papagei eines Abends, die Eulen zu besuchen und um Rat zu fragen. Der Papagei wußte, daß Eulen weise Tiere sind. Und so machte er sich auf den Weg.

Die erste Eule traf er bereits auf dem Dachboden des Nachbarhofes an. Nachdem er ihr sein Problem geschildert hatte, fragte sie: „Was tust du?" Der Papagei war überrascht über diese dumme Frage. Schließlich wollte er einen Rat von der Eule. Und er antwortete: „Das habe ich dir doch schon gesagt, daß ich mit ansehen muß, wie die Katze faul im Hause herumliegt und nicht helfen will, wie sie soll. Ich habe ihr das schon hundert Mal gesagt. Sie aber ist träge und stellt sich dumm. Und darüber werde ich wütend." Nach dieser Antwort flog die Eule davon.

„Blöder Vogel!" krächzte der Papagei und machte sich wieder auf den Weg, um eine andere Eule um Rat zu fragen. Die traf er bald, und nachdem er ihr sein Problem geschildert hatte, fragte der Vogel: „Was kannst du?" „Noch so eine blöde Frage!" dachte der Papagei. „Scheinbar können die nur Fragen stellen." Und er antwortete pampig: „Ich kann wütend werden, wenn Leute nicht tun, was ihre Pflicht ist, verdammt noch mal!" Die Eule jedoch sah ihn milde an und flog davon.

Der Papagei war jetzt richtig aufgebracht, aber er dachte, eine kluge Eule müsse doch zu finden sein. Und er machte sich auf den Weg, eine dritte um Rat zu fragen. Nachdem er ihr sein Problem geschildert hatte, fragte der Vogel: „Was bringt dich dazu, ein solches Verhalten zu zeigen?" Dem Papagei blieb die Spucke weg, so verblüfft war er darüber, daß er wieder keinen Rat bekam. Nachdem er sich jedoch eine Weile besonnen hatte, kam er auf den Gedanken, daß Fragen zu stellen wohl ein System bei Eulen sei. Und er wurde neugierig: „Es ist mir wichtig, daß die Katze mir hilft, damit wir ein gutes Leben haben", antwortete er. Nach dieser Antwort flog auch diese Eule davon.

„Mal sehen, welche Frage die nächste mir stellt?" überlegte der Papagei, nachdem er sich wieder auf den Weg gemacht hatte, um eine vierte um Rat zu fragen. Auch dieser schilderte er sein Problem, und prompt fragte der Vogel: „Was für ein Wesen bist du?" – „Die Frage ist ja noch verrückter", dachte der Papagei. „Ratschläge können die ja wohl überhaupt nicht geben." Aber er hielt seine Kritik zurück und antwortete: „Ich bin ein kluger und tüchtiger Vogel." Nach dieser Antwort flog auch diese Eule davon.

„Einen Versuch mache ich noch, eine kluge Eule zu finden", dachte der Papagei. „Dann gebe ich auf. Fragen stellen kann ich selber." Und es dauerte nicht lange, da traf er die fünfte. Nachdem er ihr sein Problem geschildert hatte, fragte der Vogel: „Welchem größeren Ganzen gehörst du an?" Der Papagei war überrascht, denn über eine solche Frage hatte er noch nie nachgedacht. Und es dauerte eine Weile, bis er darauf eine Antwort fand: „Ich bin wie alle anderen Lebewesen unter der Sonne ein Geschöpf Gottes, der mir in seiner Liebe das Leben schenkte, auf daß ich ihn preise." Nach dieser Antwort glaubte der Papagei, auch diese Eule würde davonfliegen wie die anderen. Dieser Vogel aber fragte weiter: „Welches Gefühl hast du in deiner Brust, wenn du an die Liebe deines Schöpfers denkst?" Der Papagei dachte an die Liebe Gottes und dabei wurde ihm ganz seltsam zumute, denn diese Liebe breitete sich in ihm aus, so daß er ganz davon erfüllt war. „Eure Fragen haben eine seltsame Wirkung", wollte er der Eule sagen. Die aber breitete ihre Schwingen aus, berührte mit einer Feder seine Stirn und verschwand.

„Seltsame Vögel sind doch die Eulen!" dachte der Papagei und machte sich auf den Weg zurück zu seinem Hause. Da begegnete ihm die vierte Eule und sprach ihn an: „Ich sehe, daß etwas dich verändert hat. Wer bist du jetzt?" Der Papagei war erstaunt über die Frage des Vogels, aber er fühlte, daß sie irgendeine Bedeutung haben mußte, und antwortete: „Ich bin durch die Liebe unseres Schöpfers ein der Liebe fähiges Wesen." Der Papagei war von seiner eigenen Antwort ganz überrascht, aber der Vogel nickte nur, grüßte und flog weiter.

Da begegnete ihm auf dem Wege zu seinem Hause die dritte Eule und sprach ihn an: „Ich sehe, daß etwas dich verändert hat. Was ist dir jetzt wichtig?" Der Papagei war wieder erstaunt über die Frage, aber da er wieder fühlte, daß die Frage von Bedeutung war, antwortete er: „Es ist mir wichtig, daß ich die Katze liebe." Der Papagei war wieder von seiner eigenen Antwort überrascht, aber der Vogel nickte, grüßte und flog weiter.

Da begegnete ihm auf dem Wege zu seinem Hause die zweite Eule und sprach ihn an: „Ich sehe, daß etwas dich verändert hat. Was kannst du jetzt?" Der Papagei hörte die Worte des Vogels, fühlte ihre Bedeutung und antwortete: „Ich kann das Verhalten der Katze verstehen und sie lieben, wie Gott sie geschaffen hat." Und auch diese Eule nickte, grüßte und flog weiter.

Da begegnete ihm auf dem Wege zu seinem Hause die erste Eule und sprach ihn an: „Ich sehe, daß etwas dich verändert hat. Was wirst du jetzt tun?" Der Papagei aber hatte die Frage schon erwartet, denn er wußte, daß sie von Bedeutung war, und antwortete: „Ich werde die Katze betrachten, ihrem Geschnurre lauschen und mich freuen, daß sie da ist." Und auch diese Eule nickte, grüßte und flog ihres Weges.

Als der Papagei zu seiner Katze nach Hause kam, wunderte er sich, daß alles ganz anders war. „Eigentlich habe ich eine feine Frau, wie sie nicht jeder Papagei hat", dachte er. „Sie wirkt so jugendlich, und ihr Fell glänzt!" Und er freute sich darüber, daß sie sich putzte und es sich gemütlich machte. Und wenn sie sich dann auf dem Sofa zusammengerollt hatte und friedlich vor sich hin schnurrte, dachte er: „Sie schont ihre Kräfte und wird noch lange bei mir bleiben, und ich werde nie einsam sein." Und er war froh darum. Und wenn sie etwas falsch machte, dachte er: „Sie braucht mich." Und dann lächelte er zufrieden. ...

2. Spiegeln und Führen mit Repräsentationssystemen

Metaphern spiegeln und führen. Ihre Wirksamkeit besteht darin, daß sie in einem anderen thematischen Zusammenhang dieselbe Problemkonstellation beschreiben, nach deren Lösung der Zuhörer strebt. Die wichtigste Methode, das Problem zu spiegeln, besteht darin, eine isomorphe Struktur zu konstruieren, in der jedes wichtige Element in einer Eins-zu-eins-Beziehung zur vorliegenden Problemstruktur auftaucht.

Den durch die isomorphe Struktur hergestellten Spiegelcharakter der Metapher kann man aber noch verfeinern. Spiegeln stellt das grundlegende Vorgehen dar, um Rapport herzustellen. NLP vermittelt nonverbale und verbale Formen des Spiegelns, darunter das Spiegeln von Wahrnehmungsebenen oder Repräsentationssystemen. Wenn Sie im Gespräch mit einem Klienten andere Prädikate benutzen als er, kann es vorkommen, daß Ihr Klient Sie nicht versteht. Wenn Sie sich dagegen in Ihren Äußerungen den Mitteilungen Ihres Klienten angleichen, indem Sie Prädikate der gleichen Wahrnehmungsebene verwenden, erzeugen Sie bei Ihrem Gegenüber unbewußt den Eindruck, die gleiche Sprache zu sprechen wie er.

Dieselbe Wirkung können Sie auch in Ihrer Metapher erzeugen, indem Sie das Problem im bevorzugten Repräsentationssystem Ihres Klienten beschreiben. Dazu sollten Sie herausfinden, welches das bevorzugte Repräsentationssystem Ihres Klienten ist und welches beispielsweise fehlt. Sie beginnen dann die Metapher mit verbalen Formulierungen im bevorzugten Repräsentationssystem, wählen bei der Beschreibung des Weges zum Ziel vermehrt Wörter (Prädikate) aus den fehlenden Repräsentationssystemen und verwenden auch bei der Darstellung der Zielerreichung vermehrt Wörter aus den fehlenden Systemen. Auf diese Weise bewirken Sie bei Ihrem Klienten eine Öffnung der Wahrnehmungskanäle.

Im Unterschied zur Spiegelung der Problemkonstellation durch die Eins-zu-eins-Entsprechung in der Metapher wird die gezielte Benutzung der Repräsentationssysteme nicht bewußt wahrgenommen. Sie spiegeln damit, ohne daß der Adressat der Geschichte Ihre Absicht entdeckt.

> Frau X bevorzugt die visuelle Wahrnehmungsebene. Und wenn sie etwas sieht, was ihren Vorstellungen nicht entspricht, reagiert sie mit negativen Gefühlen. Die auditive Dimension ist unterrepräsentiert.
>
> Wenn ich meine ursprüngliche Metapher mit Repräsentationssystemen bearbeite, werde ich bei der Problembeschreibung vermehrt Prädikate aus ihrem bevorzugten Sinnessystem, dem visuellen, wählen. Am Ende dieses Abschnitts finden Sie die bearbeitete Metapher. Darin sind die zusätzlichen visuellen Prädikate fett gedruckt.
>
> Bei der Beschreibung des Weges zum Ziel füge ich Instruktionen zum Überlappen in das auditive Sinnessystem ein. Auch die hier folgenden Beispiele finden Sie in der bearbeiteten Metapher am Ende dieses Abschnitts in Fettdruck:

... Der Papagei bückte sich, und während er durch seine Beine guckte, bemerkte er ein leichtes Rauschen in seinen Ohren. „Ich sehe, was ich sonst auch sehe, sagte er, nichts hat sich geändert. Meine Ohren rauschen bloß." – ...

... Dann, als er länger hinsah, merkte er aber plötzlich, daß sich doch etwas verändert hatte. Er hörte sie schnurren. Und dieses Schnurren ließ den Schauer eines warmen Gefühls durch seine Haut rieseln. Ihm wurde klar, daß er sich nicht mehr ärgern konnte, wenn er sie so schnurren hörte. ...

... Und wenn er sich ihre Faulheit auf diese Weise ansah, rauschte es wieder in seinen Ohren, und er dachte: „Sie verausgabt sich nicht, schreit nicht und mault nicht herum, sondern ist freundlich und spart ihre Kräfte. Also wird sie mir lange erhalten bleiben, und ich werde nie einsam sein." Und er war froh darum. ...

Bei der Beschreibung der Problemlösung wähle ich vermehrt Prädikate aus dem auditiven Repräsentationssystem. Auch diese zusätzlichen auditiven Prädikate finden Sie in der bearbeiteten Metapher am Ende dieses Abschnitts fett gedruckt.

3. Spiegeln und Führen mit Satir-Kategorien

In seinem Buch *Therapeutische Metaphern*[7] führt David Gordon eine zweite Möglichkeit zum Verfeinern von Metaphern vor: die Verwendung von Satir-Kategorien. Ihren Namen haben diese Kategorien nach ihrer Entdeckerin, Virginia Satir, erhalten. Satir-Kategorien sind universelle Reaktionsmuster, die Menschen mit einem schwachen Selbstwertgefühl gebrauchen, um in der Kommunikation mit anderen eine drohende Ablehnung zu umgehen. Elemente der Satir-Kategorien können wie Repräsentationssysteme zum Spiegeln in eine Metapher eingebaut werden. Führen findet statt, indem diese Muster verändert werden. Mit dieser Methode erreichen Sie eine Spiegelung der Problemkonstellation auf einer unbewußten Ebene, die Ihr Adressat nicht bewußt wahrnimmt.

Zu den Satir-Kategorien gehören der Beschwichtiger, der Ankläger, der Rationalisierer und der Ablenkende.

Beschwichtigen

Der Beschwichtiger will andere versöhnlich stimmen. Er spricht in einer einschmeichelnden Art und Weise: „Was du auch immer willst, ist in Ordnung." Er versucht zu gefallen nach dem Motto: „Ich existiere nur, um dich glücklich zu machen." Er entschuldigt sich häufig. Er ist ein Ja-Sager. Er stimmt allem zu, egal was er fühlt oder denkt. Er spricht, als könnte er nichts für sich selbst tun. Typische Gefühle und Gedanken des Beschwichtigers sind: „Ich bin hilflos", „Ich bin nichts wert" oder: „Ich komme mir wie ein Nichts vor."

Ein extremer Beschwichtiger fühlt sich glücklich, daß man ihm überhaupt erlaubt, zu existieren. Er schuldet jedem Dank und fühlt sich für alles, was schief läuft, verantwortlich, und sei es noch so absurd. Er wird jeder Kritik an seiner Person zustimmen und ist selbstverständlich dankbar für die Tatsache, daß überhaupt jemand mit ihm spricht, egal was oder wie er es sagt. Er würde nicht auf die Idee kommen, etwas für sich selbst zu fordern.

Der Beschwichtiger spricht mit einer winselnden und piepsenden Stimme, denn seine Körperhaltung ist so geduckt, daß er nicht genug Luft für eine reiche, volle Stimme hat. Die folgende beschwichtigende Figur ist die Körperhaltung, die der versöhnlich stimmenden Reaktionsform entspricht.

Anklagen

Der Ankläger führt sich auf wie ein Diktator, der ausdrückt, daß er hier der Chef ist. Er handelt überheblich, und er scheint zu sagen: „Wenn du nicht da wärst, wäre alles in

Ordnung." Bei anderen sucht er stets nach Fehlern: „Du machst nie etwas richtig. Was ist los mit dir?" Typische Sätze sind auch: „Du tust das nie", oder: „Du machst das immer", oder: „Warum tust du immer?", „Warum tust du nie?" und so weiter. Ankläger sprechen mit einer harten, festen, lauten, oft schrillen Stimme. Sie beschuldigen, schimpfen und kritisieren alles. Sie verhalten sich tyrannisch. Sie machen Sie, alles und jeden fertig.

Der Ankläger glaubt ebenfalls nicht, daß er etwas wert ist. Deshalb bemüht er sich so sehr darum, über die Anklage anderer seine Gewichtigkeit herauszustellen. Wenn er jemanden findet, der ihm gehorcht, dann hat er das Gefühl, wenigstens etwas zu bedeuten. Denn er fühlt sich im Grunde einsam und erfolglos.

Der ganze Körper des Anklägers ist angespannt. Er atmet in kleinen, engen Zügen oder hält den Atem ganz an. Wenn er loslegt, quellen seine Augen hervor, er läuft rot an, und sein Gesicht verzerrt sich. Er stemmt eine Hand in seine Hüfte, streckt den anderen Arm mit geradem Zeigefinger vor und weist auf den Schuldigen.

Rationalisieren

Der Rationalisierer ist korrekt und überaus vernünftig, oft kühl und beziehungslos. Er könnte mit einem Computer oder einem Nachschlagewerk verglichen werden. Er ist ruhig und gesammelt, ohne den Anschein eines Gefühls zu zeigen. Seine Stimme klingt trocken, monoton und beziehungslos. Sie scheint abzusterben. Er strengt sich an, für seine Äußerungen die richtigen Formulierungen zu finden. Wichtig ist, daß er keinen Fehler macht. Er benutzt abstrakte Wörter, um sich den Anschein von Intelligenz zu geben.

Was der Rationalisierer dadurch verbirgt, sind seine Gedanken und Gefühle: Er fühlt sich leicht ausgeliefert. Aber natürlich zeigt er das nicht. Alle seine Lebensäußerungen sind durch Gefühl- und Bewegungslosigkeit charakterisiert.

Auch die Haltung des Rationalisierers ist durch Bewegungslosigkeit gekennzeichnet. Seine Wirbelsäule hält er so starr, als wäre sie ein langer, schwerer Stab, der vom Gesäß bis zum Genick reicht. Sein Kopf ruht darauf, als hätte er einen Eisenkragen um seinen Hals. Alles sucht er so wenig wie möglich zu bewegen, auch den Mund und die Hände.

Ablenken

Was auch immer der Ablenkende sagt oder tut, es hat keine Beziehung zu dem, was irgendein anderer sagt oder tut. Es ist belanglos. Seine Worte ergeben häufig keinen Sinn. Der Ablenkende antwortet nie direkt auf eine Frage. Er ignoriert sie und reagiert mit einer eigenen Frage zu einem ganz anderen Thema. Die Stimme kann ein Singsang sein und paßt oft nicht zu den Wörtern. Sie kann sich ohne Ursache auf und ab bewegen, weil sie auf nichts gerichtet ist.

Innerlich fühlt sich der Ablenkende genau so schwindelig oder verschwommen, wie er spricht. Er weiß nicht, wo er hingehört. Und er glaubt nicht, daß irgend jemand sich etwas aus ihm macht. Er leidet unter heftigen Gefühlen von Einsamkeit und Zwecklosigkeit.

Aber wenn er sich schnell genug bewegt, wird er es nicht so sehr merken. Im Unterschied zum Rationalisierer ist der Ablenkende deshalb damit beschäftigt, seinen Körper zu bewegen, und zwar völlig unkoordiniert. Er scheint einen schief sitzenden Kopf zu haben, der sich dauernd dreht, so daß er nicht weiß, wohin er geht, und nicht bemerkt, wenn er einmal ankommt. Er wirkt eckig. Die Bewegungen von Mund, Augen, Armen und Beinen scheinen in verschiedene Richtungen zu weisen. Die folgende ablenkende Figur mit übertriebenen X-Beinen und in verschiedene Richtungen weisenden Armen ist die Körperhaltung, die der ablenkenden Reaktionsform entspricht.

Soweit Virginia Satirs Beschreibungen[8]. Die Bedeutung von Satir-Kategorien für Metaphern besteht darin, daß sie ein Modell darstellen, das Kommunikationsmuster charakterisieren kann. Sie können deshalb Elemente der Satir-Kategorien benutzen, um handelnde Personen zu kennzeichnen (pacing) und Veränderungen in deren Reaktionen im weiteren Verlauf der Geschichte aufzuzeigen (leading).

Wichtig ist dabei zunächst wieder einmal, im Kommunikationsstil des Adressaten Ihrer Metapher Satir-Kategorien zu entdecken. Dann können Sie Elemente von Satir-Kategorien in Ihre Metapher einbauen, indem sie beispielsweise beschreiben, in welcher Haltung jemand auftritt, zum Beispiel „geduckt" (Beschwichtiger), „mit ausgestrecktem Zeigefinger" (Ankläger), „stocksteif" (Rationalisierer), oder „geschäftig" (Ablenker). Sie können typische Worte verwenden, die Satir-Kategorien kennzeichnen. Statt „Klaus sagte" zu benutzen, können Sie Klaus „wimmern" (Beschwichtiger), „schreien"(Ankläger), „räsonieren"(Rationalisierer) oder „stammeln"(Ablenker) lassen. Und Sie können Ihren handelnden Personen typische Gefühle zuschreiben, wie „hilflos" (Beschwichtiger), „erfolglos" (Ankläger), „ausgeliefert" (Rationalisierer) oder „einsam" (Ablenker), oder sie typische Gedanken haben lassen.

> Frau X ist eine Anklägerin. Meine Beschreibung der Verhaltensweisen des Papageien zeigt bereits viele Dimensionen dieser Satir-Kategorie. Trotzdem nehme ich mir jetzt nochmals Virginia Satirs Beschreibung von Kommunikationsmustern des Anklägers vor und wähle daraus zusätzliche Elemente aus, die in meinen Text hineinpassen. In dem unten bearbeiteten Text meiner Metapher finden Sie fettgedruckt Passagen, in denen Sätze der Kategorie „Du machst nie etwas richtig!", „Du tust das nie!", „Du machst das immer!" oder: „Warum tust du immer?", „Warum tust du nie?" auftauchen. Außerdem habe ich zusätzlich Gefühle des Anklägers „Ich bin einsam und erfolglos" eingefügt.

Bei der Beschreibung des Weges zum Ziel werden Satir-Kategorien aufgelöst, indem man kongruente Reaktionen beschreibt, wobei jemand sich beispielsweise nur dann entschuldigt, wenn er etwas getan hat, was er nicht wollte oder jemanden kritisiert, wenn Kritik am Platz ist, Erklärungen abgibt, wenn es darauf ankommt, einen Zusammenhang herzustellen und das Thema wechselt, wenn es angezeigt ist. Auch in der Darstellung der Problemlösung sollten kongruente Reaktionen beschrieben werden.

Da meine Metapher bereits kongruente Verhaltensweisen des Papageien auf dem Weg und im Ziel beschreibt, nehme ich in diesem Punkt keine zusätzlichen Veränderungen vor.

Die Katze und der Papagei

Du weißt sicher, daß es Menschen gibt, die an Seelenwanderung glauben. Sie sind davon überzeugt, daß sie in ihrem früheren Leben irgendein Tier gewesen sind oder eine Pflanze. Nun kann man davon halten, was man will. Ich jedenfalls habe gehört, daß es einen fernen Stern geben soll, auf dem noch keine Menschen, sondern nur Tiere leben. Daran ist ja nichts Ungewöhnliches. Auch unsere Wissenschaftler sind davon überzeugt, daß es auf anderen Sternen lebende Wesen gibt, und sie suchen danach. Das Seltsame an der Geschichte, die ich gehört habe, ist jedoch, daß die Tiere sich dort auf dem fremden Stern so verhalten, als wären sie Menschen, d.h. sie können sprechen und arbeiten und viele andere Dinge, die auf unserem Planeten nur die Menschen können. Das Kurioseste aber ist, daß die Tiere auf jenem Stern in der Regel Mischehen eingehen. Zum Beispiel ist es dort nicht ungewöhnlich, wenn ein Elefant eine Tigerin heiratet und eine Kuh einen Eisbären. Was die sich dabei denken, weiß ich nicht.

Die Geschichte, die ich gehört habe, handelt von einem Papagei, der sich mit einer Katze vermählt hatte. Sie liebten sich sehr, aber trotzdem gab es Probleme. Und auch das ist ja eigentlich nicht ungewöhnlich, wenn man sich **anschaut**, wie verschieden dieses Ehepaar war. Man stelle sich vor, ein prächtiger bunter Papagei und eine graue Katze. Aber der äußere Unterschied zwischen den beiden war gar nicht das Problem. Vielmehr gab es deshalb Schwierigkeiten, weil beide in ihrem Wesen so verschieden waren. Die Katze war ganz zufrieden mit der Wahl, die sie getroffen hatte. Nur der Papagei war es nicht so ganz. Nicht, daß er sich nach einer anderen Partnerin **umgesehen hätte**, nein, das war es nicht. Er wollte nur, daß die Katze nicht so eigenwillig sein sollte, wie sie als Katze nun mal war. Es gab halt einige Dinge im Verhalten der Katze, die der Papagei nicht **mitansehen** konnte, zum Beispiel, daß sie jeden Morgen so ausgiebig ihr Fell pflegte. Während er bereits früh aufgestanden war, das Frühstück bereitet hatte und schon viele andere Dinge erledigt hatte, **sah er**, daß sie immer noch beim Pfötchenlecken, mit Ohrenputzen und Schwanzglätten beschäftigt war und sich so viel Zeit ließ, wie sie mochte. Der Papagei regte sich dann fürchterlich auf und zeterte, daß sie sich doch gefälligst beeilen sollte, da sie noch etwas zu erledigen hatte. Aber die Katze ließ sich Zeit. Sie war ganz einfach faul, drehte sich gerne herum, las die Zeitung und hörte und sah nichts, was um sie herum geschah. Das führte dazu, daß der Papagei sich um alles selber kümmern mußte; denn bis er der Katze klargemacht hatte, was zu tun war, und sie aufgescheucht hatte, um die Sache zu erledigen, verging viel zu viel Zeit. Deshalb tat er die notwendigen Dinge lieber selber. Dann brauchte er auch nicht **nachzusehen** und sich nicht zu ärgern, wenn sie es nicht richtig machte.

Das Dumme war aber, daß der Papagei in letzter Zeit einen lahmen Flügel bekommen hatte. Er konnte den Haushalt und den Garten und auch die Werkstatt nicht mehr allein versorgen. Es war jetzt einfach notwendig geworden, die Katze zu Arbeiten heranzuziehen. Die sah das auch ein und erklärte sich zur Hilfe bereit. Aber sie konnte ihr Wesen nicht ändern. Sie sah immer noch nicht, wo Arbeit notwendig war, und hörte immer noch nicht richtig zu, wenn der Papagei ihr irgend etwas erklärte. **„Nie hörst du mir zu!"** zeterte der Papagei, und das brachte ihn zur Raserei. Selbst wenn er ihr einen Auftrag gab, und sie ihn besorgen ging, geschah es oft, daß sie zurückkam, und die Hälfte war verkehrt erledigt. **„Warum kannst du nicht einmal richtig ausführen, was ich dir auftrage?"** Der Papagei raufte sich dann seine Kopffedern und schrie und krächzte, was er mit diesem Katzenvieh wohl anfangen sollte. Dabei hatte es schon ungeheure Mühe gekostet, sie überhaupt vom Frühstückstisch aufzuscheuchen und loszuschicken. Er brach schon fast zusammen, so viel Kraft kostete es. Und dann kommt diese Katze mit so etwas zurück! Der Papagei war ganz verzweifelt. **Er fühlte sich einsam und erfolglos.** Die Katze kümmerte sich weiterhin um nichts, lag faul herum, putzte sich, fraß ungeheure Mengen und schlief dann wie ein Bär. Sie dachte gar nicht daran, sich zu ändern. Das machte ihn ganz krank. Sein Flügel tat ihm weh, und er jammerte und versuchte immer wieder, sie zur Veränderung ihres Verhaltens zu bringen. Aber an der Situation änderte sich nichts. Sein Ärger nahm und nahm kein Ende.

Da kam eines Tages der Fuchs zu Besuch. Da der Papagei wußte, daß der Fuchs ein kluges Tier war, klagte er ihm sein Leid und fragte um Rat.

„Da kann ich helfen", sagte der Fuchs. „Sage mir, was du willst. Ich könnte zum Beispiel die Katze fressen, dann bist du sie los." – „Nein, nein", sagte der Papagei. „Dann wäre ich ja allein. Ich will sie schon behalten." – „Dann könnte ich sie vielleicht beißen zur Strafe für ihr ekelhaftes Verhalten." – „Nein, das ist auch nicht gut", sagte der Papagei. „Dann ist sie krank, und ich muß sie pflegen." – „Und was hältst du davon, wenn ich einen jungen Kater auf sie hetze, der sie auf Trab bringt?" – „Das finde ich auch nicht gut. Sie könnte auf falsche Gedanken kommen, und dann bin ich sie auch los. Nein, du sollst etwas tun, damit sie sich ändert, daß sie sich nicht mehr solange putzt und nicht so faul ist und sich mehr kümmert und hilft. Damit ich mich nicht mehr ärgern muß."

„Das steht nicht in meiner Macht", sagte der Fuchs. „Gott hat die Tiere jedes mit einem bestimmten Wesen und mit einem bestimmten Charakter ausgestattet, und das kann man nicht ändern. Aber für dich wüßte ich ein Mittel."

„Für mich ein Mittel? Wieso für mich? Ich muß mich doch nicht ändern! Das Problem ist die Katze!" – „Ja", sagte der Fuchs. Aber es gibt trotzdem ein Mittel für dich." Der Papagei zögerte, weil ihm das nicht einleuchtete. Aber da Papageien klug und neugierig sind, war er einverstanden. „Und was ist das für ein Mittel?" – „Ganz einfach", sagte der Fuchs. „Du brauchst dich nur zu bücken und durch die Beine zu sehen." – „Was soll das?" schimpfte der Papagei. „Versuch's nur", sagte der Fuchs. „Und erzähle mir, was du siehst." **Der Papagei bückte sich, und während er durch seine Beine guckte, bemerkte er ein leichtes Rauschen in seinen Ohren. „Ich sehe, was ich auch sonst sehe", sagte er. „Nichts hat sich geändert. Meine Ohren rauschen bloß."** – „Sieh genau hin", sagte der Fuchs. Der Papagei sah nochmals durch seine Beine. „Hhm, ja, ich sehe den Tisch, die Stühle, den Schrank, die Blumen, na ja, aber alles anders herum. Es steht alles auf dem Kopf." – „Na, also, dann ist dir auch geholfen", sagte der Fuchs. „Wenn du dir aus einer solchen Haltung heraus deine Katze anschaust, wird sich dein Problem lösen." Und er verabschiedete sich höflich.

Als er weg war, fing der Papagei an, sich wieder zu ärgern über den dummen Rat, den der Fuchs ihm gegeben hatte. Er stand da und schüttelte den Kopf: Was sollte das ändern, die Katze umgekehrt anzuschauen? Aber da er, wie gesagt, neugierig war, konnte er nicht widerstehen, es auszuprobieren. Er nickte leicht, bückte sich dann und sah durch die Beine. Zunächst konnte er nichts Wichtiges feststellen, wenn er das graue faule Ungeheuer durch seine Beine betrachtete. **Dann, als er länger hinsah, merkte er aber plötzlich, daß sich doch etwas verändert hatte. Er hörte sie schnurren. Und dieses Schnurren ließ den Schauer eines warmen Gefühls durch seine Haut rieseln. Ihm wurde klar, daß er sich nicht mehr ärgern konnte, wenn er sie so schnurren hörte.**

Zunächst wollte er es nicht glauben und versuchte, Ärger in sich hochkommen zu lassen. Es ging nicht. Und es ging darum nicht, weil ihm bei diesem Anblick ganz andere Gedanken in den Sinn kamen. Wenn er sich jetzt die Putzsucht seiner Katze durch die Beine ansah, dachte er: „Eigentlich habe ich eine feine Frau, wie sie nicht jeder Papagei hat. Sie wirkt so jugendlich, und wie ihr Fell glänzt! Und wie ihre Stimme klingt!" Und dann freute er sich. **Und wenn er sich ihre Faulheit auf diese Weise ansah, rauschte es wieder in seinen Ohren, und er dachte: „Sie verausgabt sich nicht, schreit nicht und mault nicht herum, sondern ist freundlich und spart ihre Kräfte. Also wird sie mir lange erhalten bleiben, und ich werde nie einsam sein." Und er war froh darum.** Und wenn er sie jetzt ansah, wie sie sich um nichts kümmerte, dachte er: „Sie braucht mich, ohne mich kann sie nicht leben, und so wird es bleiben." Und dann lächelte er zufrieden.

Und noch etwas änderte sich. Wenn Dinge zu tun waren, die er nicht tun konnte, schimpfte und scheuchte er sie nicht mehr. Er war listig geworden. Er überlegte sich, wie er sie locken konnte, das zu tun, was sie sollte, denn er war ja klug. So fiel ihm ein, eine Maus auszusetzen, wenn sie Staub wischen sollte und keine Lust dazu hatte. Dann sauste die Katze fröhlich hinter der **quietschenden** Maus durch die ganze Wohnung her und wischte mit ihrem flauschigen Schwanz allen Staub weg. Dann feixte der Papagei sich eins, **summte ein Lied**, sah dem Spiel zu und überlegte sich gleich ein neues. Außerdem war er auf die Idee gekommen, was wohl geschähe, wenn er seiner Katze einmal vorführte, wie es ist, wenn jemand sich so verhält wie sie. Er kümmerte sich also nicht mehr um alles, putzte sich morgens auch etwas ausgiebiger, **pfiff munter vor sich hin** und fing an, ein bißchen faul zu werden. Und er war ganz überrascht, was das für eine Wirkung auf seine Katze hatte.

Daß der Papagei sich nicht mehr ärgerte, hatte noch andere überraschende Folgen. Die Nachbarn wurden aufmerksam. „Was für ein hübscher, angenehmer und freundlicher Vogel er doch ist", sagten sie. „Immer **trällert** und lacht er und hat lustige Dinge zu erzählen." Und sie rissen sich darum, seine Freunde zu sein.

Und so lebte der Papagei froh dahin, pfiff ein Lied, versammelte seine Freunde um sich und lebte mit der Katze zufrieden zusammen, ich glaube, bis heute. Denn auf dem Stern, von dem ich berichtete, gibt es, glaube ich, keinen Tod. Jedenfalls habe ich es so gehört.

4. Verschachtelte Geschichten

Um das Bewußtsein des Klienten daran zu hindern, Ihre Absichten zu entdecken und eventuell die Intervention zurückzuweisen, gibt es noch eine weitere Möglichkeit. Sie können mehrere Geschichten erfinden und ineinander verschachteln wie russische Puppen. Sie beginnen dabei mit der ersten, erzählen sie bis zu einem spannenden Punkt, lassen dann beispielsweise den Helden Ihrer Erzählung sich an ein Ereignis erinnern, das Sie jetzt beginnen zu erzählen, um bei einem weiteren spannenden Punkt jemanden auftreten zu lassen, der eine dritte Geschichte erzählt. Diese dritte Geschichte erzählen Sie bis zum Ende, erzählen danach die zweite und zum Schluß die erste Geschichte zu Ende.

Wenn Sie eine Geschichte in eine Geschichte und diese in noch eine Geschichte verpacken, überfordern Sie das Bewußtsein Ihres Klienten in seinem Bemühen, herauszufinden, was wohin gehört. Geschichten ineinander zu verschachteln gehört deshalb zu den Überladungs- und Konfusionstechniken der Tranceinduktion. Sie müssen dabei also keine Trance induzieren, um zu bewirken, daß das Unbewußte Ihres Klienten sich auf die Suche nach einem Weg zur Lösung des Problems macht.

Wenn Sie verschachtelte Geschichten ausprobieren möchten, besteht der erste Schritt darin, für Ihren Klienten und sein Problem die eigentliche Metapher zu schreiben. Sie sammeln zunächst alle nötigen Informationen zum Problem, konzipieren das Ziel der Metapher-Intervention und wählen eine geeignete Inhaltsebene aus. Danach spiegeln Sie das Problem und das Ziel im Zusammenhang der gewählten Inhaltsebene und planen wiederum im Zusammenhang der gewählten Inhaltsebene den Weg zum Ziel. Dabei können Sie eine spezifische NLP-Technik einsetzen. Wenn Sie diese vorbereitenden Schritte getan haben, schreiben Sie die Metapher, und überprüfen sie ökologisch.

Danach schreiben Sie weitere für Ihren Klienten nützliche Geschichten. Sie können aber auch andere therapeutische Metaphern aus der Literatur verwenden, die für Ihren Klienten nützliche Einsichten enthalten.

Im nächsten Schritt verschachteln Sie die Geschichten nach folgendem Muster. Sie beginnen mit Geschichte A bis zu einem spannenden Punkt. Danach beginnen Sie mit Geschichte B ebenfalls bis zu einem spannenden Punkt und schließen dann Geschichte C an. Geschichte C wird nicht mehr unterbrochen, sondern zu Ende geführt. Danach beenden Sie Geschichte B, und danach Geschichte A.

Beim Aufbau der Verschachtelung können Sie nochmals gezielt das Muster von Pacing und Leading verwenden. Geschichte A könnte sich inhaltlich mit einem Thema auseinandersetzen, das den gegenwärtigen Zustand Ihres Klienten spiegelt. Geschichte B könnte motivieren oder Ressourcen thematisieren, die der Klient zur Problemlösung einsetzen kann, so daß das Unbewußte Ihres Klienten beim Anhören von Geschichte C auf die Suche nach der eigenen Problemlösung schon vorbereitet ist.

In dieser Form tragen Sie die Geschichte Ihrem Klienten vor. Ein Beispiel für eine verschachtelte Geschichte finden Sie in diesem Buch unter der Überschrift „Unter den Brücken von Basel".

5. Dramatische Elemente zur Erzeugung von Spannung

Metaphern können Sie auch verfeinern, indem Sie dramatische Effekte einbauen, um das Interesse zusätzlich zu wecken und Spannung zu erzeugen. Sie können dabei Ihre Kenntnisse in Dramaturgie benutzen oder Ihrer Phantasie freien Lauf lassen. Sie können eine Entwicklung sich dramatisch zuspitzen lassen und dann eine völlig überraschende Lösung anbieten. Sie können Effekte aus Kriminalgeschichten benutzen, wobei der Zuhörer beispielsweise die Entwicklung und Lösung kennt, aber die Akteure wissen nichts davon (Colombo). Auch die Umkehrung dieses Verhältnisses ist möglich: Die Akteure wissen Bescheid, aber der Zuhörer weiß nichts. Oder etwas ganz Überraschendes passiert für alle. Ein solcher Spannungsaufbau bietet sich vor allem auch bei verschachtelten Geschichten an, wenn Sie umschalten und eine neue Geschichte beginnen. Es gibt, was die interessante und spannende Ausgestaltung einer Metapher angeht, keine Grenzen, außer denen, die der Zweck Ihres Unterfangens, die Ökologie und Ihre Phantasie Ihnen setzen.

6. Auf dem Weg zum Ziel

Wenn Sie jetzt eine erste Metapher geschrieben und bearbeitet haben, hoffe ich, daß Sie von der Faszination, die eine solche Arbeit erzeugen kann, zumindest einen kleinen Zipfel erwischt haben. Vielleicht denken Sie aber noch, daß es doch ein mühsamer Weg ist, eine therapeutische Metapher hervorzubringen. Das ist aber ein Irrtum.

Wenn Sie einmal alle Schritte der Konstruktion von Metaphern systematisch gelernt haben, werden Sie bald Metaphern aus einem Guß ersinnen und niederschreiben können. Ich habe inzwischen alle Dimensionen des Metapher-Formats im Kopf. Sobald ich eine Problemstruktur und einen Weg zum Ziel habe, schreibe ich. Und wenn ich dann die Metapher überprüfe, merke ich zumeist, daß ich unbewußt alle Kriterien hinreichend berücksichtigt habe.

Das folgende Format faßt alle Schritte zur Konstruktion einer therapeutischen Metapher zusammen:

1. **Problem bestimmen**
2. **Ziel bestimmen**
3. **Geeignete Inhaltsebene auswählen**
4. **Problem und Ziel in der Inhaltsebene spiegeln**
5. **Den Weg zum Ziel entwerfen**
    (NLP-Muster erwägen)
6. **Die Metapher schreiben**
7. **Die Metapher ökologisch überprüfen**
8. **Feedback-Instruktionen einbauen**
9. **Die Metapher verfeinern**
    Spiegeln und Führen mit Repräsentationssystemen
    Spiegeln und Führen mit Satir-Kategorien
    Die Metapher verschachteln

III. Metaphern vortragen

Zum Abschluß möchte ich Ihnen noch einige Hinweise zum Vortrag von Metaphern geben. Denn auch was die Präsentation angeht, gibt es einige Gesichtspunkte zu beachten.

1. Kongruent vortragen

Eine Grundvoraussetzung guter Kommunikation und psychologischer Beratung stellt Kongruenz dar. Auch Metaphern müssen kongruent vorgetragen werden. Das kann bei Geschichten, die Sie nicht selbst geschrieben haben, manchmal schwierig sein. Worte oder Sachverhalte könnten auftauchen, die aus irgendeinem Grund nicht zu Ihnen passen. Wenn das der Fall sein sollte, haben Sie die Möglichkeit, zu zitieren. Damit legen Sie die Worte, die Sie nicht stimmig vorbringen können, einfach einer anderen Person in den Mund. Sie berichten zum Beispiel, was Ihr Großvater, ein berühmter Schriftsteller oder Therapeut gesagt hat, und können sich dahinter verstecken. Das ist besonders einfach, wenn Sie frei erzählen.

2. Die Absicht verstecken

Eine andere Möglichkeit, sich zu verstecken, besteht darin, von einem anderen Menschen zu berichten. Sie können beispielsweise erzählen, daß kürzlich ein anderer Klient bei Ihnen war, der ein ähnliches Problem hatte, und daß es sehr interessant war, wie der das Problem gelöst hat. Darüber hinaus haben Sie auch die Möglichkeit, so zu tun, als hätten Sie eine Geschichte für jemanden anderes geschrieben, Ihre Tochter zum Beispiel oder einen anderen Klienten, und seien interessiert an der Meinung der anwesenden Person.

3. Trance, ja oder nein

Zum Thema Vortrag von Metaphern gehört auch die Entscheidung, ob Sie zuvor eine Trance induzieren wollen oder nicht. Allgemein kann man sagen, daß eine Metapher in Trance besser zu verankern ist. Vor allem bei intellektuell hellwachen Menschen oder bei Personen, die gerne rationalisieren, ist Trance angezeigt. Solche Menschen mögen es nicht, zuzuhören und dabei zu schweigen. Bei Kindern ist Trance nicht nötig.

4. Unbewußtes Feedback beachten

Während Sie eine Metapher vortragen, sollten Sie auf nonverbale Signale achten, die Ihnen anzeigen, ob Ihr Gegenüber mitgeht oder Einwände hat. Sollte er beispielsweise beim Zuhören irgendeines Geschehens unbewußt den Kopf schütteln, haben Sie die Möglichkeit, darauf zu reagieren und eine andere Alternative anzubieten. Sie könnten berichten, daß das Kaninchen zu einem gefährlichen Sprung ansetzen wollte, es sich dann aber überlegte, den Kopf schüttelte und nach einem anderen Weg Ausschau hielt. Wenn Ihr Gegenüber an dieser Stelle ebenfalls leicht den Kopf schüttelt, wissen Sie, daß er Ihren Worten folgt. Wenn Sie die Metapher in Trance anbieten, sollten Sie darüber hinaus auch Störungen von außen einbeziehen. Und wenn Sie selber an die Bedeutung und Wirkung Ihres Tuns glauben, werden Sie beim Vortrag einer Metapher nicht nur eine kongruente Ausstrahlung haben, sondern auch eine hohe Wirkung erzielen.

5. Nicht deuten

Grundsätzlich werden Metaphern nicht gedeutet. Metaphern sind an das Unbewußte Ihres Gegenübers gerichtet, das über sehr viel höhere Lernchancen verfügt als das Bewußtsein. Deutungen legen den Sinn der Geschichte fest und schränken die Wirkungsmöglichkeiten ein. Sorgen Sie deshalb dafür, daß der Adressat Ihrer Geschichte Sie nach dem Anhören nicht in eine Diskussion über die Geschichte verwickelt. Ein solches Bedürfnis elegant zu umgehen, ist nicht immer ganz einfach.

IV. Eigenmetaphern

Wenn Sie in der Beratung mit Metaphern arbeiten wollen, müssen Sie diese Metaphern nicht immer selber ausdenken und ganze Geschichten schreiben, die Ihren Klienten vom Problem zum Ziel führen. Es gibt noch andere Möglichkeiten, in der Beratung mit Metaphern zu arbeiten. Sie können Ihre Klienten auch auffordern, eigene Metaphern zu entwickeln. Sie können in der Beratung auf metaphorische Äußerungen Ihrer Klienten achten, diese aufgreifen und sie weiterentwickeln lassen. Sie können auch vermutete Probleme und Konflikte, die Sie nicht direkt ansprechen wollen, mit Hilfe von Metaphern aufdecken und dann bearbeiten. Auch die Vermittlung von Einsichten und Verhaltensweisen, die direkt anzusprechen wenig Erfolgschancen bei den Adressaten hätten, können Sie mit Metaphern angehen. Diese Möglichkeit ist im Berufsleben von großer Bedeutung.

1. Eigenmetaphern entwickeln

Menschen, die Probleme haben, erleben sich zumeist als festgefahren. Sie sehen keinen Ausweg. Einen Ausweg kann man aber finden, indem man das Problem in einem Bild darstellt und im Zusammenhang dieses Bildes mögliche Entwicklungen und Lösungen sucht. Die Eigendynamik, die auf der Bildebene erkennbar wird, eröffnet Möglichkeiten, die Zwangsläufigkeiten und Grenzen des Problems zu durchbrechen. Der Sinn dieses Verfahrens besteht darin, mit Hilfe der selbstgewählten Bilder alte eingefahrene Denkmuster zu durchbrechen und sich dann in Bewegung zu setzen.

Auf diese Weise bewirken Eigenmetaphern eine Aufhebung des „Gesetzes des gegenteiligen Effekts", nach dem eine vermehrte Anstrengung die Chance, ein Ziel zu erreichen, verringern kann. Wenn Eltern mit Ermahnungen, moralischen Appellen und Strafandrohungen Erziehungsziele nicht erreichen, verfahren sie zumeist nach dem von Watzlawick sogenannten Prinzip des „mehr desselben" und wundern sich, daß gesteigerter Druck nicht nur den gewünschten Erfolg ausbleiben läßt, sondern auch noch die Beziehung belastet. Selbst Verbalisierungen der Erfolglosigkeit ihrer Bemühungen – „Ich habe es dir schon hundertmal gesagt" – bringen sie nicht auf die Idee, etwas anderes zu versuchen, um ihr Ziel zu erreichen.

Mit Eigenmetaphern kann man sich auch aus inneren Schleifen befreien. Nicht selten bringen wir uns mit Nachdenken über ärgerliche Ereignisse sehr nachhaltig in gesteigerten Ärger hinein, indem wir uns darüber ärgern, daß wir uns ärgern. Die Übersetzung eines solchen Gefühls in ein Bild eröffnet die Chance, über die Veränderung des Bildes zu einem neuen Gefühl zu kommen und es aufrechterhalten zu können. Auch Schmerzen lassen sich auf diese Weise bildlich verändern.

Die Arbeit mit Eigenmetaphern enthält vier Schritte. Zunächst geht es um die Problembestimmung. Wenn Sie wissen, worum es sich handelt, lassen Sie den Klienten das Problem in eine Metapher übersetzen. Je nachdem, worum es sich handelt, fordern Sie Ihren Klienten auf, sich das Problem oder sich selber oder die Beziehung oder das Geschehen in einem Bild vorzustellen. Die Bilder sollen nicht gedeutet werden.

Danach formulieren Sie die Bitte, das Bild zu entfalten und Perspektiven zu entwickeln. Sie können dabei danach fragen, was in dem Bild geschehen könnte, um eine Veränderung möglich zu machen.

Wenn Ihr Klient die Metapher voll entwickelt hat, geht es darum, sie in den Problembereich zurückzuübersetzen. Sie können zu diesem Zweck danach fragen, was die entwickelte Metapher für das Problem bedeutet.

Eigenmetaphern entwickeln, Übung

1. Problembestimmung
Es gibt ein Gefühl oder ein Verhalten in deinem Leben, das du gerne überwinden möchtest.

2. Übersetzung des Problems in die Metapher
Stell dir dein Problem in einem Bild vor.
Stell dich in einem Bild vor.
Stell deine Beziehung in einem Bild vor.
(Wichtig: Bilder nicht deuten!)

3. Entfaltung der Metapher
Was könnte in dem Bild geschehen, um eine Veränderung möglich zu machen.

4. Rückübersetzung der entwickelten Metapher in den Problembereich
Was bedeutet das für dein Problem?

2. Eigenmetaphern nutzen

Richard R. Kopp bietet in seinem Buch *Metaphor Therapy*[9] eine weitere Variante des Arbeitens mit Metaphern an. Dabei geht es darum, metaphorische Äußerungen des Klienten aufzugreifen und zu transformieren. Wenn Sie gelernt haben, mit Metaphern zu arbeiten, werden Sie automatisch diese Möglichkeit entwickeln:

Wenn Ihr Klient beispielsweise äußert, daß er sich gefangen fühlt wie in einem Ei irgendwo einsam im Wald, können Sie ihn auffordern, darüber nachzudenken, was jetzt passieren könnte, um zu einer Veränderung zu kommen. Bei diesem Beispiel habe ich meine Klientin veranlaßt, an sauren Regen zu denken, der das Ei so weit auflösen konnte, daß die Schale dünn und ein Durchbruch möglich wurde. Auf der Bildebene kann immer irgend etwas gefunden werden, was eine Entwicklung in Richtung Ziel ermöglicht.

Wenn Sie metaphorische Äußerungen Ihrer Klienten aufgreifen, enthält die Veränderungsarbeit nur drei Schritte. Wenn Sie eine metaphorische Äußerung gehört haben, machen Sie Ihren Klienten aufmerksam darauf, daß er sich bildlich geäußert hat. Auch hierbei wirken Sie daraufhin, daß diese metaphorische Äußerung nicht gedeutet wird.

Danach bitten Sie darum, das in der Äußerung enthaltene Bild zu entfalten und Perspektiven zu entwickeln. Sie können dabei wieder danach fragen, was in dem Bild geschehen könnte, um eine Veränderung möglich zu machen.

Wenn Ihr Klient die Metapher voll entwickelt hat, lassen Sie ihn diese Entwicklung in den Problembereich zurückübersetzen. Sie fragen, was die entwickelte Metapher für das Problem bedeutet.

Eigenmetaphern nutzen, Übung

1. Aufgreifen einer metaphorischen Äußerung
(Wichtig: Metaphorische Äußerung nicht deuten!)
Beispiel: „Ich komme mir vor wie in einem Gefängnis."

2. Entfaltung der Metapher
Was könnte ein Gefangener tun, oder was könnte geschehen, um eine Veränderung möglich zu machen.

> **3. Rückübersetzung der entwickelten Metapher in den Problembereich**
> Was bedeutet das für dein Problem?

3. Konfliktpotentiale aufdecken in Doppelbildern

Mit Eigenmetaphern kann man auch arbeiten, um Konfliktpotentiale aufzudecken und zu lösen. Wenn Sie in Vorgesprächen mit einem Klienten ein solches Konfliktpotential vermuten, dieses jedoch nicht offen angehen wollen, haben Sie die Möglichkeit, über Doppelbilder in ein Verhandlungsreframing einzusteigen.

Sie bitten zu diesem Zweck Ihren Klienten, sich zwei beliebige Gegenstände vorzustellen. Das können Tiere, Pflanzen, Steine, produzierte Gegenstände oder auch Menschen auf der Bühne sein. Sie können Ihrem Klienten auch vorschlagen, sich vorzustellen, er gehe einen Fluß entlang und entdecke auf der einen Seite etwas, und auf der anderen etwas anderes. Sie können ihn auch auf einem Weg vor- und zurückschauen oder mit beiden Beinen auf etwas Verschiedenem stehen lassen. Weitere Möglichkeiten sind, mit den Händen verschiedene Gegenstände zu halten oder sich zwei Kräfte vorzustellen, die je von vorn und von hinten an einem ziehen.

Wenn Ihr Klient zwei Dinge gefunden hat, bitten Sie ihn darum, beiden eine Stimme zu verleihen und sie ein Gespräch miteinander beginnen zu lassen. Diese Unterhaltung lassen Sie Ihren Klienten ausphantasieren. Sie selber können an dieser Phantasie erkennen, ob ein Konflikt enthalten ist.

Danach bitten Sie Ihren Klienten, diese Phantasie auf das eigene Leben zu projizieren. Er soll sich fragen, ob diese Phantasie ihm irgend etwas im Hinblick auf sein Leben oder seine Situation sagt, ob sie so etwas wie ein Gleichnis seines Lebens ist.

Wenn Ihr Klient keinen Bezug zum eigenen Leben wahrnimmt, können Sie noch einmal von vorne anfangen. Wenn auch eine zweite Bildbildung Ihrem Klienten im Hinblick auf sein eigenes Leben nichts aussagt, können Sie davon ausgehen, daß es eine Barriere gibt, über sich selbst zu sprechen. Dann haben Sie noch die Möglichkeit, eine persönliche Erfahrung anzubieten, die es Ihrem Klienten ermöglicht, eine Parallele zu sich selber zu ziehen.

Wenn auf diese Art und Weise ein Konflikt aufgedeckt wurde, können Sie mit dem Verhandlungsreframing weiterarbeiten. Sie lassen Ihren Klienten mit beiden Teilen Kontakt aufnehmen und nach den positiven Absichten dieser Teile fragen. Sie können ihn diese beiden Teile wie beim Visual Squash auch in die Hände nehmen und dort betrachten lassen.

Vielleicht induzieren Sie dann eine Ressource, indem Sie fragen, ob Ihr Klient in seinem Leben schon einmal die Erfahrung gemacht hat, ganz in sich zu ruhen und einig mit sich zu sein, in einem Zustand, in dem alle Teile der Persönlichkeit integriert waren. Wenn er eine solche Erfahrung schon mal gemacht hat, bitten Sie ihn, diese Situation zwischen seinen beiden Händen zu sehen.

Danach sorgen Sie für eine Kommunikation zwischen den Teilen. Der Klient soll einen Teil bitten, dem anderen Teil eine Geschichte zu erzählen, in der Leute harmonisch mit sich (oder miteinander) gelebt haben.

Wenn Sie wahrnehmen, daß es eine Bereitschaft für eine Integration gibt, induzieren Sie eine Integration, indem Sie Ihren Klienten darauf aufmerksam machen, daß er merken kann, daß beide Teile sich einigen, wenn beide Hände sich langsam aufeinander zubewegen und sich berühren.

Wenn eine solche Einigung nicht möglich ist, lassen Sie einen Ressourceteil oder den kreativen Teil zu Hilfe rufen. Der soll den anderen Teilen eine Geschichte erzählen, wie Leute harmonisch mit sich (oder miteinander) leben. In dem Augenblick, in dem die bisher konfligierenden Teile sich einig werden, kann der Klient seine Hände sich berühren lassen.

Danach sorgen Sie für die ökologische Überprüfung der Einigung. Mit auftauchenden Einwänden verfahren Sie wie bei anderen Reframing-Modellen. Wenn keine Einwände auftauchen, können Sie ein Future-Pace machen, indem Sie Ihren Klienten fragen, ob er sich zutraut, diese Vorgehensweise auch allein zu wiederholen als ein Instrument, mit dem man selber innere Konflikte integrieren kann.

Konfliktpotentiale aufdecken in Doppelbildern, Übung

1. Einsteigen ohne Problembestimmung
Ich möchte dich bitten, dir zwei Gegenstände vorzustellen. Das können Tiere sein oder Pflanzen, Steine, von Menschen hergestellte Gegenstände oder Menschen auf einer Bühne.

Alternative Einstiegsmöglichkeiten:
➤ Einen Fluß entlanggehen und auf beiden Ufern etwas Verschiedenes sehen.

- ➤ Auf einem Weg vor- und zurückschauen.
- ➤ Mit beiden Beinen auf etwas Verschiedenem stehen.
- ➤ Mit Händen verschiedene Gegenstände halten.
- ➤ Zwei Kräfte, die je von vorn und von hinten ziehen.

2. Unterhaltung zwischen den beiden

Verleihe ihnen eine Stimme. Laß sie ein Gespräch miteinander beginnen, fortführen und zu Ende bringen. (Harmonie zwischen beiden? Konflikte?)

3. Projektion aufs eigene Leben

Ich möchte dich bitten, dich jetzt zu fragen, ob dieses Gespräch, das du dir eben vorgestellt hast, dir etwas im Hinblick auf dein Leben oder deine Situation sagt? Könnte es sein, daß das Bild irgendein Gleichnis deines Lebens darstellt?

Bei keinem Bezug:
Dann möchte ich dich jetzt noch einmal bitten, dir zwei Gegenstände vorzustellen und sie ein Gespräch miteinander führen zu lassen.

4. Bei Konflikt: Verhandlungsmodell

a. Kontakt aufnehmen und positive Absichten erfragen
Gehe bitte nach innen, und sprich Teil X an, und bitte ihn, dir seine positive Absicht mitzuteilen. Und dann gehe bitte nochmals nach innen, und sprich Teil Y an, und bitte ihn, dir seine positive Absicht mitzuteilen. Wenn du möchtest, kannst du die Hände ausstrecken und beide Teile in deinen Händen sehen.

b. Ressource finden
Wann in deinem Leben hast du die Erfahrung gemacht, daß du ganz in dir ruhtest, ganz bei dir warst, daß die Teile integriert waren? Wenn du eine solche Erfahrung gemacht hast, möchte ich dich bitten, diese Situation zwischen den beiden Händen zu sehen.

c. Kommunikation herstellen
Und jetzt bitte einen der Teile, dem anderen Teil eine Geschichte zu erzählen, in der Leute harmonisch mit sich (oder miteinander) gelebt haben.

d. Integration induzieren

Und wenn du wahrnimmst, daß beide Teile sich einigen, wirst du merken, daß deine Hände sich langsam aufeinander zubewegen und sich berühren.

Bei Nichteinigung

Vielleicht könntest du einen Ressourceteil zu Hilfe rufen oder deinen kreativen Teil. Bitte den Teil, eine Geschichte zu erzählen, in der Leute harmonisch mit sich (oder miteinander) leben. In dem Augenblick, in dem du wahrnimmst, daß die beiden Teile sich einig werden, kannst du merken, wie deine Hände sich langsam aufeinander zubewegen und sich berühren.

5. Ökocheck

Gibt es Teile, die sich melden und Einwände haben?

6. Future-Pace

Kannst du das auch allein wiederholen als Instrument, mit dem du dich selbst behandeln kannst?

V. Kurzmetaphern fürs Berufsleben

Kurzmetaphern fürs Berufsleben unterscheiden sich von therapeutischen Metaphern im wesentlichen darin, daß Sie andere damit beeinflussen wollen, etwas wahrzunehmen, einzusehen oder zu verändern, was diese von sich aus nicht anstreben oder anstreben würden. Mit solchen Metaphern wollen Sie primär ein eigenes Ziel erreichen. Dieses Ziel können Sie natürlich mit guten Argumenten, rhetorischem Geschick oder auch Anweisungen anstreben, wenn Sie dazu befugt sind. Aber häufig gibt es Situationen, in denen diese Mittel nicht zu dem Erfolg führen, den Sie sich wünschen. Anweisungen können negative Gefühle auslösen, auch gute Argumente können nur schwer überzeugen, weil andere sie im Zusammenhang mit ihrem eigenen Weltbild interpretieren und werten. Deshalb sind auch im Berufsleben Metaphern geeignet, Einsichten anzubieten, zu überzeugen und Verhaltensänderungen zu beeinflussen, ohne dominant, aufdringlich, besserwisserisch oder belehrend zu wirken. Sie können dafür metaphorische Äußerungen oder auch isomorphe Metapher-Geschichten benutzen.

Das folgende Beispiel für eine metaphorische Äußerung habe ich der Literatur entnommen, weiß aber leider die Quelle nicht mehr. Sie eignet sich aber sehr gut für Aussagen, die in beruflichen Zusammenhängen häufig zu hören sind und unter dem Begriff „Killerphrasen" bekannt sind, weil sie die Kreativität blockieren, wie „So haben wir das doch früher nicht gemacht" oder „Haben wir alles schon versucht, das geht nicht." Wenn jemand sagt: „Wir können kein neues Programm ausprobieren, da in der Vergangenheit einmal etwas Ähnliches nicht funktionierte", können Sie folgende Metapher anbieten: „Vor Jahren zeigte mir mein Vater, daß es möglich ist, ein Auto zu fahren, indem man immer in den Rückspiegel schaut – solange man sehr langsam fährt und die Straße keine unerwarteten Kurven macht."

Wenn man eine isomorphe Metaphergeschichte für das Berufsleben entwerfen will, geht man genauso vor wie beim Schreiben einer therapeutischen Metapher. Sie untersuchen das vorhandene Problem auf seine Struktur hin. Wer sind die relevanten Personen? Wer spielt welche Rolle dabei? Wie verhält sich der Adressat? Danach wählen Sie die Inhaltsebene. Im dritten Schritt legen Sie das Ziel fest. Danach entwerfen Sie die Metapher, indem Sie die Ausgangssituation, die relevanten Personen und die Problemstruktur in der gewählten Inhaltsebene spiegeln, den Weg zum Ziel und die Zielerreichung darstellen.

Folgende Metapher habe ich vor einigen Jahren entworfen, um einer Seminarleiterin bei einem für sie schwierigen Interessenkonflikt zu helfen. Sie hatte einen befreundeten Trainer gebeten, sie in einer Seminarreihe bei der Leitung zu unterstützen für den Fall, daß mehr als 12 TeilnehmerInnen sich anmelden würden. Bereits für das erste Seminar meldeten sich mehr als 12 TeilnehmerInnen an, so daß es zur Zusammenarbeit kam, die sich sowohl für sie als auch für ihren Partner so erfreulich gestaltete, daß sie auf die Bitte des Partners nach weiterer Zusammenarbeit auch bei weniger Teilnehmern spontan zustimmte. Erst bei den folgenden Seminaren wurde ihr bewußt, daß sie die ökonomischen Konsequenzen nicht bedacht hatte. Da sie jedoch den Wert der Zusammenarbeit sehr hoch einschätzte, konnte sie diese Folgen akzeptieren. Nicht bedacht hatte sie jedoch, daß die Zusammenarbeit mit dem Partner noch eine andere Konsequenz hatte. Er interpretierte die partnerschaftliche Kooperation in einem viel größeren Rahmen, als sie beabsichtigt hatte. Über Co-Leitung und Teilung des Honorars hinaus verhielt er sich auch in Fragen der weiteren konzeptionellen Arbeit und anderen Entscheidungen so, als habe er die Rolle eines gleichberechtigten Partners und forderte seine Beteiligung bei allen Entscheidungen als Recht ein. Als sie ihn in einem offenen Gespräch an die ursprünglichen Vereinbarungen erinnerte, konnte er sich zwar an die Fakten erinnern, interpretierte ihre Darstellung jedoch als Rücknahme von Versprechen und reagierte mit einer heftigen Enttäuschung, die die Beziehung belastete.

Das Ziel meiner Klientin war, die Beziehung zu ihrem Partner aufrechtzuerhalten, es ihm zu ermöglichen, ihre Position zu verstehen und seinen selbstentwickelten Anspruch auf Gleichberechtigung auf die ursprünglich vereinbarte Rolle als Co-Leiter zurückzunehmen.

Als meine Klientin ihrem Partner folgende Geschichte erzählte, kam sie gar nicht bis zum Ende. Es reichte aus, die Problemsituation zu spiegeln:

> „Eine Frau hatte ein Haus geerbt und faßte den Plan, darin ein Café einzurichten. Als das Café fertig war und die ersten Gäste eintrafen, zeigte sie ihr neues Reich einer Freundin. Und als sie wahrnahm, daß diese ihre Begeisterung teilte, bat sie sie, sie doch bei der Bedienung der Gäste zu unterstützen, falls die Arbeit ihre Kräfte übersteigen sollte. Die Freundin willigte ein, und schon am nächsten Wochenende wurden so viele Gäste erwartet, daß die Freundin mithalf. Die Arbeit im Café und die Zusammenarbeit machte beiden so viel Spaß, daß die Frau auf die Bitte der Freundin, auch an anderen Wochenenden mithelfen zu dürfen,

spontan zustimmte. So arbeiteten sie auch an Wochenenden zusammen, auch wenn weniger Gäste erwartet wurden, denn die Frau dachte bei sich, daß die Freude der Zusammenarbeit die Kosten übersteige.

Nahezu unbemerkt änderte sich jedoch ihr Verhältnis. Wenn die Freundin Lust hatte, hielt sie Gäste frei, wie auch die Frau es tat. Die jedoch war sehr überrascht über dieses Verhalten. Bei neuen Anschaffungen in der Küche beklagte sich die Freundin, an der Entscheidung nicht beteiligt worden zu sein. Und als die Frau ihr Café einem Mitglied der Familie für eine Feier zur Verfügung stellte, wollte auch die Freundin das Lokal für Familienfeste nutzen.

Nach diesem Vorfall stellte die Frau fest, daß sie ein Problem hatte: Sie schätzte ihre Freundin, aber sie wollte ihr Café nicht mit ihr teilen. Aber wie sollte sie es ihr sagen, ohne sie zu enttäuschen? Sie entschied sich eines Abends, ein Wortspiel mit ihr zu spielen und gemeinsam Lösungen zu finden, wie man etwas, was zu groß geraten ist, wieder auf seine angemessene Größe reduziert. Unter den vielen Beispielen, die sie fanden, waren auch diese:

Ein zu großer Ballon: Luft rauslassen

Eine zu große Hecke: beschneiden

Ein zu großes Bild: verkleinern

Ein zu großer Rock: Abnäher machen

Eine zu große Wurst: Scheiben abschneiden

Ein zu großer Wunsch: sich bescheiden

Ein zu großer Plan: beschränken

Ein zu großer Schmerz: lindern

Eine zu große Lautstärke: runterdrehen

Eine zu große Wut: mäßigen

Am nächsten Morgen rief die Freundin an, um mitzuteilen, sie habe sich überlegt, daß es für sie beide besser sei, die gemeinsame Arbeit auf die Wochenenden zu beschränken, an denen sie wirklich gebraucht würde. Sie habe dadurch mehr Zeit für ihre Familie."

Diese Metapher mußte die Seminarleiterin gar nicht bis zum Ende erzählen. Ihrem Partner waren Metaphern nicht unbekannt. Er durchschaute ihre Absicht bereits bei der Darstellung der Problemkonstellation zu Beginn der Geschichte. Trotzdem hatte die Metapher die gewünschte Wirkung: Der Partner konnte die Position der

Seminarleiterin verstehen, und die Beziehung blieb ebenso erhalten wie die Zusammenarbeit nach Bedarf.

Wenn Sie Kurzmetaphern fürs Berufsleben entwerfen und formulieren wollen, untersuchen Sie zunächst die Problemkonstellation und überlegen sich, was Sie erreichen wollen. Danach wählen Sie eine geeignete Inhaltsebene und übersetzen Problemkonstellation und Ziel. Danach finden Sie im Medium der Inhaltsebene einen Weg zum Ziel.

Die folgende Auflistung der wichtigsten Schlüsselkomponenten der Problemstruktur und Problemlösung kann Ihnen den Entwurf einer Kurzmetapher für das Berufsleben erleichtern.

Problembeschreibung	**Kurzmetapher**
Personen:	***Personen:***
Seminarleiterin, Partner	Cafébesitzerin, Freundin
Vertrag:	***Vertrag:***
Zusammenarbeit bei mehr als 12 Seminarteilnehmern	Zusammenarbeit bei großem Betrieb
Problem:	***Problem:***
Partner beansprucht gleiche Rechte	Freundin beansprucht gleiche Rechte
Problemlösung	**Metaphorische Lösung**
	Weg zum Ziel:
	Wortspiel: etwas zu Großes auf das richtige Maß reduzieren
Ziel:	***Ziel:***
Partner soll Position verstehen Beziehung soll erhalten bleiben Zusammenarbeit soll auf die ursprüngliche Vereinbarung zurückgeführt werden	Freundin ruft an und schlägt selber vor, die Zusammenarbeit auf die ursprüngliche Vereinbarung zu beschränken

Mit Metaphern kann man immer arbeiten. Milton Erickson soll am Ende seines Lebens nur noch Geschichten erzählt haben. Metaphern bieten sich immer dann an, wenn Sie davon ausgehen, daß es auf der bewußten Ebene Ihres Klienten noch keine Akzeptanz für die Lösung eines Problems gibt. Manche NLP-Berater greifen erst einmal zur Metapher-Methode, wenn es sich als schwierig erweist, die Struktur eines Problems sofort so genau zu erfassen, daß klar wird, welche NLP-Methode sich zur Bearbeitung anbietet. Sie können jede Arbeit zusätzlich metaphorisch angehen. Und jeder Lernprozeß kann auf diese Weise vorbereitet werden, so daß der oder die Lernenden bei der Aneignung der Inhalte das Gefühl haben, die Sache eigentlich schon zu kennen.

SECHS
Lauter erste Versuche

Zu dem Wochenende, das in meiner NLP-Ausbildung für das Thema „Metaphern" vorgesehen ist, kommen nicht wenige TeilnehmerInnen mit Vorbehalten. Diese Vorbehalte sind unterschiedlicher Art. Einige der angehenden NLP-AnwenderInnen äußern den festen Glauben, nicht schreiben zu können. Andere können es sich überhaupt nicht vorstellen, eine Geschichte erfinden zu können. Ein dritter Vorbehalt wendet sich gegen die Form, in der Beratung mit dem „erhobenen Zeigefinger" oder „der Moral von der Geschichte" zu arbeiten, der in einer Metapher vermutet wird. Ein solcher Vorbehalt stützt sich auf unangenehme Erfahrungen mit pädagogischen Absichten von Geschichten und unterstellt eine kontraproduktive Wirkung, da der moralische Zeigefinger, so die feste Annahme, immer irgendwie durchkommen müsse. Zu diesen Vorbehalten gesellt sich auch ganz schnell ein Unbehagen, das sich auf die indirekte und darin unterstellte „manipulative" Form dieser Kommunikation bezieht.

Solche Vorbehalte sind nicht immer sogleich auszuräumen. Aber gegen den Einwand, der sich auf die indirekte Form der Arbeit mit Metaphern bezieht, hilft ein Argument. In Beratungszusammenhängen gibt es eine Vereinbarung, die darin besteht, daß der Berater den Klienten von einem Problem zu seinem Ziel führt und dabei seine Fähigkeiten einsetzt. Über dieses grundsätzliche Einvernehmen hinaus hebt die indirekte Form der Metapherarbeit gerade auf die Freiheit des Klienten ab, die angebotene Form der Problemlösung zu akzeptieren oder zurückzuweisen.

Alle anderen Vorbehalte sind nicht durch Argumente, sondern nur durch Erfahrungen aufzuheben. Ich bitte die TeilnehmerInnen, ihre Einwände festzuhalten und deren Überprüfung auf einen späteren Zeitpunkt zu verschieben. Da alle Teilnehmerinnen sowohl eine Metapher schreiben als auch eine Metapher für ein ausgewähltes persönliches Problem bekommen, können im Verlaufe des Seminars alle Vorbehalte überprüft werden.

Um die Prinzipien des Aufbaus einer Metapher-Geschichte vorzustellen, wähle ich ein Beispiel aus dem Buch von Leslie Cameron-Bandler *Wieder zusammenfinden. NLP – Neue Wege der Paartherapie*[10]. Die Autorin berichtet dort von einer attraktiven Frau namens Dot, die lernen wollte, ihre Promiskuität zu kontrollieren. Dot berichtete ihrer Therapeutin, sie sei mit einem guten Mann verheiratet und habe zwei liebe Kinder, lasse sich aber, wann immer und mit wem immer es möglich wäre, auf außereheliche Beziehungen ein. Dieses Verhalten wolle sie abstellen.

Aus der Schilderung ihrer Klientin wählt die Autorin wesentliche Elemente, die sie in einer Beschreibung von Problem und Problemlösung notiert. Zusätzlich holt sie Informationen ein, um die Inhaltsebene zu bestimmen, in der die wichtige Person der Metapher-Geschichte einen Weg vom Problem zum Ziel findet: Wie so viele attraktive Frauen war Dot, obwohl sie keinesfalls zu dick war, um ihre schlanke Linie besorgt. Damit hatte die Autorin eine für Dot interessante Inhaltsebene gefunden.

In dieser Inhaltsebene spiegelt die Autorin alle Elemente des Problems und der Problemlösung und hat damit alle Elemente einer therapeutischen Metapher, die das Gerüst einer isomorphen Metapher-Geschichte bilden und deren Vorstellung im Seminar gewöhnlich Heiterkeit auslöst.

Problembeschreibung	**Therapeutische Metapher**
Dots Promiskuität führt sie zum Verlust ihres Ehemannes und ihrer Selbstachtung.	Eine Frau auf dem Weg zur Fettleibigkeit.
Dot kann der Versuchung, die anderen Männer für sie darstellen, nicht widerstehen.	Eine Frau, die nahrhaften Nachspeisen und gutem Essen nicht widerstehen kann, wenn sie auswärts ißt.
Dot findet außerehelichen Sex aufregender.	Diese Frau liebt es, außer Haus zu essen.
Dot ist mit den sexuellen Beziehungen in ihrer Ehe unzufrieden.	Diese Frau stochert in ihrem eigenen hausgemachten Essen nur herum.

Jede außereheliche Erfahrung produziert mehr Schuld und bringt sie dem Verlust ihres Ehemannes näher.

Dots Schuld wird so schmerzhaft, daß sie etwas dagegen tun muß. Sie kann nachts nicht schlafen usw.

Dot hatte nie befriedigendes Sexualverhalten zusammen mit ihrem Mann entwickelt.

Problemlösung

Dot soll Energie darauf verwenden, stimulierende und befriedigende sexuelle Erlebnisse mit ihrem Mann herbeizuführen.

Dot soll zu Hause die notwendige Befriedigung finden.

Jedes auswärts verspeiste Mahl produziert mehr Fett.

Die dicke Dame muß etwas gegen ihre Gewohnheiten tun. Sie paßt nicht mehr in ihre Kleider.

Die dicke Dame hatte nie gelernt, etwas Schönes für sich selbst zu kochen.

Metaphorische Lösung

Die Frau machte sich daran, die Küche umzustellen. Sie begann, Kochbücher zu lesen, um geeignete Gerichte zu finden, und begann damit zu experimentieren, gesunde und bekömmliche Mahlzeiten zu bereiten.

Mit der Zeit, schneller als man vermuten würde, stellte sie fest, daß es in den Restaurants nichts gab, was an ihre eigenen heimischen Schöpfungen heranreichte, und sie hatte nicht mehr das Bedürfnis, sich anderswo vollzustopfen, da sie ja nun zu Hause ihre Befriedigung fand.

Dot ist stolz auf ihre Ehe und ihre sexuelle Beziehung zu ihrem Ehemann.	Schlank und rank, wie diese Frau jetzt ist, ist die einst dicke Frau ebenso stolz auf ihr eigenes kulinarisches Geschick wie auf ihre straffe Figur.

In diesem Beispiel von Leslie Cameron-Bandler[11] haben die SeminarteilnehmerInnen alle wichtigen Prinzipien des Aufbaus einer Metapher-Geschichte kennengelernt und können nun selber systematisch an die Arbeit gehen.

Im ersten Schritt geht es darum, Dreiergruppen zu bilden nach dem Muster A (KlientIn), B (BeraterIn) und C (BeobachterIn) und festzulegen, wer für wen eine Metapher schreibt. Wenn diese Paare innerhalb der Dreiergruppe sich gefunden haben, besteht die Aufgabe für jede Person darin, in der Rolle des Klienten A ein Problem zu identifizieren, das mit einer Metapher bearbeitet werden soll. Über das Problem holt B als Berater zunächst Informationen ein.

Hat B diese Informationen, besteht die nächste Aufgabe darin, eine geeignete Inhaltsebene zu finden, die für A von Interesse ist. Danach geht es um das Ziel. Was möchte A erreichen? Wie will A sich verhalten können?

Nach dem Einholen der Informationen können die Teilnehmer/innen die wichtigsten Elemente, die sie spiegeln wollen, nach der von Leslie Cameron Bandler vorgeführten Form notieren, und parallel dazu diese Elemente in der Inhaltsebene spiegeln. Im letzten Schritt zur Konstruktion des Grundgerüsts der Metapher-Geschichte geht es nur noch darum, einen Weg zu finden, der im Medium der Geschichte von Problem zum Ziel führt.

Nach dieser Vorbereitungsphase lösen sich im Seminar bereits die ersten Vorbehalte auf, nämlich nicht in der Lage zu sein, eine Geschichte zu erfinden. Die Geschichte ist nämlich bereits erfunden, wenn die eingeholten Informationen auf diese Weise verarbeitet wurden.

Danach geht es um die Niederschrift der Metapher. Leute, die noch am Morgen behauptet hatten, sie könnten nicht schreiben, suchen sich in den Gruppenräumen ungestörte Arbeitsplätze und machen sich ans Werk, ihre Gedanken in Worte zu fassen. Nicht schreiben können ist kein Thema mehr. Jetzt geht es nur noch um den Affen Julian, den Hausmeister, einen sprechenden Webstuhl, die Wasserfee, einen kleinen Jungen ... und was denen so alles passiert. Den meisten reicht die Zeit nicht aus. Deshalb wandern die halb fertigen Manuskripte erst mal in die Tasche. Abends und in der Nacht ist auch noch Zeit.

Am nächsten Morgen kommen alle Autoren mit ihren Werken zurück ins Seminar. Vor dem Vortrag in der kleinen Gruppe gibt es noch eine Bearbeitungsrunde, in der die Ökologie der Metapher von C (= BeobachterIn) überprüft wird. Es geht dabei um irgendwelche Unannehmlichkeiten, die getilgt werden können, oder mögliche Interpretationen und Schlußfolgerungen, von denen die Autoren nicht wollen, daß sie möglicherweise erwogen werden. Danach werden die letzten Berichtigungen vorgenommen.

Wenn diese Ökocheckrunde absolviert ist, kommen A, B und C wieder zusammen und tragen Ihre Metaphern nacheinander vor. B trägt A die Metapher vor. C beobachtet dabei A auf alle nonverbalen Zeichen einer Reaktion auf B's Metapher und vor allem auf sämtliche nonverbalen Veränderungen, die eine unbewußte Übereinstimmung, eine Erkenntnis, ein neues Verständnis oder eine Unstimmigkeit oder ein Mißverständnis anzeigen könnten.

Hierbei haben alle SeminarteilnehmerInnen in der Klientenrolle die Gelegenheit, den letzten Vorbehalt zu überprüfen. Wie ist das mit dem vermuteten „erhobenen Zeigefinger" oder „der Moral von der Geschichte"? Welche Erfahrungen machen die Adressaten der Metapher mit den „pädagogischen Absichten"? Werden diese bewußt, und wenn ja, löst das das vermutete Unbehagen aus? Kommt es zu der unterstellten kontraproduktiven Wirkung?

Die Erfahrungen, die A beim Vortrag macht, lösen auch diese letzten Vorbehalte auf. Die Freude, die die Metapher bei A auslöst, ist häufig so intensiv, daß es mir schwerfällt, dafür angemessene Worte zu finden. Eine Metapher für ein eigenes Problem zu bekommen, erfährt A als ein Geschenk, ein ganz besonderes Geschenk.

Die folgenden Metaphern wurden von TeilnehmerInnen meiner NLP-Ausbildung geschrieben. Sie stellen lauter erste Versuche dar von Menschen, die sich vorher nur schwer vorstellen konnten, daß sie lernen könnten, Metaphern zu schreiben.

Problem

Frau X, für die die Metapher geschrieben wurde, ist 40 Jahre alt. Sie lebt seit ihrer Scheidung, die schon einige Jahre zurückliegt, allein. Anfangs war ihr das Alleinleben sehr schwergefallen, und erst durch einen längeren, mühsamen Prozeß hatte sie begonnen, sich auch allein wohlzufühlen, hatte ein Gefühl von Zufriedenheit, Gelassenheit und Unabhängigkeit entwickelt und freute sich über diese Fähigkeiten und den festen Rahmen, den sie damit für ihr Leben geschaffen hatte.

Seit einiger Zeit spürt sie eine wachsende Sehnsucht nach einem Mann, nach Nähe und Zärtlichkeit, nach einem Menschen in ihrer Nähe. Sie hat nun das Gefühl, dadurch ihre Unabhängigkeit immer mehr zu verlieren und das Alleinleben wieder als Mangel zu empfinden. Sie hat vor kurzem einen Mann kennengelernt und ist auf dem Wege, sich in ihn zu verlieben; allerdings stehen einer Beziehung mit diesem Mann verschiedene Hindernisse entgegen, die in den Lebensumständen des Mannes liegen.

Ziel

Frau X möchte ihre Gefühle von Zufriedenheit, Gelassenheit und Unabhängigkeit wiedergewinnen. Sie möchte dabei ihre Sehnsucht nicht als Mangel, sondern als positives, vorwärtstreibendes Gefühl erleben. Sie möchte den Mann, den sie kennengelernt hat, für sich gewinnen; sollte sich aber herausstellen, daß das nicht möglich ist, dann möchte sie den Mut und die Entschlossenheit haben, sich rechtzeitig zurückzuziehen.

Friedrich Lohmann
Der Affe erzählt eine Geschichte

Ich weiß nicht, ob ich schon mal erzählt habe, daß wir zu Hause einen richtig großen Steiff-Affen haben. Und wer je so ein Plüschtier besessen hat, der weiß, daß solche Tiere mit der Zeit eine ganz eigene Persönlichkeit entwickeln können. So ist das auch bei unserem Affen.

Nun ist es ja so, daß alle Steifftiere bei der Firma Steiff in Giengen an der Brenz zu Hause sind, irgendwo in Baden-Württemberg, aber unser Affe behauptet steif und fest, daß sein wirkliches Zuhause Kamerun ist. Und manchmal liegt in seinen Augen so ein richtig versonnener Ausdruck, daß man tatsächlich das Gefühl hat, er erinnert sich gerade an die Zeit, als er noch in Kamerun im Urwald gelebt hat.

Eines Abends, als ich mit dem Affen auf meinem Sofa saß, bekamen seine Augen wieder so einen versonnenen Ausdruck, und er fragte mich:

„Habe ich dir eigentlich jemals die Geschichte von meinem Vetter Julian in Kamerun erzählt?"

„Nein", sagte ich. „Und bist du wirklich sicher, daß dein Vetter in Kamerun Julian heißt?"

Aber der Affe ignorierte diesen respektlosen Einwand völlig, legte seine flauschige Hand auf meinen Arm und fing an zu erzählen:

„Du weißt ja bestimmt, daß es im Urwald eine ganze Reihe unterschiedlicher Früchte gibt, die an Bäumen oder Sträuchern wachsen. Manche davon sind sehr häufig und stehen regelmäßig auf dem Affen-Speiseplan, andere sind ziemlich selten und sind dann ein besonderer Leckerbissen. Mein Vetter Julian hatte nun einmal im Urwald einen eher seltenen Strauch gefunden, mit Früchten, die appetitlich rot glänzten, herrlich aromatisch schmeckten und dabei sehr bekömmlich und gesund waren. Das war eine gute Zeit für meinen Vetter Julian, er genoß die roten Früchte nach Herzenslust und ließ es sich gutgehen.

Leider ging dieser Strauch nach einiger Zeit ein, und es ist in der Tat so, daß diese Art von Sträuchern manchmal eingeht, und man weiß nicht warum. Da war Julian eine ganze Weile sehr enttäuscht und traurig, aber mit der Zeit richtete er sein Augenmerk mehr und mehr auf die anderen Früchte, die im Urwald wachsen, lernte, daß auch andere Früchte gut schmecken und gesund sind und entwickelte auf die Dauer tatsächlich eine gewisse Meisterschaft darin, sich einen abwechslungsreichen, gesunden und wohlschmeckenden Speisezettel zusammenzustellen.

Er dachte zwar gelegentlich immer wieder an die roten Früchte und wünschte sich, mal wieder so eine Frucht essen zu können, aber insgesamt war er auch so recht zufrieden und auch ein bißchen stolz darauf, was für andere Möglichkeiten er im Urwald gefunden hatte, um sich zu ernähren.

Man stelle sich nun seine freudige Erregung vor, als er eines Tages, auf einem seiner Streifzüge durch den Urwald, wieder einen dieser seltenen Sträucher mit den roten Früchten sah! Leider stand der Strauch an einer ziemlich unzugänglichen Stelle; Julian hätte einen steilen Felsen hochklettern müssen, um zu dem Strauch zu gelangen, und das wäre sehr riskant gewesen. Und mein Vetter Julian ist zwar durchaus kein Feigling, wenn es darauf ankommt; er weiß aber auch Gefahren richtig einzuschätzen, und deshalb gab er es nach ein, zwei erfolglosen Versuchen vorerst auf, zu dem Strauch hochzuklettern, und ging wieder seiner Wege.

Doch seit er da, zum ersten Mal seit langer Zeit wieder, diese wunderbaren Früchte gesehen hatte, schmeckten ihm alle anderen Früchte mehr und mehr langweilig und fade, und er mußte immer wieder daran denken, wie wunderbar aromatisch die roten Früchte schmecken würden. Und weil ihm das Essen nicht mehr schmeckte, fing er auch an, weniger regelmäßig zu essen und sich nicht mehr so abwechslungsreich zu ernähren, und so kam es, daß er sich immer öfter ein bißchen schlapp fühlte und einfach nicht mehr so frisch, kraftvoll und gesund war wie vorher. Lustlos streifte er durch den Urwald und mußte immer wieder voller Sehnsucht daran denken, wie wundervoll die roten Früchte schmecken würden und wie gerne er wieder einen dieser Sträucher für sich gehabt hätte und wie trostlos alles ohne diese Früchte war."

Der Affe machte eine Pause und sah mich mit seinen großen braunen Augen an.

„Habe ich dir jemals von meiner Großmutter erzählt?" fragte er.

„Nein", sagte ich, „aber erst mal würde ich doch gerne noch wissen, wie die Geschichte mit deinem Vetter Julian weitergegangen ist."

„Darum geht es ja gerade", sagte der Affe.

„Meine Großmutter, die auch Julians Großmutter ist, war bei uns im Urwald allgemein als kluge und weise Frau bekannt. Und das war sie auch wirklich, und ich muß sagen, daß auch ich meiner Großmutter viele wichtige Ratschläge und Einsichten verdanke.

Großmutter zog sich gern in die Tiefe des Urwalds zurück, so daß man nicht immer wußte, wo sie sich gerade aufhielt, aber auf irgendeine merkwürdige Weise schien sie es jedesmal zu spüren, wenn einer von uns ihren Rat brauchte, und war dann plötzlich zur Stelle.

Und damit komme ich zurück zu meinem Vetter Julian. Als Julian also dabei war, sich vor Sehnsucht nach den roten Früchten zu verzehren, hatte er das Glück, daß er Großmutter begegnete.

‚Was ist los mit dir?' fragte ihn Großmutter. ‚Du warst doch immer so stolz darauf, wie vielseitig und abwechslungsreich du deine Mahlzeiten ausgewählt und zubereitet hast, und du warst immer so gesund und kräftig?'

‚Ach ja', winkte Julian müde ab, ‚das war einmal. Aber jetzt habe ich wieder einen Strauch mit den roten Früchten gesehen, und seitdem schmeckt mir alles andere nicht mehr. Aber es ist wohl zu gefährlich, zu dem Strauch hochzuklettern, denn er wächst auf einem unzugänglichen Felsen.'

Julians Mutter, die meine Tante Helene ist, hätte an dieser Stelle wahrscheinlich nur streng gesagt: ‚Kind, es gibt hier im Urwald genug andere wohlschmeckende Früchte, ich verstehe gar nicht, warum du immer wieder ausgerechnet diese roten Früchte haben willst. Schlag dir das aus dem Kopf.'

Großmutter aber verstand Julian gut und sah ihn eine ganze Weile nur nachdenklich an, mit einem versonnenen Ausdruck in ihren Augen. Und nach einer Weile sagte sie: ‚Julian, ich kann dich sehr gut verstehen mit deiner Sehnsucht nach den roten Früchten. Ich habe selber im Laufe meines Lebens mehrere Sträucher mit solchen Früchten gefunden, und ich erinnere mich noch gut daran, wie wunderbar aromatisch sie geschmeckt haben. Ich habe auch erlebt, daß manche dieser Sträucher sehr widerstandsfähig sind und jahrelang Früchte tragen und daß manche von ihnen schon nach kurzer Zeit eingehen und absterben. Und ich habe auch erlebt, daß manche dieser Sträucher leicht und manche schwierig zu erreichen und daß manche gar nicht zu erreichen sind und daß man manchmal lange Zeit vergeblich nach einem solchen Strauch sucht, bis man dann urplötzlich einen findet.'

‚Es lohnt sich', fuhr Großmutter fort, ‚die Sehnsucht nach diesen Früchten im Herzen zu tragen und immer wieder nach ihnen Ausschau zu halten. Aber es ist auch wichtig, dich bereitzuhalten dafür, sie tatsächlich zu finden.'

‚Was meinst du damit?' fragte Julian, und Großmutter fuhr fort: ‚Wenn du dich wieder darauf besinnst, wie gut du es verstehst, dir gesunde, wohlschmeckende und abwechslungsreiche Mahlzeiten zusammenzustellen, wieder zu spüren, wie stolz du darauf sein kannst, dann wirst du schon bald wieder ein richtig gesunder, starker und fröhlicher Affe sein, und dann wirst du den Strauch mit den roten Früchten auch sehen, wenn einer in deiner Nähe ist, weil deine Augen leuchten und klar sehen können. Dann kannst du auch einen Strauch erreichen, der nicht so gut zugänglich ist, weil dein Körper stark ist und du dich auf seine Reaktionen verlassen kannst. Und dann kannst du die roten Früchte auch wirklich genießen, mit ihrem wundervollen Aroma, weil dein Körper gesund ist und deine Geschmackszellen bereit sind, das wundervolle Aroma aufzunehmen.

Ja, es ist tatsächlich so, je besser und gesünder und abwechslungsreicher du dich ernährst, je mehr Spaß du daran hast und je mehr du es dir gutgehen läßt, um so wahrscheinlicher ist es, daß du schon bald wieder einen Strauch mit den roten Früchten findest, daß du ihn dann auch erreichen kannst und dir seine Früchte schmecken lassen kannst.'"

„Also", sagte der Affe zu mir, „ich weiß nicht, ob du vielleicht findest, daß sich das ziemlich banal anhört. Tatsache ist aber, daß Großmutter offenbar irgend etwas in Julians Innerem angesprochen hatte. Und ob du es glaubst oder nicht, Julian bekam wieder richtig Spaß am Leben, entdeckte wieder seine Könnerschaft in der Zusammenstellung seiner Mahlzeiten, blühte richtig auf und strahlte nur so vor Glück. Und immer wenn das Gespräch auf die roten Früchte kam, trat ein ganz tiefes, warmes Leuchten in seine Augen."

„Und", fragte ich, „hat er denn wieder einen Strauch mit den roten Früchten gefunden?"

„Und ob!" entgegnete der Affe. „Ich weiß allerdings nicht mehr genau, ob Julian irgendwann gesund und kräftig genug war, um zu dem Strauch auf dem Felsen hochzuklettern, oder ob er einen anderen Strauch gefunden hat.

Auf jeden Fall kann ich mich noch gut erinnern, mit welchem Wohlbehagen er immer wieder von den roten Früchten gegessen hat. Und wie gesund und fröhlich und zufrieden er immer gewirkt hat, ob er nun gerade rote Früchte aß oder etwas anderes."

„Affe", sagte ich zum Affen, „du bist ein alter Geschichtenerzähler", und kitzelte ihn am Bauchfell. „Du weißt nicht mal, wo Kamerun liegt, weil du nämlich aus Giengen an der Brenz kommst, und ich weiß auch nicht, woher du plötzlich einen Vetter namens Julian haben willst."

Aber der Affe lächelte nur wissend und sagte, es wäre jetzt Zeit, schlafen zu gehen, und er wüßte schon, was er erlebt hätte.

Und als ich etwas später selbst im Bett lag, dachte ich an den Affen und wie ernsthaft er seine Geschichte erzählt hatte. Ob er vielleicht doch aus Kamerun stammt?

Problem

Die betreffende Person
➤ tut sich schwer mit Smalltalk mit fremden Menschen
➤ sperrt sich gegen Oberflächlichkeiten
➤ hat Angst, daß andere sie langweilig finden könnten und schlimmstenfalls das Gespräch abbrechen

Ziel

Die betreffende Person
➤ kann Smalltalk mit gutem Rapport bei fremden Menschen führen
➤ ist neugierig im Gespräch und hat kreative Gesprächsansätze
➤ hat Spaß dabei, auf fremde Menschen zuzugehen

Martina B.
Die Wasserfee

Es war einmal ein junger Mann, der lebte vor vielen, vielen Jahren mit seiner Familie und seinen Freunden auf einer kleinen Insel. Diese kleine Insel lag irgendwo in den großen Weltmeeren, weit entfernt von hier. Der junge Mann war neugierig darauf, die Welt für sich zu entdecken. Oft hatte er schon daran gedacht, eine große und lange Reise zu unternehmen. Viele Pläne hatte er schon geschmiedet, doch immer wieder hatte er sie verworfen. Einerseits sollte es eine besondere Reise sein, andererseits wußte er nicht, was ihn in der Ferne erwartete. Auf seiner kleinen Insel kannte er sich gut aus, vor allem kannte er alle Inselbewohner. Wie wird es in der Ferne sein? Wie werde ich dort mit den Menschen zurechtkommen? Eines Tages faßte der junge Mann seinen ganzen Mut zusammen und baute sich ein stabiles Floß. Er bepackte es mit Proviant und stach in See.

An vielen Inseln segelte er vorbei. Mal betrachtete er sie aus der Ferne, manchmal fuhr er etwas näher heran. Eine neue Insel zu betreten, das hatte er jedoch noch nicht gewagt. Darüber war er traurig. Der Proviant ging langsam zur Neige. Er wußte, er mußte etwas tun.

Mit diesem Gedanken schlief er erschöpft ein und begann zu träumen. In seinem Traum begegnete er einer Wasserfee. Sie fragte ihn, wie ihm die Welt gefalle. Das wüßte er noch nicht, denn er hätte noch nicht viel gesehen, antwortete er. Woran es denn liege, fragte die Wasserfee den jungen Mann. „Ich bin mir unsicher, wie ich auf die fremden Menschen zugehen soll. Ich kenne nicht ihre Art und Weise, wie sie mit mir umgehen werden. Ich weiß nicht, ob sie mich verstehen werden. Wenn ich jetzt zum Beispiel Proviant kaufen möchte, weiß ich gar nicht, womit ich bezahlen soll. Mit Muscheln, mit Salz oder mit etwas ganz anderem? Ich habe Angst davor, daß ich schief angeguckt und vielleicht sogar allein gelassen werde", erwiderte der junge Mann. Die Wasserfee überlegte. Sie sagte: „Du kannst so viel. Ich bewundere zum Beispiel dein Floß. Das ist ja ein ganz besonderes Floß. Du hast es so raffiniert gebaut. Es hat ja sogar eine extra Schlafecke. Ich kann mir vorstellen, daß viele Menschen von dir wissen möchten, wie du es gebaut hast." Der junge Mann wunderte sich im Schlaf. War es wirklich so, daß fremde Menschen sich für ihn interessieren könnten? Es war ein schöner Gedanke für ihn. „Was kann ich denn jetzt tun?" fragte der junge Mann. „Es gibt viele Möglichkeiten", antwortete die Wasserfee. „Wichtig ist, daß du dich damit auch wohl fühlst. Einen großen ersten Schritt hast du getan. Du hast das Floß gebaut und bist losgesegelt. Laß dir Zeit damit, eine weitere Antwort zu finden. Vielleicht kommt sie schon morgen ganz überraschend. Vielleicht merkst du gar nicht, daß du eine Antwort hast, sondern du handelst einfach danach."

Als am nächsten Morgen der junge Mann erwachte, hatte er großen Hunger. Er steuerte die nächste Insel an. Das Wasser war ganz seicht und angenehm warm. Er befestigte problemlos sein Floß am Ufer und sah schon die fremden Menschen, die ihn neugierig anschauten. Er ging auf sie zu und fragte, ob sie ihm etwas zu essen gegen einen Tausch geben könnten. Sie schauten ihn fragend, aber freundlich an. Spontan legte er seine Hand auf den Bauch und imitierte die Geräusche von Magenknurren. Die Menschen lachten und brachten ihm sofort etwas zu essen. Danach zeigten sie ihm stolz ihre ganze Insel. Nach einem Tauschgegenstand haben sie übrigens nie gefragt.

Wie viele Inseln der junge Mann besucht hat, das kann ich gar nicht sagen. Ich weiß aber, daß er mit viel Spaß und Freude neue Inseln entdeckt hat. Und auf jeder neuen Insel ist ihm immer wieder etwas eingefallen.

Problem

Eine junge Frau hat schon zwei Fehlgeburten hinter sich und leidet darunter. Sie fragt sich, wieso es ausgerechnet bei ihr nicht klappt.

Ziel

Sie möchte schwanger werden.

Problemebene	**Metapherebene**
Personen: Frau	**Personen:** Ein Webstuhl
Problem: Frau möchte schwanger werden. Hat schon zwei Fehlgeburten hinter sich und leidet darunter.	***Metapher:*** Ein Webstuhl steht auf dem Boden, hat schon zwei mißlungene Decken gewebt und leidet darunter, daß die Weberin und er nichts zustande bringen.
Weg zum Ziel: Six-Step	***Weg zum Ziel:*** Ein altes Spinnrad stellt die Six-Step-Fragen
Ziel: Schwanger werden	***Ziel:*** Eine Decke weben, die wächst und wächst

Gudrun Möller
Ein ganz besonderes Spinnrad

Auf einem alten Hausboden in der Siegerlandstraße in einem kleinen Städtchen im Münsterland stand ein großer, schwerer Webstuhl. Er war ganz aus massivem Holz und wunderschön grün angestrichen. Sein Rahmen war mit bunten Mustern und sein Schiffchen war schwarz mit fetzigen orangenfarbenen kleinen Segeln liebevoll bemalt. Er reckte sich manchmal ein bißchen, damit die anderen Bodenbewohner ihn auch gut betrachten konnten.

Der Webstuhl stand dicht am Fenster, so daß er hinaus schauen konnte. Was er dort sah, machte ihn oft traurig. Er schaute auf ein Schaufenster eines Stoffgeschäftes. In diesem Schaufenster lagen wunderbare Stoffe, bunte oder einfarbige in satten Farbtönen, große und kleine Decken, Kissenbezüge, kleine Teppiche und vieles mehr. Er seufzte, so oft er sich diese bunte Vielfalt ansah. Die anderen Möbel und Gegenstände auf dem Boden wußten, warum ihr Webstuhl so traurig war, aber sie konnten ihm nicht helfen, denn keiner von ihnen wußte einen Rat.

Als unser Webstuhl eines Tages wieder hinausschaute und seufzte, öffnete sich die Bodentür und Opa Gieseking aus der zweiten Etage bugsierte ein altes Spinnrad hinein. Er mochte diesen, wie er sich ausdrückte, „alten Plunder" nicht und wollte ihn aus den Augen haben. Opa Gieseking stellte das Spinnrad neben den Webstuhl ans Fenster und ging wieder.

Der Webstuhl und die anderen Bewohner beäugten das neue Mitglied dieser Wohngemeinschaft neugierig. Das Spinnrad sagte höflich: „Guten Tag!" zu allen und wandte sich dem Webstuhl zu, denn der stand ihm am nächsten. „Ich habe eben jemanden seufzen hören, als der Alte mich gerade abgeschoben hatte. Warst du das?" „Ja", sagte der Webstuhl, „das war ich", und seufzte gleich noch mal. „Was hast du denn für einen Kummer?" fragte das Spinnrad. „Ach, weißt du, ich bringe mit der Weberin einfach nichts Richtiges zustande. Wir haben noch kein Stück Stoff richtig fertig gewoben. Dabei würden wir so gerne mal eine richtig große Decke weben – weißt du, so eine mit vielen bunten lustigen Farben, eine die so richtig solide gewebt ist." „Ah, ich verstehe, ein richtig gutes Stück also!" stellte das Spinnrad fest. „Genau!" sagte der Webstuhl mit Inbrunst. „Ja, was hinderte euch denn bisher daran, so ein gutes Stück zu weben?" fragte das Spinnrad. „Wenn ich das wüßte! Meine Weberin ist darüber auch ziemlich traurig, denn sie mag mich sehr gern. Schau nur, wie sie mich bemalt hat!" „Ja, wirklich schön! Aber sag mir doch, habt ihr denn überhaupt schon mal zusammen etwas gewebt?" fragte das Spinnrad. Der Webstuhl schluckte hörbar und antwortete: „Ja. Wir haben schon oft angefangen. Nur irgend etwas ist immer schiefgegangen, die Fäden rissen, oder das Muster sah nicht gut aus. Deshalb haben wir die Arbeit immer wieder abgebrochen." Das Spinnrad bemerkte am Kettbaum einen kleinen Tropfen Wasser – sollte das etwa eine Träne sein?

Nun, wie wir alle wissen, ist ein Spinnrad ein ganz besonderes Möbel, man denke nur an seine Rolle in dem Märchen „Dornröschen"! Unser Spinnrad hier auf dem Dachboden in der Siegerlandstraße war so etwas wie eine gute Fee, nur daß diese Fee nicht mehr so gut aussah, sondern etwas staubig und abgeschabt wirkte. Das tat ihren Fähigkeiten aber keinen Abbruch, ganz im Gegenteil, sie konnte auf einen großen Erfahrungsschatz zurückblicken.

Das Spinnrad drehte sein Rad ein paar Mal und fragte den Webstuhl: „Hast du Lust auf ein kleines Frage- und Antwort-Spiel? Ich stelle dir ein paar Fragen, und du antwortest." „Ach, ja gern!" rief der Webstuhl und war froh über die Abwechslung und die Zuwendung. „Welche gute Absicht könnte dahinter stecken, daß du noch keine Decke gewoben hast?" „Eine gute Absicht?! Na, das gibt's doch nicht! Ich leide doch darunter, das ist doch nichts Gutes!" empörte sich der Webstuhl. Das Spinnrad lächelte milde und fragte weiter. „Hast du schon mal alle deine Teile gefragt, vielleicht fällt einem von ihnen etwas dazu ein?" Der Webstuhl stutzte und dachte: „Sollten mein Schiffchen oder die Lade denn etwas wissen, was ich noch nicht weiß?" Er blickte skeptisch an sich herunter und bemerkte, wie das Schiffchen sich leise bewegte!

Vorsichtig fragte der Webstuhl sein Schiffchen: „Weißt du vielleicht eine gute Absicht?" Zu seiner größten Überraschung piepste das Schiffchen: „Na klar!" Der Webstuhl brauchte eine ganze Weile, bis er verstanden hatte, daß da sein Schiffchen gesprochen hatte. „Dann sag sie mir bitte!" drängelte er. „Ich will dich schützen!" piepste das Schiffchen wieder. „Ja aber, wovor denn?" fragte der Webstuhl fassungslos. „Vor zu viel Arbeit. Du kennst doch die Weberin. Wenn ihr erst mal was gelingt, findet sie kein Ende mehr. Und wir sind dann überarbeitet, erschöpft und gehen kaputt. Und heutzutage findet man doch keinen Mechaniker mehr, der mit Webstühlen umgehen kann. Du siehst, das wäre unser Ende!"

Wenn der Webstuhl jetzt einen Stuhl gehabt hätte, dann hätte er sich hingesetzt. Aber es gibt ja bekanntlich keine Stühle für Webstühle. Also rang er mit seiner Fassung und mußte einsehen, daß das Schiffchen recht hatte. Nach einer Weile erkannte er die ganze Tragweite und war seinem Schiffchen richtig dankbar, daß es so gut für ihn sorgte. Ja, es bewahrte ihn vor dem Ruin! Wenn das nicht eine gute Absicht war!

Das Spinnrad hatte mit großem Interesse die Ausführungen des Schiffchens vernommen. Es wandte sich dem Schiffchen zu und fragte: „ Könntest du dir vorstellen, auch auf andere Weise diese wirklich gute Absicht zu verfolgen?" „Aber sicher!" piepste das Schiffchen. „Wem von euch fallen neue Wege ein, die ihr gehen könnt, um die gute Absicht, euch zu schützen, genauso wirksam zu erreichen wie bisher?" fragte das Spinnrad all die anderen Teile des Webstuhles.

„Wir können die Feder da hinten im Schrank bitten, einen Zettel für unsere Weberin zu schreiben. Sie soll bitte sorgsam mit uns umgehen!" rief die Lade.

„Wir können die Tauben bitten, sich nach einem Mechaniker umzusehen, überall, auch hinter der Siegerlandstraße!" sagte der Warenbaum sehr gesetzt.

„Wir könnten von dem alten Sofa da an der Tür lernen, wie man sich richtig entspannt, nach der Arbeit ...", murmelten die Kettfäden.

Das Schiffchen hörte sich diese Vorschläge an, prüfte sie sorgfältig, und ich glaube, sie wurden für gut befunden, denn es sah sehr zufrieden aus, ja, es schien, als ob seine aufgemalten Segel sich etwas blähten.

Das Spinnrad atmete hörbar durch und fragte: „Hat einer von euch noch was dagegen, diese neuen Wege auszuprobieren?" Alle brummten, schnurrten oder raschelten ihr Einverständnis. „Und du?" wandte sich das Spinnrad wieder an den Webstuhl, „denkst du, daß du diese neuen Wege ausprobieren möchtest?" Der Webstuhl lachte das Spinnrad an: „Ja, was denkst du denn? Natürlich!!"

Die gesamte Wohngemeinschaft des Bodens lachte erleichtert und freute sich mit dem Webstuhl. Er sah jetzt etwas erschöpft aus und richtete seine müden Augen auf das Sofa. Dieses stellte sich in Positur und zeigte dem Webstuhl, wie man sich entspannt.

Nach ein paar Tagen kam die Weberin mal wieder auf den Boden, um nach dem Webstuhl zu sehen. Sie sah ihn an und fand plötzlich, daß er lange genug auf dem Boden gestanden hatte, und sie hatte Lust, wieder zu weben. Also holte sie den Webstuhl in ihre Wohnung und begann mit der Arbeit. Es sollte eine Decke werden. Das Schiffchen flog nur so, und die Arbeit ging gut voran. Gegen Abend bemerkte sie plötzlich einen Zettel auf dem Boden. Sie hob ihn auf und las. „Wir haben genug getan, nicht wahr?" Sie fragte sich, wo der hergekommen sei, und wollte ihn schon zerknüllen und weiterarbeiten, da hielt sie inne und dachte: „Eigentlich stimmt das!" Sie schob ihren Stuhl zurück und beendete für heute ihre Arbeit.

Das Spinnrad erzählte den anderen Bodenbewohnern – sie waren inzwischen gute Freunde geworden – von der wunderschönsten Decke, die dort unten in der Wohnung der Weberin wuchs und wuchs. Woher das Spinnrad das wußte? Ich sagte doch, ein Spinnrad ist ein ganz besonderes Möbel.

Problem

W. fühlt sich von vielen verschiedenen Themengebieten angesprochen und beschäftigt sich mit unterschiedlichen Bereichen, wie z.B. Malerei, Kunstgeschichte, Romanliteratur und Philosophie. Hierbei stört W., daß er sich diesen Gebieten immer nur ein wenig zuwenden kann und somit viele kleine Foci hat.

W. ist Architekt.

Ziel

W.'s Ziel ist, eine Verbindung zwischen den unterschiedlichen Interessengebieten zu schaffen, Grenzübergänge zu finden, alles gleichzeitig lebendig zu halten und entfalten zu können. Die kleinen Foci sollen zusammenwachsen. Er möchte die Synergien finden und gleichzeitig nichts aufgeben müssen, um so zu neuen Durchbrüchen zu gelangen.

Anette Wieduwilt
Arnos Atelier

Meine Geschichte beginnt mit einem kleinen Jungen, namens Mimo Winter. Mimo war ein sehr aufgeweckter Junge, der an vielen Dingen Gefallen fand und sich intensiv mit diesen Dingen auseinandersetzte. Besonders liebte Mimo, im Garten hinter seinem Haus herumzustöbern. Gestern nachmittag verbrachte er mal wieder seine Zeit in diesem Garten, in dem es viele Büsche, einen Baum mit Schaukel, ein kleines Blumenbeet der Mutter, das immer von seinen Erforschungen verschont bleiben sollte, und eine große Rasenfläche gibt.

Mimo langweilte sich gestern ein wenig, und er dachte bei sich, daß er den Garten bereits zu gut kenne. So bummelte er durch den Garten, und ihm kam die Idee, einmal Vaters Fernrohr aus dem Haus zu holen. Er schleppte das große Fernrohr hinaus in den Garten und stellte es so auf, daß er den Rasen genau betrachten konnte. Zuerst erschrak er über die großen Schilfbüschel, die er dort sah, denn der Rasen war so sehr vergrößert. Und je länger er durch das große, schwere Fernrohr blickte, um so genauer konnte er wahrnehmen, was es dort zu sehen gab, und das überraschte ihn mächtig.

Er entdeckte nämlich ein seltsames Wesen, das sich bedächtig auf vier Beinen fortbewegte, mal rechts, mal links guckend. Dieses Wesen war Arno, der in der Graswelt lebt und zu der Gattung der Sinkas gehört. Die Sinkas sind ein ruhiges, aber wißbegieriges Völkchen. Ihre Statur erinnert ein wenig an Drachen, aber sie haben ein dickes Fell. Aber nein, es ist gar kein Fell, bei genauem Hinsehen erkennt man, daß es sich um Fellwesten und -hosen handelt – sie sind bekleidet und haben auch sonst eine menschliche Ausstrahlung. Arno z.B. hat eine runde Brille auf seiner Stupsnase, wodurch seine Augen vergrößert werden. Seine Brille braucht er, weil er viel liest und zeichnet. Arno ist gerade auf dem Weg zu seinem Atelier, ein kleiner Raum, links um den nächsten Grashalm in diesem großen Wald, der bei den Sinkas Winterswalde genannt wird. Genaugenommen besteht Arnos Atelier gar nicht aus einem Raum, sondern aus vielen kleinen Räumen, die voneinander getrennt sind. Die Wände dieser vielen kleinen Räume sind aus dünnem transparentem Papier, hell und freundlich, aber matt, so daß man nicht von einem Raum in den anderen gucken kann. Arno liebt sein Atelier, aber irgendwie hat er das Bedürfnis, es neu einzurichten. Nicht, was die Gegenstände betrifft, auch die gefallen ihm sehr, nach wie vor. Sie erinnern ihn an viele schöne Zeiten, in denen er intensiv gearbeitet hat, und ermuntern ihn zur Arbeit. Zur Zeit hat Arno jeden Raum seines Ateliers etwas anders eingerichtet. In dem obersten Quadrat des Ateliers ist der Malraum. Hier hat Arno seine Leinwand stehen und seine Farben, denn von Zeit zu Zeit zeichnet Arno gerne. In dem vorderen rechten unteren Quadrat hat Arno eine alte griechische Säule stehen, daneben eine weiße Bank aus einem hellen Stein gemeißelt. An den Wänden dieses Raumes stehen Regale mit seinen Büchern über griechische, römische und mittelalterliche Sagen. Arno liebt diesen Raum, denn er führt ihn in eine andere Welt und eröffnet ihm neue Denkweisen. Dies gilt für alle Räume, die Arno in seinem Atelier hat. In jedem Raum offenbaren sich andere Welten, die es zu ergründen und durchdringen gilt. Da gibt es noch das Quadrat rechts hinten unten, in dem die Welt der Philosophie zu Hause ist. Hier trifft sich Arno von Zeit zu Zeit mit Sokrates und diskutiert mit ihm die neuesten Aspekte des Lebens. Manchmal kommt auch Sartre vorbei und versucht Arno davon zu überzeugen, daß der Existentialismus der richtige Weg ist. Arno schätzt diese Auseinandersetzungen sehr. Aber da gibt es auch noch das Zimmer links hinten unten, in dem sich Arno der Kunstgeschichte zuwenden kann. Dies Zimmer gleicht einer Galerie und lädt immer zu einem Bummel ein. Dann gibt es noch das Quadrat vorne links unten, in dem Arno erst kürzlich seine NLP-Bibliothek eingerichtet hat. Hier beschäftigt er sich viel mit Kommunikation und Beziehungen zwischen Menschen. Und dann ist dort noch der Raum mit der Werkstatt, wo Arno so manches Mal etwas zusammenzimmert.

Arno hat schon ein Gefühl dafür, wie sein neues Atelier sein soll, und heute ist nun der große Tag, wo alles umgeräumt wird. Als er um die Ecke zum Atelier biegt, sieht er, daß die neuen Baumaterialien schon geliefert wurden. Arno will diesen neuen Baustoff einsetzen, der durchsichtig ist und vor Wind und Wetter schützt. Aus diesem Material baut sich Arno einen achteckigen Raum, der keine weiteren Wände außer denen nach außen enthält. In dem Raum legt Arno ein unsichtbares Schienennetz, das jede Ecke berührt und zur Mitte hin zuläuft, aber auch die Ecken miteinander verbindet. Dies Schienennetz erinnert etwas an ein Spinnennetz von seiner Gestalt her. Nun räumt Arno seine Sachen aus dem alten Atelier in sein neues. Dinge, die vorher in einem Raum waren, kommen nun auf ein kleines Podest, das auf den Schienen aufliegt, in eine der Ecken. Die eine oder andere Ecke bleibt frei, falls Arno in Zukunft noch neue Interessengebiete findet. Der eine oder andere Gegenstand wird noch mal besonders positioniert, und fertig ist das neue Atelier. Arno ist zufrieden. Er hat nämlich nun die Möglichkeit, das Themengebiet, mit dem er sich gerade beschäftigen will, auf dem Podest über die Schienen in die Mitte zu schieben, so wie es Arno nun mit seiner Leinwand macht. Arno überlegt, was er zeichnen könnte, und während er überlegt, geht er in die Philosophie-Ecke und guckt aus dieser Ecke als Person des Sokrates auf seine Leinwand und überlegt, was Sokrates wohl zeichnen würde. So macht er es nun mit jeder Ecke, und immer wieder findet Arno neue Personen, aus deren Augen er seine Leinwand betrachtet. Dann geht Arno wieder zu seiner Leinwand und läßt die verschiedenen Ansichten mit in sein Bild einfließen. Zwischendurch geht Arno mal wieder zu einer Ecke hin und merkt, daß auch er, Arno, sich verändert, andere Gefühle und Gedanken ihn durchströmen, ganz abhängig von der Ecke, in der er sich befindet. Und wenn Arno das Gefühl hat, den Kontakt zu der einen Ecke zu verlieren, so zieht er sich das Podest dieser Ecke etwas näher an seine Leinwand heran.

Arno ist ganz begeistert von seinem Atelier und freut sich schon darauf, andere Ecken in die Mitte zu ziehen und mit den Entfernungen zu experimentieren. Außerdem kann Arno so, wenn er mal an einem Punkt nicht weiterkommt, dieses Podest wieder etwas zurück in seine Ecke schieben und ein anderes Podest etwas näher heranziehen. Am meisten ist Arno aber auf seinen Ausguck stolz. Er hat sich nämlich eine Treppe außen an dem Atelier hoch gebaut, mit deren Hilfe er zu einem flachen kleinen Raum kommt, der sich genau in der Mitte über dem Atelier befindet. Arno kann sich immer, wenn ihm alles zuviel oder verworren wird, auf den Boden dieses Raumes legen und das gesamte Netz von oben aus der Vogelperspektive betrachten. Der Boden ist nämlich auch durchsichtig. So kann er manche Verbindung entdecken, die ihm mitten im Raum verborgen blieb. In diesem Ausguck befindet sich Arno gerade und betrachtet sein neues Atelier von oben, und als er sich auf den Rücken wendet und in den Himmel schaut, sieht er, daß die Sterne bereits rauskommen. Da denkt Arno bei sich, daß er sich vielleicht ein Fernrohr anschaffen sollte, um auch noch eine Verbindung zu den Sternen herstellen zu können. Währenddessen liegt Mimo längst in seinem Bett, mit seinen Gedanken bereits beim nächsten Tag – er will sich nämlich ein Atelier bauen.

Problem

Frau M. hat vor etwa einem Jahr ihr Studium erfolgreich abgeschlossen und arbeitet seit einiger Zeit in dem Bereich, dem während ihres Studiums ihr besonderes Interesse galt, als wissenschaftliche Assistentin bei ihrem ehemaligen „Prof.". Sie arbeitet dort mit viel Engagement und Spaß. Ihr Problem besteht darin, daß sie „irgendwelche diffusen Aufträge" von ihrem Chef erhält, die auch durch Nachfragen nicht deutlicher werden. Trotzdem gibt sie sich sehr viel Mühe, ihre Aufgabe gut zu machen, mit dem Ergebnis, daß „ziemlich viel für den Papierkorb" ist. Nie reicht ihre erste Vorlage. Ihre Empfindung bei der Besprechung dieser Vorlagen ist immer wieder die, daß er – der Prof. – aus der Arbeit „Stücke heraushaut", und je kleiner er sie hacke, desto kleiner und schlechter würde die Arbeit. Aus dieser Erfahrung heraus neigt sie nun dazu, den ersten Entwurf so lange wie möglich hinauszuschieben, so daß sie nun zusätzlich auch noch unter Zeitdruck gerät.

Ziel

Ihr Wunsch für die Zukunft besteht zum einen darin, die erste Vorlage künftig zügig zu beginnen, ohne allerdings gleich beim ersten Entwurf schon an „einzelnen Formulierungen zu feilen" und Struktur und Inhalt bis ins Detail zu bestimmen. Außerdem will sie nicht mehr mit Enttäuschung reagieren, sondern in Zukunft darauf achten, wann Einzelteile ihrer Arbeit in der Endfassung wiederzufinden sind, und dann stolz darauf sein.

Kristin Hirschauer
Metapher

Es war einmal eine kleine Prinzessin, die eine Menge roter, blauer, grüner, gelb-rosa gesprenkelter, schwarz-lila gestreifter, goldener, silberner und viele andere bunte Glasstückchen besaß und sich besonders gut darauf verstand, daraus kunstvoll gearbeitete Mosaike und andere kleine Kunstwerke herzustellen. Eines Morgens saß sie inmitten ihrer rundherum auf dem Boden verteilten schönen, bunten Glasstückchen, die Sonne schien hell, die Schloßtürme blitzten golden durchs Fenster herein – und was tat sie? Sie weinte, denn der König hatte Geburtstag! O je! Er hatte sie zu sich gerufen und gesagt: „Mein liebes Kind, ich geruhe mir ein kleines Kunstwerk aus bunten Glassteinchen zu wünschen – oder nein – vielmehr nicht bunt, eher blau? ... mit anderen Worten ... sagen wir: teils bestehend aus dreieckigrunden Formen mit Würfeln und Achten und ... na, du weißt schon, mein Kind! Und nun laß mich allein!" Und die kleine Prinzessin hatte sich etwas verwirrt daran begeben, ein kleines Kunstwerk zu bauen aus zu Dreiecken und Kreisen und Achten und Würfeln fein gefeilten gelb-lila-gestreiften-rot-grün-blauen-und-doch-nicht-blauen Glasstückchen, hatte die einzelnen Steine sorgfältig aneinandergeklebt und ein sehr schönes kleines Häuschen gebaut, das sie voller Stolz dem König überreichte. Und was war geschehen? „Potzblitz", rief der König. „Welch hübsches buntes Kleinod!" und brach ein paar blaue Dreiecke aus dem Dach. „Und hier: welch funkelndes Mauerwerk!" und brach einige rote, runde und grüne, eckige Steine aus der Mauer. Und so ging es in einem fort, bis das Häuschen plötzlich ganz zusammenstürzte, und die Glasstückchen unters Bett, unter den Tisch, kurz: durchs ganze königliche Gemach rollten. „Ei, das war fein!" rief der König. „Aber jetzt wünsche ich ein anderes oder vielleicht doch ähnliches, vielmehr gleiches Kunstwerk ... ein Segelschiffchen! Ja! ... das aber weniger blau und mehr rot, oder doch vielleicht ..." – Aber da war die Prinzessin schon enttäuscht und wütend rausgelaufen. Und nun saß sie weinend in ihrem Zimmer und raufte sich die Haare. „Wie soll ich ihm ein Segelschiff bauen, wenn ich doch noch nie eins gesehen habe? Außerdem macht er sowieso alles kaputt und weiß doch eh' nicht, was er will!" – so schimpfte und klagte sie, bis sich schließlich und endlich ihr Ärger legte und sie sich kurz entschlossen an die Arbeit machte. Und sie baute aus den feinsten Glasstückchen eine glitzernde Schale und brachte sie dem König. „Oh, da bist du ja schon wieder, mein Täubchen, und was für ein schönes Kunstwerk hast du da wieder gebaut!" sagte der König, nahm's in die Hände und rief entzückt: „Da fehlt ja nur noch das Segel!" Sprach's, suchte flink einige der noch auf dem Boden verstreuten Steine auf, und flugs hatte er auf die Schale ein kleines, buntes Segel gesetzt. Und auf einmal freute sich auch die Prinzessin. Das Bötchen war tatsächlich hübscher als zuvor! „Ja, das ist ein richtiges Segelboot", dachte sie bei sich. Und nicht nur das, sie dachte auch: „Und es sind ja meine Steine und mein Schälchen, die es so schön gemacht haben. Und jetzt kann es auch noch richtig segeln!"

Problem

F. hat Schwierigkeiten, eigene und fremde Gefühle wahrzunehmen. Darüber hinaus ist sie ihrer Ansicht nach nicht in der Lage, Emotionen zu zeigen. Diesem Verhalten („Abblocken" bzw. eine vorwegnehmende Interpretation von eigenen oder fremden Empfindungen) schreibt F. eine Art Schutzfunktion zu.

Ziel

F. möchte für eigene und fremde Empfindungen offen sein und die Wahrnehmung dieser Emotionen zulassen können.

Astrid Model
Der Reisekoffer

Es war einmal ein Reisekoffer. Er stand in der hintersten Ecke des Dachbodens, zwischen einem alten Fahrrad und den leeren Obstkisten, die zur Erntezeit mit Äpfeln und Birnen aus dem Garten gefüllt wurden.

Der Koffer stand schon sehr lange dort. Irgendwann hatte man ihn dort abgestellt und vergessen. Vielleicht hatte er aber auch selber dazu beigetragen, daß man ihn vergaß. Denn obwohl er von rotem Leder und mit hübschen Beschlägen versehen war, ließ er zu, daß eine Staubschicht nach der anderen sich auf ihm niederließ und die Spinnen ihre Netze um ihn woben. Nach und nach verrosteten seine Schlösser und Scharniere, und er hatte schon lange keine Lust mehr, sich zu öffnen. So stand er schon lange Zeit dort, und niemand wußte mehr, welche Schätze er in seinem Inneren verbarg.

Eines Tages nun kamen Kinder, die im Hause und in der Nachbarschaft auf der Suche nach Abenteuern waren, auf den Dachboden. Sie stöberten eine Weile umher und entdeckten schließlich auch den Reisekoffer in seiner Ecke. Voller Neugier entfernten die Kinder vorsichtig den Staub und die Spinnweben. Und plötzlich verspürte der Reisekoffer wieder große Lust, sich zu öffnen und den Kindern seine Kostbarkeiten zu zeigen. Wie von selbst sprangen die Verschlüsse auf. Die Kinder öffneten den Deckel, und zum Vorschein kamen Kostüme, glitzernder Schmuck, Perücken, Tücher, kurz alles, was man zum Verkleiden und Theaterspielen gut gebrauchen kann. Die Kinder bestaunten und bewunderten den Inhalt des Koffers. Sie zogen sich die Kostüme an, setzten sich die Perücken auf und schmückten sich. Ein Juchzen und Lachen füllte den Dachboden. Die Kinder hatten viel Freude an ihrem Spiel. Und so kam es in der nächsten Zeit öfter vor, daß der Reisekoffer Besuch bekam.

Kurze Zeit, nachdem der Reisekoffer wieder einmal seinen Deckel nach einem ausgiebigen Kostümfest geschlossen hatte, kam Käthe, die sich häufig an den Spielen beteiligte, allein auf den Dachboden, einen kleinen, in Silberpapier gehüllten Gegenstand in der Hand. Vorsichtig öffnete sie den Koffer und legte ihr Päckchen hinein. Dann verschwand sie wieder.

Auch in den folgenden Tagen kamen immer wieder einige der Kinder, um dem Reisekoffer ihre kleinen und großen Geheimnisse anzuvertrauen. Der Koffer füllte sich mit der Zeit, seine Scharniere wurden durch das häufige Öffnen und Schließen wieder ganz blank und glänzten in der Sonne, die durch das Fenster des Dachbodens hereinschien.

So füllte der Reisekoffer sich nach und nach immer mehr mit immer größeren und kleineren Schätzen. Und an diesen ihm anvertrauten Schätzen nahmen Generationen von Kindern teil.

Problem

Frau K. strebt eine wissenschaftliche Laufbahn an. Mit ihren Lehrveranstaltungen kommt sie gut zurecht. Auch ihr Schriftenverzeichnis hat schon einige Titel zu unterschiedlichen Themen aufzuweisen, die ihr fachliche Reputation eingebracht haben. Auf diese Weise erhielt Frau K. mehrere Einladungen zu wissenschaftlichen Kongressen. Allerdings hat sie ein Problem damit, auf solchen Veranstaltungen vor akademischem Publikum Vorträge zu halten. Bei solchen Auftritten ist sie aufgeregt und klebt an ihrem Manuskript.

Ziel

Frau K. möchte lernen, bei öffentlichen Vorträgen genauso gelassen, konzentriert und engagiert aufzutreten wie in ihren Lehrveranstaltungen. Falls sich an der Aufregung während solcher Vorträge nichts ändert, will Frau K. keine Einladungen mehr annehmen.

Anne Kaulich

Das Känguruh

Känguruhs können, wie man weiß, ohne Mühe große Sprünge machen und so ihr Ziel schneller erreichen als andere Tiere. Die Tiere in der australischen Steppe sahen dies mit wachsendem Interesse und versuchten, auch solche Sprünge zu machen. Der tasmanische Sumpffrosch brachte es schon zu ganz beachtlichen Sprüngen, und auch die Hüpfmäuse waren stolz auf ihre Hüpfer, aber an das Känguruh kamen sie lange nicht heran. An einem heißen Sommertag wollte das Känguruh seine Verwandten im Busch besuchen. Der Weg dorthin war gefährlich, unwegsam und beschwerlich. Das Känguruh wußte nicht, wie es den Weg bis Sonnenuntergang zurücklegen sollte. Und in seiner Not probierte es immer neue Sprungtechniken aus. Am Ende des Tages hatte es für jede Geländeart eine spezielle Sprungtechnik entwickelt, die es ihm ermöglichte, jedes Gelände mit eleganter Leichtigkeit zu überwinden. Als die anderen Tiere das sahen, kamen sie und fragten das Känguruh um Rat, wenn sie einen beschwerlichen Weg vor sich hatten oder ein Hindernis für unüberwindlich hielten. Das freundliche Känguruh gab gerne Auskunft und war sehr hilfreich. Von immer weiter her kamen die Tiere herbei, um sich die Sprünge zeigen zu lassen. Die Pfeiffrösche hatten schon eine ausgefeilte Technik erlernt und auch der ein Meter große, etwas plumpe bodenlebende Nacktnasenwombat hatte schon beachtliche Fortschritte gemacht, wogegen der Kurzschnabeligel und auch die Echsen sich noch sehr schwertaten. Sogar der Gleitsegler, ein Kletterbeuteltier, das an beiden Körperseiten eine ausspannbare Flughaut besitzt, mit der es von den Ästen hoher Bäume, wie auf einem „Luftkissen", nach Art der Skispringer, hundert Meter weit durch die Luft segeln kann, kam, um die Sprünge des Känguruhs zu lernen, obwohl es dies gar nicht nötig hätte, wie es immer wieder betonte. Viele Tiere lebten aber zu weit entfernt und konnten an den Kursen nicht teilnehmen. Der Wunsch nach einer schriftlichen Anleitung, die man überallhin verschicken konnte, wurde immer öfter an unser Känguruh herangetragen. Und weil es auch diesen Tieren eine Hilfestellung geben wollte, schrieb es schließlich eine genaue Anleitung nieder.

Das Buch wurde ein großer Erfolg, und so kam es, daß das Känguruh in andere Teile der Steppe eingeladen wurde, um über die Sprünge und das Buch zu sprechen. Doch nun geschah etwas ganz Erstaunliches. Immer wenn mehr als 44 Tiere zusammenkamen, bekam das Känguruh einen Schluckauf. Dadurch war es zwar nicht daran gehindert, die Technik klar und überzeugend zu erklären, aber es machte ihm einfach keinen Spaß, und schließlich nahm es solche Einladungen nicht mehr an. Das fanden die Tiere sehr schade und überlegten sich, was da zu tun sei. „Sieben Schlucke Wasser trinken, ohne Luft zu holen", empfahl die Schlangenhalsschildkröte. „Von 100 ganz schnell rückwärts zählen", riet der Tüpfelkuskus, schaute ganz bekümmert aus seinen großen, gelben Nachtaugen und begab sich, wie immer, im Zeitlupentempo zu seinem Schlafplatz im Baum. „Einen Kopfstand machen, das hilft", meinte die Teppichschlange. „Einen purpurfarbenen Luftballon aufblasen und dann auf die Farbe Purpur konzentrieren", war der Rat des scharfsichtigen Keilschwanzadlers. „Ich weiß ein ganz todsicheres Rezept, aber es fällt mir einfach nicht ein", klagte das Schnabeltier, das so gerne hilfreich gewesen wäre und brachte als Geschenk ein Ei vorbei. Der Dingo bellte ungeduldig, und als die Sonne glutrot am Horizont verschwand, heulte er noch lange in die Nacht hinein, so daß sogar der Gespenstfledermaus eine Träne ins Auge stieg. Einen Rat wußte er aber auch nicht.

Dem Känguruh schwirrte der Kopf von all den vielen Ratschlägen, und weil die Tiere in ihrer Aufregung alle so schnell durcheinandergeplappert hatten, gerieten die Ratschläge ein wenig durcheinander. „Purpurfarbenes Wasser trinken, im Kopfstand bis 100 zählen, einen Ring sieben Mal drehen, ohne Luft zu holen, ein Ei in sieben

Schlucken austrinken, auf einen gelben Luftballon purpurne Nachtaugen malen, na ich weiß auch nicht", dachte das Känguruh.

Weil es aber merkte, wie wichtig es den Tieren war, nahm es die nächste Einladung an, nahm einen purpurnen Luftballon mit, auf dem das gelbe Nachtauge eines Kuskus aufgemalt war, und begann vor dem gebannt lauschenden Publikum mit seinem Vortrag. Und weil dies seine ganze Konzentration in Anspruch nahm, vergaß es, den Luftballon fest genug zu halten, und ließ ihn los. So flog er davon und mit ihm der Schluckauf. Beide wurden nie mehr gesehen.

Problem

Herr D. hat das Problem, daß seine Arbeit mit der Zeit immer umfangreicher geworden ist, so daß er seinen „Schreibkram" kaum noch schafft. Außerdem hat er wenig Möglichkeiten für persönliche Kontakte zu den anderen Mitarbeitern. Alle Mitglieder der Organisation arbeiten vor sich hin, ohne Feedback von Kollegen und Vorgesetzten zu bekommen. Herr D. fragt sich deshalb: „Läßt man mich machen, weil ich das gut mache oder weil es den Kollegen oder Vorgesetzten egal ist, was ich mache?"

Ziel

Herr D. will erneut ein Gespräch führen, in dem die Probleme besprochen werden. Er will innerhalb der Organisation Kooperationspartner finden, um mit diesen gemeinsam die Probleme zu bewältigen. Unter Kooperation versteht Herr D.: Ich gebe etwas, aber ich bekomme auch. Meine eigene Arbeit wird mit neuen Ideen befruchtet.

Herr D. betrachtet diesen Gesprächstermin als letzte Chance, entweder innerhalb der Organisation Befriedigung zu finden und mit Engagement tätig zu sein oder aber sich zurückzuziehen, Befriedigung nur noch im privaten Bereich zu suchen und in beruflicher Hinsicht nur noch Pflichten zu erfüllen.

Maren Niehuis
Der Hausmeister

Der Hausmeister, von dem ich heute erzählen will, ist kein gewöhnlicher Hausmeister von dem Schlag, wie man ihn vielleicht noch aus der Schule kennt. Nicht, daß diese Hausmeister ihre Arbeit schlecht machen. Es ist nur, dieser spezielle Hausmeister tut sie mit Leib und Seele und einem ganz enormen Sachverstand. Und weil das so ist, benötigt seine Firma kaum einmal den Kundendienst, zum Beispiel für Kopierer. Das kann der Hausmeister. Und auch sonst, wann immer ein Gerät, zum Beispiel das Diktiergerät, ausfällt, das einfachste ist, erst mal dem Hausmeister Bescheid zu geben. Wenn der sagt: „Das ist nur eine kleine Reparatur, das kann ich selbst machen", dann ist das Diktiergerät am nächsten oder übernächsten Tag schon repariert und wieder einsatzbereit. Und der

Hausmeister kann auch immer sagen, ob sich eine Reparatur, die er selbst nicht machen kann, noch lohnt oder ob es besser ist, ein neues Gerät anzuschaffen. Alles in allem kann man sagen: Dieser Hausmeister, der für die Heizung, die elektrischen Anlagen, die sanitären Anlagen, die Gebäudesicherheit, die Außenanlagen mit Hofkehren, Laubfegen usw., Fundsachen und die Lagerung von altem Inventar zuständig ist, ist ein wahrer Schatz für seine Firma.

Wie so oft im Leben, gilt der Prophet, oder hier besser gesagt, der Hausmeister, in seiner eigenen Firma nichts. Die Leistungen des Hausmeisters werden in der Regel nur dann bemerkt, wenn irgend etwas schiefgeht, zum Beispiel im Winter die Heizung ausfällt, oder es ihm nicht gelingt, den Kopierer wieder in Gang zu bekommen. Jedenfalls bekommen die anderen Mitarbeiter in der Firma den Hausmeister nur dann zu sehen oder zu hören, wenn sie etwas von ihm wollen. Dann heißt es: „Können Sie mal kurz rüberkommen und den Kopierer in Ordnung bringen?" oder: „Am Freitag muß die Heizung länger laufen wegen einer Geschäftssitzung. Können Sie das einrichten?" Und immer antwortet der Hausmeister: „Klar, kann ich einrichten."

Nun ist es allerdings so, daß der Hausmeister nicht nur die Dinge repariert, einstellt und sonstwie in der Gegend rumläuft. Er stellt auch den Dienstplan für die Putzfrauen auf, bestellt Verbrauchsmaterialien und erledigt noch andere kleinere Verwaltungsarbeiten. Diese Arbeiten kommen bei dem Hausmeister zu kurz. Und das bedauert er, denn da er seine Arbeit mit Leib und Seele tut, würde er auch diese Arbeiten gerne sehr gut erledigen. Aber jedesmal, wenn er nur kurz in seinem Büro ist, dann klingelt schon das Telefon: „Hallo, der Kopierer in Block A ist kaputt, usw."

Jedenfalls den Hausmeister macht es ein bißchen traurig, daß er seinen Papierkram nicht erledigen kann. Und manchmal auf dem Weg nach Hause denkt er sich: „Irgendwie sagt mir auch nie jemand, ob ich meine Arbeit gut mache oder nicht. Solange ich an ihren blöden Kopierern ein bißchen rumpröddele und eventuell dann doch den Kundendienst rufe, ist es ihnen anscheinend völlig gleich. Nur wenn ich mal keine Zeit habe, werden die gleich so ein bißchen patzig."

Eines Morgens nun kommt unser Hausmeister in den Betrieb, und es herrscht große Aufregung. Die Statue in der Eingangshalle wurde gestohlen. Beinahe alle Mitarbeiter haben sich in der Eingangshalle versammelt und geben ihre Kommentare ab: „Schade, die Statue war ein Blickfang", oder „besonders hübsch war sie eh' nicht." Und ein älterer Kollege sagt: „Na ja, vielleicht ist es besser so, sie paßt eh' nicht mehr zu uns."

„Wieso sollte eine Staute zu uns passen, was soll die denn überhaupt mit uns zu tun haben?" fragt der Hausmeister.

„Die meisten Jüngeren wie Sie", erwidert der ältere Kollege, „wissen es nicht, und einige Ältere haben es längst vergessen, aber unsere Firma wurde einmal mit einem Preis ausgezeichnet. Vor 25 Jahren wurde uns der 1. Preis für modernes Management verliehen. Damals haben wir richtig gut zusammengearbeitet. Jeder war mit Engagement dabei, und gemeinsam haben wir alle paar Wochen Gesprächszirkel gemacht, in denen wir Probleme besprochen haben. Damals haben auch die Abteilungen besser zusammengearbeitet, und jeder wußte, welche Fähigkeiten der andere hat. Und wenn man etwas Bestimmtes mal nicht konnte, dann hat jemand anders ausgeholfen. Und ein andermal hat man ihm geholfen. Gemeinsam sind wir damals aus den roten Zahlen gekommen. Aber heute ist das alles eingeschlafen, und es ist ganz gleichgültig, was der andere macht. Da paßt es ganz gut, daß die Statue verschwunden ist."

Als der Hausmeister das hört, denkt er bei sich: „Joh, das stimmt. Genausowas denke ich ja auch immer. Bei uns zieht eben keiner mit am gleichen Strange und schon gar nicht in die gleiche Richtung. Aber das kann man ja vielleicht ändern." Plötzlich ist es ganz still in der Halle. Und er merkt, daß er laut gedacht hat, und anscheinend ziemlich laut, denn alle anderen gucken ihn an.

„Ja, wirklich", sagt der Hausmeister, „das habe ich nicht nur so gedacht, sondern das meine ich auch so. Als erstes sollten wir diese Statue wiederbeschaffen. Die ist ja schließlich ein Symbol für den Erfolg, den unsere Firma mal gehabt hat. Wir könnten ja vielleicht eine Belohnung aussetzen oder so was oder …" – „Ja genau", ruft ein anderer, „und den Fall bei XY Ungelöst reinbringen!"

Auf diese Weise kommt schließlich ein richtiger Schlachtplan zustande, in den fast jeder eingebunden ist. Einer schreibt an Eduard Zimmermann, und der andere guckt sich mit seiner Frau auf Flohmärkten um, und und und …

Nach ein paar Monaten haben sie schließlich Erfolg, und die Statue ist wieder da. Im ersten Moment freuen sich alle und liegen einander in den Armen. Nur der ältere Kollege von damals steht etwas traurig daneben und meint: „Eigentlich schade, jetzt, wo die Statue wieder da ist, werden wir bestimmt nicht mehr so gut zusammenarbeiten."

„Wie kommst du denn darauf?" fragt der Hausmeister, der das mitgekriegt hat. – „Na ja, die Suche der Statue war das Ziel, und das haben wir jetzt erreicht. Jetzt fallen bestimmt alle in den alten Trott zurück."

„Ja, das wäre wirklich schade, denn weißt du, während der Suche hatte ich so viel zu tun, daß ich mit meinem Papierkram gar nicht mehr hinterherkam, und da hat mir ab und zu jemand aus der Registratur geholfen, wenn da gerade nicht so viel zu tun war. Aber die Statue noch einmal zu klauen, geht ja auch nicht."

„Mhm", meint der ältere Kollege, „das nicht, aber vielleicht können wir diesen Gesprächszirkel wieder einführen. Damals haben wir dort gemeinsam auch mit der Geschäftsleitung alle Probleme von den Parkplätzen über Arbeitssicherheit, Produktivität bis hin zum Krankenstand und Arbeitszufriedenheit alles besprochen und dabei auch viele neue Ideen gehabt. Vielleicht entstehen daraus neue Ziele, die wir alle gemeinsam verfolgen können."

„Genau das tun wir auch", sagt plötzlich jemand hinter den beiden. Und als sie sich umdrehen, sehen sie, wer es ist: der Chef.

„Die Statue ist ein Symbol für eine besonders erfolgreiche Zeit dieser Firma. Jetzt wollen wir den Geist dieser Statue wiederbeleben. Gemeinsam, so wie die Mitarbeiter die Statue wiedergefunden haben, werden wir auch den Weg in die schwarzen Zahlen schaffen, so wie es in den letzten Monaten tatsächlich schon geschehen ist. Die Gesprächszirkel werden wieder aufgenommen."

Problem

Frau K. hat den Drang, alles aufzuschieben, sei es beruflich oder privat, möchte aber lieber alles gleich und perfekt erledigen. Wenn sie sich dann einmal vornimmt, bestimmte Tätigkeiten sofort abzuarbeiten, fühlt sie sich in diesem Moment unendlich müde und schlapp.

N.N.

Wie Herr Meier das Laufen lernte

Herr Meier, ein Mann in den besten Jahren, lebte allein in einer kleinen Wohnung mit Balkon am Rande einer Großstadt. Er galt bei seinen Nachbarn als freundlicher Zeitgenosse und war mit sich selbst und der Welt auch recht zufrieden, wenn, ja wenn da nicht eine Sache mit dem Joggen gewesen wäre. So manches Mal hatte er bei seinen Spaziergängen durch den angrenzenden Park neidvolle Blicke auf die immer zahlreicher werdenden JoggerInnen geworfen, wie sie an ihm vorbeizogen. Am besten gefielen ihm die, die mit geichmäßigen, harmonischen Bewegungen förmlich an ihm vorbeizuschweben schienen. Sie strahlten genau die Form von Harmonie und Ästhetik aus, die Herrn Meier so in seinen Bann zog.

Gerne hätte er es ihnen gleichgetan, aber jedes Mal, wenn er sich vornahm zu laufen, überkam ihn ein innerer Widerstand, fast eine Lähmung, einhergehend mit dem dringenden Verlangen, sich jetzt auf das Sofa zu legen oder eine Tafel Schokolade zu essen oder auch zu lesen, alles, nur nicht zu laufen. Wenn er dann diesem Verlangen nachgab, so war das aber auch nicht die Erfüllung, da er sich insgeheim Vorwürfe machte, wieder nicht gelaufen zu sein. So ging es nun schon seit fast zwei Jahren.

Eines schönen Sommertages saß Herr Meier wieder einmal auf seinem Balkon, genoß die warmen Sonnenstrahlen auf der Haut, als es sich ein paar Bienen an den Blumen in seinen Balkonkästen offensichtlich gutgehen ließen. Sie setzten sich auf eine Blüte, saugten Nektar, streiften nebenbei Blütenpollen ab, putzten ihre Flügel und schienen sich ein bißchen zu erholen, um anschließend zur nächsten Blüte zu fliegen und dort die gleiche Prozedur zu wiederholen. So ging es die ganze Zeit fort, und Herr Meier beobachtete interessiert dieses Treiben, das eine Mischung aus Emsigkeit und Spaß widerzuspiegeln schien.

Plötzlich durchfuhr es ihn wie ein Blitz. Das war die Lösung. Er mußte für seine sportlichen Ambitionen doch nicht gleich mit einem Marathonlauf beginnen. Niemand würde etwas dagegen haben, wenn er mit kleineren Strecken, hier und da unterbrochen von einer kleinen Belohnung, beginnen würde. Er sah sich in Gedanken bereits verschwitzt auf einer Wiese sitzen und einen Schokoriegel kauend in die Gegend schauen, innerlich mit einem Gefühl der Zufriedenheit über die erbrachte Leistung. Eiligst zog er seine bereits seit vielen Monaten im Schrank bereit liegende Sportkleidung an, packte eine Tafel Schokolade und eine kleine Flasche Wasser in einen Rucksack und verließ die Wohnung.

Draußen überquerte er die Straße und ging in den gegenüberliegenden Park. Dort zog er dreimal tief Luft ein und setzte sich dann langsam, ganz langsam in Bewegung. Nachdem er so eine Weile getrabt war und bemerkte, daß sein Atem immer knapper wurde, entschied er sich, daß es nun an der Zeit wäre, sich eine kleine Belohnung zu gönnen. Er setzte sich am Wegesrand auf eine Wiese, öffnete den Rucksack und holte die Schokolade und das Wasser heraus. Er aß einen Riegel von der Schokolade, trank einen Schluck Wasser und verstaute anschließend alles wieder in dem Rucksack. Dann legte er sich rücklings in das angenehm weiche Gras, um sich ein-, zweimal ordentlich zu strecken und ein paar Minuten in den blauen Himmel zu träumen. Dann stand er wieder auf, um mit dem Laufen fortzufahren. Auf diese Weise legte er eine nicht unbeträchtliche Wegstrecke zurück, immer im Wechsel, mal laufen, mal eine Pause mit Belohnung, bis er merkte, daß er bei seinem Rundlauf wieder an seinem Haus angekommen war.

Eine tiefe Zufriedenheit erfüllte ihn, als ihm bewußt wurde, daß er es endlich geschafft hat. Voller Stolz begab er sich in seine Wohnung. Er war sich sicher, seinen Weg zum Joggen gefunden zu haben. Natürlich, er war nicht so schnell wie die anderen Jogger, aber mit der Zeit würde er auch dahin kommen. Und in seinen Gedanken sah er sich bereits mit gleicher Leichtfüßigkeit förmlich durch den Park schweben. Und wenn nicht, dann hatte er auf jeden Fall immer noch eine Menge Spaß dabei.

Problem

Der Klient schildert Konzentrationsbeschwerden. Diese entstehen dadurch, daß ihm immer dann, wenn er eine Arbeit anfängt, Dinge einfallen, die auch noch gemacht werden müßten. Dieser Zustand löst in ihm eine Art Panik aus, die ihn lähmt, so daß er nichts mehr machen kann.

Ziel

Der Klient möchte gerne seine Arbeiten, eine nach der anderen, erledigen können und dabei die volle Konzentration für die aktuelle Tätigkeit haben.

Frithjof Paulig
Die Höhle der Erinnerung

Es war einmal ein Volk in einem Land vor unserer Zeit. In diesem Volk lebten Menschen noch sehr dicht mit der Natur zusammen. Sie wanderten durch die Lande und lebten daher in leichten Bauten, die sie auf ihren Wanderungen mitnehmen konnten. Je nach Jahreszeit wurden die Lager abgebaut und verstaut. Die Tiere spielten eine große Rolle in dem Leben dieses Volkes. Sie halfen ihnen die schweren Gewichte zu tragen, die Wagen zu ziehen, sie gaben Nahrungsmittel, und oft – wenn es Probleme gab – wußten sie Lösungen, auf die das Volk von allein nicht gekommen wäre. Gerade, wenn es um diese Probleme ging, mußten die Tiere jedoch gefragt werden. Und man mag davon halten, was man will, in diesem Volk konnten sich die Bewohner mit den Tieren unterhalten. Sie sprachen auch die Sprache der Tiere.

Nun, eines Tages kam wieder der Zeitpunkt, daß das Lager abgebaut wurde, weil das Volk für die kommende Jahreszeit an einen günstigeren Ort ziehen wollte. Ein Bewohner dieses Volkes stand damit wieder vor einer Situation, die sich jedesmal wiederholte, wenn dieser jahreszeitliche Aufbruch anstand. Es gab so viel zu tun, und er wollte nichts vergessen. Die Hütte abbauen, den Wagen anspannen, die Tiere versorgen, dem Nachbarn helfen, die Feuer löschen, die Kinder nicht aus den Augen verlieren, es durfte nichts kaputtgehen, alles mußte separat in eigene Säcke verpackt werden, zwischendurch noch essen und trinken, daran denken, daß die Sachen, die am neuen

Lagerplatz zuerst gebraucht werden, auch griffbereit lagen und vieles mehr, und bei allem den Überblick behalten, bloß nichts vergessen.

Nun, fing er mit dem einen an, fiel ihm das andere ein. Ließ er das eine angefangen liegen, um das andere zu machen, fiel ihm das nächste ein. So entwickelte es sich, daß er immer viele angefangene Sachen hatte, aber nicht fertig wurde. Heute war es anders. Er wußte schon, wie es sein würde, wenn er alles anfinge. So ließ er es und blieb bei einer Sache, war aber die ganze Zeit damit beschäftigt, die anderen Dinge nicht zu vergessen, daß ihm fast keine Kraft und Aufmerksamkeit übrigblieb, die er gebraucht hätte, um die aktuelle Tätigkeit fertig zu machen.

„So geht es nicht weiter!" dachte der Bewohner bei sich, setzte sich hin und überlegte, was er machen könnte.

Wie ich am Anfang schon erwähnte, wurden in diesem Volk bei Problemen oft die Tiere um Rat gefragt. Nun, auf diese Idee kam auch dieser Bewohner. So lief er los, und die Wühlmaus, die ihm als erstes über den Weg lief, verwies ihn an den Raben, der an das Wapiti, das an die Eule und die schließlich an den Waschbären. Nicht jedes Tier weiß zu jedem Problem eine Lösung, aber sie helfen immer gerne, den richtigen Ansprechpartner zu finden.

Beim Waschbären angekommen, schüttete nun der Mann sein Herz aus. Sie saßen am Rande des Flusses, wo der Waschbär verweilte. Der Bewohner hatte die Hoffnung behalten, doch noch den richtigen Ansprechpartner zu finden. Und tatsächlich, der Waschbär wußte Rat. Natürlich immer mit dem Vorbehalt, daß er, der Waschbär, es so mache, und es funktioniere bei ihm selbst ganz ausgezeichnet. Ob der Bewohner damit etwas anfangen könne, nun, das müsse er selber sehen und ausprobieren.

So erzählte der Waschbär, daß er ein paar Höhlen habe, in denen er die unterschiedlichsten Dinge lagere. Und unter diesen Höhlen, fünfzig Meter oberhalb des Flusses, habe er eine ganz besondere Höhle. Er nenne sie die „Höhle seiner Erinnerung". Wenn er etwas mache und ihm fiele etwas ein, was auch noch getan werden müsse, lege er für das, was noch zu erledigen sei, irgend etwas in die Höhle, stellvertretend für die Sache selbst. Danach ginge er wieder an die aktuelle Arbeit zurück. So tue er es mit allem, was ihm während der Arbeit einfiele. Wenn er dann mit der Arbeit fertig sei, brauche er nur zu der Höhle zu gehen, um reinzuschauen, was es noch zu tun gäbe. So könne er nichts vergessen.

Einen kleinen Trick verriet er auch noch. So lege er immer zwischen die Dinge etwas, was er besonders gerne mache, etwas, mit dem er sich selbst verwöhne. So wisse er, daß er immer nach einer bestimmten Zeit eine Belohnung für die erledigten Dinge erhielte.

Der Bewohner bedankte sich bei dem Waschbären und ging zurück zu seinem Volk. Auf dem Weg dorthin überlegte er, wie er diesen Rat umsetzen könnte. Schließlich baute er sich aus Ästen einen Korb, an Stelle der Höhle des Waschbären, und sammelte Symbole für die Dinge, die bei den jahreszeitlichen Aufbrüchen anstanden. Hatte er die Symbole im Korb, brauchte er nicht mehr daran zu denken, um es zu behalten, und alles, was erledigt war, nahm er aus dem Korb heraus. Am meisten freute er sich jedoch über die kleinen Belohnungen, die er sich zwischen die anderen Dinge mit in den Korb legte.

Anmerkungen

1. Thomas Gordon: *Familienkonferenz. Die Lösung von Konflikten zwischen Eltern und Kind.* Hamburg 1972

2. M. Friedman & R. Rosenman: *Type A Behavior and Your Heart.* New York 1974

3. Alexa Mohl: *Neue Wege zum gewünschten Gewicht.* Paderborn ²1998

4. Connirae & Tamara Andreas: *Der Weg zur inneren Quelle. Core-Transformation in der Praxis. Neue Dimensionen des NLP.* Paderborn ²1997

5. Gregory Bateson: *Die logischen Kategorien von Lernen und Kommunikation,* in: ders.: *Ökologie des Geistes. Anthropologische, psychologische und epistemologische Perspektiven.* Frankfurt am Main 1981, S. 362ff.

6. Virginia Satir: *Kommunikation • Selbstwert • Kongruenz.* Paderborn ⁵1996

7. David Gordon: *Therapeutische Metaphern.* Paderborn ⁵1995

8. Virginia Satir: *Kommunikation • Selbstwert • Kongruenz.* A.a.O., S. 122ff.

9. Richard R. Kopp: *Metaphor Therapy. Using Client-Generated Metaphors in Psychotherapy.* New York 1996

10. Leslie Cameron-Bandler: *Wieder zusammenfinden. NLP - Neue Wege der Paartherapie.* Paderborn ⁷1997

11. ebd. S.135f.

Die große Gesamtschau des NLP

944 Seiten, kart. • in 2 Teilbänden • € (D) 54,– • ISBN 978-3-87387-615-6

Auch als E-Book

ALEXA MOHL

»Der große Zauberlehrling«

Das NLP-Arbeitsbuch für Lernende und Anwender

Aufbauend auf dem Bestseller »Der Zauberlehrling« enthält dieses Buch eine systematische Darstellung der Kommunikationsmethoden und Vorgehensweisen des NLP. Es schildert die Ergebnisse der Begründer des NLP und stellt darüber hinaus die wichtigsten Arbeiten ihrer Nachfolger dar. Das Buch wurde für Lernende des NLP der Practitioner- und Masterstufe geschrieben.

Dr. Alexa Mohl ist psychologische Beraterin, Führungstrainerin und Coach. Sie entwickelt und leitet Seminare für die Weiterbildung von Führungskräften und die Managementausbildung von Frauen.

»Wie das vorliegende Buch zu benutzen ist, möchte ich dem Interesse meiner Leser überlassen. Sie können sich ein Gesamtverständnis dieser Disziplin, ihrer Wurzeln, ihres Wesens und ihrer praktischen Bedeutung erarbeiten. Sie können sich auf Einzelthemen konzentrieren, sich NLP als Kommunikationskunst aneignen oder bestimmte Kategorien der Veränderungsarbeit studieren. Und Sie können dieses Buch als Nachschlagewerk für NLP-Formate benutzen.« – Alexa Mohl

---

Weitere erfolgreiche Titel vom Junfermann Verlag:

»Der Zauberlehrling«
ISBN 978-3-87387-090-1
»Praxiskurs NLP«
ISBN 978-3-87387-335-3
»Wort sei Dank«
ISBN 978-3-87387-370-4

www.junfermann.de

Im Lehrerberuf glücklich werden

176 Seiten, kart. • € (D) 22,90 • ISBN 978-3-95571-335-5
REIHE KOMMUNIKATION • NLP für Lehrer
Auch als E-Book

PETRA & RALF DANNEMEYER
»Das NLP-Praxisbuch für Lehrer«

Das Neurolinguistische Programmieren (NLP) und seinen lösungsorientierten systemischen Ansatz für den Schulalltag nutzbar machen – das ist das Anliegen von Petra und Ralf Dannemeyer. Dabei steht für sie die Lehrerpersönlichkeit mit ihrem Veränderungspotenzial im Vordergrund.

Ein zusätzliches Übungsheft gibt Gelegenheit, die neuen Kenntnisse mithilfe leicht nachvollziehbarer Schritt-für-Schritt-Anleitungen zu trainieren.

Petra und Ralf Dannemeyer leiten als Lehrtrainer und -coaches für NLP das perspektiven-Institut für Mentaltraining in Weimar. Der Schwerpunkt liegt auf Aus- und Weiterbildung, Supervision und Coaching für Menschen in therapeutischen und pädagogischen Berufen.

Weitere erfolgreiche Titel:

»GFK in der Schule«
ISBN 978-3-87387-943-0
»Empathie im Klassenzimmer«
ISBN 978-3-87387-725-2
»Erziehung, die das Leben bereichert«
ISBN 978-3-87387-566-1

www.junfermann.de

Vom „Stopp" zum „Go"!

240 Seiten, kart. • € (D) 25,90 • ISBN 978-3-9571-446-8

CORA BESSER-SIEGMUND & LOLA A. SIEGMUND

»Neurolinguistisches Coaching – NLC«

Im Neurolinguistischen Coaching (NLC) arbeitet der Coach mit »Stopp-Wörtern« seines Coachees, die mit einer emotional schwächenden Hemmung einhergehen; und mit »Go-Wörtern«, die für ein ressourcevolles Ausleben des inneren Vermögens stehen. Aus der wingwave-Methode ist der gut beforschte Myostatik-Test bekannt, der auch im NLC zum Einsatz kommt.

Das Coaching-Ziel ist immer eine Wandlung aller zum Coaching-Thema gehörenden Referenzwörter in Go-Wörter. Sogar ein Wort wie »Problem« kann so beim Coachee automatisch Zuversicht, Entschlossenheit und Ideenreichtum auslösen.

Cora Besser-Siegmund ist Psychotherapeutin, Lehrtrainerin und Supervisorin. Seit über 20 Jahren erarbeitet sie in ihrem Institut maßgeschneiderte Interventionen für ihre Klienten.

Lola A. Siegmund, Business-Coach, NLP- und wingwave-Lehrtrainerin.

PRAXIS KOMMUNIKATION

Das Magazin für Profis. Und solche, die es werden wollen.

- Für Coaches, Trainer, Berater und alle, die in der Weiterbildung tätig sind.
- Für Studenten und Auszubildende, die wissen möchten, was in Training und Beratung geschieht.
- Für alle, die aus der Praxis für die Praxis lernen möchten Veränderungsarbeit pur!

PK gibt's nur im Abo unter www.junfermann.de